从"执行"到"管理"
——国际法遵守动力的演化

From Enforcement to
Management:
Evolution of the International Law Compliance

高云端 著

上海社会科学院出版社

图书在版编目(CIP)数据

从"执行"到"管理"：国际法遵守动力的演化 / 高云端著 .— 上海：上海社会科学院出版社，2023
ISBN 978-7-5520-4168-2

Ⅰ.①从… Ⅱ.①高… Ⅲ.①国际法—研究 Ⅳ.①D99

中国国家版本馆 CIP 数据核字(2023)第 123110 号

从"执行"到"管理"
——国际法遵守动力的演化

著　　者	高云端
责任编辑	周　霈　陈　军
封面设计	黄婧昉
出版发行	上海社会科学院出版社
	上海顺昌路 622 号　邮编 200025
	电话总机 021-63315947　销售热线 021-53063735
	http://www.sassp.cn　E-mail: sassp@sassp.cn
排　　版	南京展望文化发展有限公司
印　　刷	上海颛辉印刷厂有限公司
开　　本	710 毫米×1010 毫米　1/16
印　　张	17.75
插　　页	2
字　　数	255 千
版　　次	2023 年 7 月第 1 版　2023 年 7 月第 1 次印刷

ISBN 978-7-5520-4168-2/D·693　　　　　　定价：96.00 元

版权所有　翻印必究

前　言

20世纪90年代以来,国际法遵守作为国际法和国际关系学科共同研究的热点问题,其发生的根据、变化的趋势以及国际法对国家行为的塑造效果,均引起了广泛的研究和讨论。其中,从法律实证主义理论出发,认为国际法遵守主要依靠强制执行予以保障的观点正逐步式微,对国际法遵守全程进行软性管理,协助国家解决遵法过程中遇到的各类问题,从而提高国际法遵守效率的软执行方法和管理模式,正逐步受到国际法遵守研究者和实践者的重视。本书对国际法遵守从执行模式向管理模式的变化过程进行了研究。首先,在描述国际法遵守根据的各类理论的基础之上,论证执行模式所适用的领域——国际法遵守的协作性博弈以及执行模式推动国家遵法行为的条件和效果。其次,对管理模式所适用的领域——国际法遵守的协调性博弈以及管理模式推动国家遵法行为的效果进行分析。在国际法学界,对两种国际法遵守方式的关系存在"替换"和"互补"的争论。笔者认为,执行模式和管理模式相互配合、相辅相成是国际法遵守水平最高的状态,并以欧盟法的遵守作为范例论证这一观点。最后,管理模式的国际法遵守方式所体现的法律观代表了对传统执行模式所立基的实证主义法律观的质疑和转变。强制性是国际法的一种本质,但作为一种尚处于初级阶段的法律形态,从法律社会学出发,关注其作为强制性的社会规范与其他社会规范的互动以及在国际社会的运作效果,更加具有现实意义。

本书分为导论、正文和结论三个部分,其中正文共有七章。

导论:对国际法遵守制度作一概述,并说明本论题的研究现状、研究资料与方法,以及本书的结构安排。

第一章,通过对比国际法遵守与相邻概念的区别,阐述其基本内涵;并从法律规则的角度和国家行为的角度对国际法遵守的各类理论作一整理和厘清。

第二章,阐述执行模式所适用的"协作性博弈"的特点,尤其是国际法执行与国内法执行的根本性差异所导致的执行模式运作的特点。

第三章,探讨国家报复作为执行模式之形式在运作中的条件、局限性以及改进方式。

第四章,讨论除了国家之间的自助报复以外,执行模式的国际机制,其运作的机理以及局限性。在执行模式的国际机制当中,制裁国的制裁意愿与能力、目标国承受制裁的能力、国际制裁本身的强度都从不同的方面对执行模式国际机制的运行效果构成了限制。

第五章,论证管理模式所适用的国际法遵守的协调性博弈的特点以及管理模式在这一领域,尤其是使用管理模式最为普遍的国际环境法领域适用的机理与效果。

第六章,根据欧盟法的遵守制度阐明执行模式与管理模式相互结合的模式以及运作效果。

第七章,在分析法律实证主义的产生背景及其局限性的基础之上对国际法本质提出新的认识,即法律社会学派所认为的以具有确定性、义务性和授权性作为识别法律的基本标准,以及在此基础之上对国际法遵守动力的更加多元化的认识和探索。

结论:对未来国际法遵守机制的发展提出展望。目前,国际法遵守机制处在法律强制力加强的历史时期,国际法强制力的加强固然具有重要的价值,但完善和丰富国际法遵守的管理模式,更多从国际社会的过程当中寻找和加强国际法遵守的动力,对于提高国际法遵守水平具有更加重要的意义。

缩 略 语 表

UNEP	The United Nations Environment Programme	联合国环境规划署
CITES	Convention on International Trade in Endangered Species of Wild Fauna and Flora	《濒危野生动植物种国际贸易公约》
UNFCCC	The United Nations Framework Convention on Climate Change	《联合国气候变化框架公约》
SCM	Agreement on Subsidies and Countervailing Measures	《补贴与反补贴措施协议》
GATT	General Agreement on Tariff and Trade	关贸总协定
WTO	World Trade Organization	世界贸易组织
DSU	Understanding on Rules and Procedures Governing the Settlement of Disputes	《关于争端解决规则与程序的谅解备忘录》
DSB	Disputes Settlement Body	争端解决机构
FATF	Financial Action Task Force	反洗钱金融行动特别工作组
NCPs	Noncompliance Procedures	"不遵守程序"
UNCCD	The United Nations Convention to Combat Desertification	《联合国防治荒漠化公约》

续　表

GEF	Global Environment Facility	全球环境基金
UNHCR	United Nations High Commissioner for Refugees	联合国难民事务高级专员
ERDF	Europe Region Development Fund	欧盟地区发展基金
ESF	Europe Society Fund	欧盟社会基金

目 录

前　言 …………………………………………………………… 1
缩略语表 ………………………………………………………… 1

导　论 …………………………………………………………… 1
　　一、学科交叉的背景研究 ………………………………… 1
　　二、学界的研究现状 ……………………………………… 7
　　三、本书的研究内容 ……………………………………… 11
　　四、本书的研究方法 ……………………………………… 13

第一章　国际法遵守的动力之综述 …………………………… 14
　第一节　国际法"遵守"之概念 ……………………………… 15
　　一、"遵守"与"执行"的区别 ……………………………… 16
　　二、"遵守"与"履行"的区别 ……………………………… 17
　　三、"遵守"与"有效性"的区别 …………………………… 18
　第二节　国际法的遵守根据之概述 ………………………… 20
　　一、从法律规则的角度 …………………………………… 22
　　二、从国家行为的角度 …………………………………… 25
　第三节　从执行模式到管理模式——国际法遵守研究的
　　　　　发展 …………………………………………………… 36

第二章　执行模式在国际法遵守机制中的机理 ……………… 42
　第一节　"协作性博弈"与执行模式 ………………………… 43

第二节　执行模式概念的厘清 …………………………………… 51
　一、国内法执行与国际法执行 ………………………………… 52
　二、国际法执行与执行模式 …………………………………… 60

第三章　国家报复作为执法手段的效果及局限性 ………………… 64
第一节　报复与相关概念的厘清 ………………………………… 64
　一、自助与报复 ………………………………………………… 65
　二、反措施与报复 ……………………………………………… 67
第二节　报复成功的条件 ………………………………………… 72
　一、良善性 ……………………………………………………… 72
　二、充分性 ……………………………………………………… 74
　三、即时性 ……………………………………………………… 78
第三节　报复的局限性 …………………………………………… 79
第四节　报复的改进——保留与超越 …………………………… 90
　一、从单独报复到集体报复 …………………………………… 91
　二、从报复到报复威慑 ………………………………………… 95
第五节　功利主义——报复机制的哲学基础及局限性 ………… 101
　一、功利主义立足于个体主义 ………………………………… 102
　二、功利主义是结果决定论 …………………………………… 104
　三、功利主义是立法学说 ……………………………………… 105

第四章　"执行性"国际机制的运作及局限性 …………………… 107
第一节　"目标国"承受制裁能力之偏差 ………………………… 109
　一、目标国的主体之偏差 ……………………………………… 109
　二、目标国承受制裁强度之偏差 ……………………………… 133
第二节　"制裁国"的制裁意愿与能力之偏差 …………………… 142
　一、制裁国的制裁意愿之研究 ………………………………… 143
　二、多边制裁机制的制裁能力之研究 ………………………… 147
第三节　国际制裁的强度偏差 …………………………………… 149

第五章　管理模式在国际法遵守机制中的机理与效果 …………… 156
第一节　"协调性博弈"与管理模式 …………………………… 157
一、"协调性博弈"的特点 ………………………………… 157
二、管理模式的特点 ………………………………………… 161
第二节　国际环境条约的"遵守管理" ………………………… 165
一、制度研究：国际环境条约的履约管理 ………………… 168
二、实证研究：国际环境条约的履约管理 ………………… 178

第六章　执行与管理的相辅相成——以欧盟法遵守机制为例 …… 186
第一节　欧盟委员会的"管理性"遵法机制 …………………… 187
一、欧盟委员会的行政阶段 ………………………………… 188
二、欧盟委员会的司法阶段 ………………………………… 188
三、欧盟委员会的其他管理性措施 ………………………… 190
第二节　成员国法院的"执行性"遵法机制 …………………… 197
一、直接效力原则与优先效力原则 ………………………… 198
二、先予裁决制度 …………………………………………… 201
三、违反欧盟法的国家责任制度 …………………………… 203
第三节　管理模式与执行模式的互补——国际法遵守机制的方向 …………………………………………………………… 207
一、欧盟法遵守机制中的执行与管理 ……………………… 207
二、WTO法与国际环境法机制中的执行与管理 ………… 208

第七章　法律实证主义及其批判——国际法遵守研究的视角转换 ………………………………………………………… 212
第一节　国际法遵法之法理学研究视角转换的必要性 ………… 212
一、国际法的法律实证主义研究 …………………………… 213
二、国际法的社会学法学研究 ……………………………… 215
第二节　法律实证主义——国际法研究的一种视角 …………… 216
一、法律实证主义视野下的法律及其遵守 ………………… 216

二、法律实证主义视野下的国际法及其遵守……………… 222
　第三节　社会学法学——探究法律在国际社会的运作及
　　　　　效果……………………………………………………… 227
　　一、社会学法学——研究法律的另一种视角……………… 228
　　二、法律社会学视角下的国际法及其遵守………………… 236
　第四节　国际法遵守研究的多种视角与方法………………… 238
　　一、国际法研究的不同视角………………………………… 239
　　二、国际法研究的视角转换………………………………… 240

结　论……………………………………………………………… 243
　一、执行模式与管理模式——国际法遵守的两种动力…… 245
　二、法律实证主义与社会学法学——国际法研究的
　　　两种视角………………………………………………… 248

参考文献………………………………………………………… 251
　一、中文文献………………………………………………… 251
　二、外文文献………………………………………………… 261

后　记…………………………………………………………… 273

导　　论

一、学科交叉的背景研究

自17世纪威斯特伐利亚体系建立至20世纪,300年以降,国际法学者主要从"法律规则"出发观察国际法现象。尽管"规则"意味着"对行为进行特定指引和为行为者提供预期",①国际法规则因此必然与"国家行为"作为法律规则的作用对象以及"国家间关系"作为国际法规则产生的土壤和运作背景密切联系,但是从格劳秀斯的《战争与和平法》开始,国际法一直延续着国内法研究的进路,重在探寻国际法文本的逻辑和内在结构,而对国家行为以及国际法对国家行为的实际效力关注不够;或者更准确地说,国际法学科对国际法遵守的研究基本沿袭国内法律研究——主要是法律实证主义的研究进路,认为法律作为权威机构颁布的律令,其效力来自规则本身的形式理性。只要经权威机构的制定和执行,针对违法行为实施法律强制,就能够产生引导国家行为的效力。"我们过去的理论总是认为,只要是国家颁布的、依靠强制力保证实施的法律,就自然具有权威和效力。"②

这种对法律遵守现象的解释较为粗糙和轻率,是否国家颁布的、依靠强制力予以保障的法律自然就能得到遵守?且不论这一论断在国内法中是否具有准确性,至少在国际法这样一种缺乏类似国内强制性执

---

① Stephen D. Krasner. Structural Causes and Rigime Consequences: Regimes as Intervening Variables[A], Stephen D. Krasner, ed., International Regimes. Ithaca, N.Y.: Cornell University Press, 1983: 2.

② 孙笑侠.论法律的外在权威与内在权威[J].学习与探索,1996,(4): 85.

法机构的法律形态之下是缺乏准确性的。国际法被普遍认为缺少垄断性的权力机构,因而不具备集中执行法律的功能,但国际法依然得到了较好的遵守。"就目前来看,国际法依然较为原始和高度分散……在缺乏垄断性和垂直性的执行机制的条件之下,国际法依然得到了较好的遵守。"[1]在法律实证主义无法很好地回答缺乏强制力保障的国际法为何得到较好的遵守的情势之下,国际法学科将该问题置于法律研究之外,予以忽略,"怎么把国家行为与一系列有可能遵守的规则统一起来,国际法本身很难做出合理解释。国际法研究也忽略了这一问题。主流法学研究针对的是法律规定,强调编纂和调和国家行为规则,至于为什么是这些规则而不是其他规则存在或者国家遵守与否,是法律研究以外的事。而在不存在强制的情况下,把法律和行为联系起来一直是国际法学回应现实主义挑战所缺少的重要一环"[2]。这种情况在20世纪初理想主义国际关系诞生并开始国际关系与国际法学科的交叉之后,得到了改善。严格意义上,国际关系学科是在大量借鉴国际法学研究成果和方法的基础之上诞生的,"早期的国际关系著作充斥着对国际法研究成果与方法的运用,甚至可以说它们是从法学研究中脱胎而出的"[3]。在此过程中,两大学科在相互引用发现了规则与行为的深刻关系,并为国际法遵守这一国际法核心问题的回答提供了全新的平台和更加广阔的视野。

在理想主义国际关系学者强调国际机制和国际法对国家行为进行有效指引的可能性的背景之下,两个学科相互借鉴方法和观点,对法律在国际关系中的运行及其效果进行共同研究。这种合作一方面承袭了法律与政治学科相生相随的内在联系,另一方面也影响到国际法和国

---

[1] Christopher C. Joyner. Sanctions, Compliance and International Law: Reflections on the United Nations' Experience Against Iraq[J]. Virginia Journal of International Law, 1992, 32(1): 3.

[2] 刘志云.国际法研究的建构主义路径[J].厦门大学学报(哲学社会科学版),2009,(4): 6.

[3] Craig J. Barker. International Law and International Relations [M]. London: Continuum, 2000: 70.

际关系各自研究领域的方方面面,其中包括国际法遵守这一国际法研究的核心问题。

一般认为,国际法与国际关系理论的第一次交叉随着20世纪20年代第一次世界大战之后理想主义的兴起而发生。在深刻反思战争和殷切期望和平的愿望中产生的理想主义认为"人性本善",国家内生地具有相互合作以及遵守法律的意愿,由于理想主义对国际法能够改善国家行为作出了乐观估计,国际法的遵守也被认为是国家彰显自身善良和法律具备正义性的"天性使然"。"国际法之所以具有拘束力来自其正义性。""威尔逊主张国际法的效力来自其所体现的国际道德。"[①] 理想主义者尽管承认国际法具有"法律性",但将国际法之所以为"法"的根据落实在其所具备的道德因素上,认为国际法得到遵守的原因不在法律具备的外在强制力,而在其自身具备的正义性和体现的人类良知。"国际法可被视为道德和实证法律的对半混合体。但它是缺乏一种强有力制裁的法律。地球上不存在可以让所有国家服从的权力,由此,也没有可强迫遵守国家之间行为规则的权力。而国际法是这样的一种法律,其依靠那些未经编纂的、未明文化的公正行动原则、正义原则,以及考虑普遍获得人类良知支持的原则,该良知到处为人类的道德判断所普遍接受。"[②] 这种将法律的权威建立在道德因素的基础之上,认为国家具备遵法"天性"的理想主义观点对后世的国际法遵守的公平理论、蔡斯管理过程理论以及自由制度主义的国际法遵守观产生了深远的影响。

承袭理想主义国际关系理论推崇国际法在塑造国家行为中的角色的观点,20世纪70年代新自由制度主义的崛起开始了国际法与国际关系学科第二次交叉之路,并在20世纪90年代形成了学科交叉的喷发之势。在这次蔚为壮观的学科交叉研究中,20世纪70年代崛起的

---

① 徐崇利.国际关系理论与国际法学之跨学科研究:历史与现状[J].世界经济与政治,2010,(11):88-110.

② H. Notter. The Origins of the Foreign Policy of Woodrow Wilson, Russell & Russell, 1965:54.

新现实主义和新自由制度主义,20世纪80年代滥觞的建构主义国际关系理论,汇成了学科交叉研究的洪流并在此间形成以新自由制度主义为视角研究国际法产生、遵守和实施的主要领域。①

虽然新自由主义与新现实主义共享"国际社会无政府状态""国家是国际社会主要行为体"和"国家是依据对自身利益判断行事的理性人"这样的基本假设,但与新现实主义认为的国际关系依然是权力角逐的战场不同,新自由主义认为国际关系处于"复合相互依赖"的状态;与新现实主义认为的权力、安全依然是国家的首要追求,因而国际合作程度有限不同,新自由主义认为在20世纪80年代国际形势趋于缓和的背景之下,贸易、文化逐渐成为国家的关注点,因而相互交流与合作成为国家间关系的主流并有可能实现较高水平的合作。在此前提之下,新自由主义认为国际制度与国际机制,当然包括国际法制是提高无政府状态下合作水平和实现自身利益最大化的基本工具。正如基欧汉所指出的,国家创立制度是为了实现它们自身的目标,对相互依赖条件下面临的协调与合作的困境,政府通过有限的行动,要求国际制度使他们能够实现利益。② 这是一种功利主义的认识,将国际法制的创设、发展和维持视为国家基于自身利益与成本计算的结果和增加自身利益的工具。由此,国际法的遵守也是国家基于自身利益最大化对遵法与违法成本与利益比较之后的考量结果。"制度主义认为制度存在的目的是提供规范与保障实施。遵守的原因是作为理性行为体的国家追求利益最大化。机制促使国家参与到长期合作中,否则国家在追求长期目标的过程中会受到短期权力最大化的限制而不会导致合作,遵守国际法律规则可以解释为实现自利的长期策略。"③

---

① "(在此次学科交叉研究中)以新自由制度主义探讨国际法的产生与变化、遵守与实施等机理,堪称国际关系理论与国际法学两大学科交叉的最主要领域。"见徐崇利.国际关系理论与国际法学之跨学科研究:历史与现状[J].世界经济与政治,2010,(11):88-110.

② Robert O. Keohane. Cooperation and International Regime [A]. Phil Williams, Donald M. Goldstein, and Jay M. Shafritz. Classic Readings of International Relations[C]. Harcourt Brace College Publishers,1994:296.

③ Robert O. Keohane. The Demand for International Regimes [J]. International Organization,Vol.36,No.2,1982:325.

不管是认为国际法遵守的动力来自法律道德性的理想主义,还是认为国际法遵守的动力来自成本——利益比较的新自由主义,都是以理性主义作为认识论的起点。这种源于科学主义的认识论崇尚摒弃研究对象的多样性,要求理论体系的构建必须根据不可置疑的普遍性的逻辑前提,通过类似自然科学一样严谨的推理获得可靠的结论和逻辑自洽的体系。这种逻辑性很强的演绎方法确实为国际关系与国际法现象提供了一种稳定的、带有规律性和普遍性的解释,但是它无法很好地解释国际机制的诞生原因、国家利益的由来,尤其在国际法遵守领域,理性主义无法很好解释非强制状态下的国际法遵守现象。"大多数国际法著作都是用功能主义或者目的主义的理念而不是从反思主义角度描述国际法的角色或任务。比如,它们在论述国际法对国际关系影响的时候,使用的概念大多是建立与维持法律秩序的福祉、违法的成本,或者认为国际法可以提供一个协调利益或行为方式的秩序。"[1]

意在纠正现实主义和新自由制度主义等建立在理性主义基础上的国际关系理论而形成的建构主义,尽管并不否认国家是"物质性结构",但更加强调观念、规范、文化、认同等主观因素在国家行为和国际关系形成过程中的作用。亚历山大·温特(Alexander Wendt)就认为,利益建构了权力,但利益并非外生、给定的变量,利益由观念建构。[2] 由此,国际关系不仅仅是生成性的"物质结构",更是持续不断的社会互动中由不同的身份、观念、文化和认同建构的"社会文化结构"。这其中包含了作为文化现象的国际法规则。在这种视角之下,建构主义在经历法律实证主义对国际法属性的质疑和新现实主义国际关系对法律在国际关系中作用的暧昧,通过将"社会化"概念引入国际政治研究,重新赋予了国际法崇高的地位。除了国际法本身是国际文化性结构的一个部分

---

[1] Hurell, Andrew. International Security and the Study of Regimes: A Reflective Approach [A]. Robert J. Beck, Anthony Clark Arend, Robert D. Vander Lugt. International Rules: Approaches from International Law and International Relations [C]. New York: Oxford University Press, 1996: 221.

[2] [美]亚历山大·温特.国际政治的社会理论[M].秦亚青,译.上海:上海人民出版社,2008:23.

以外,建构主义认为国际法规范亦参与到建构国家身份和利益的过程中,并可以通过改变国家偏好而引导国家行为。在规范社会化的过程中,作为建构对象的国家通过不断的学习、被教育、被说服和在趋同压力之下将国际法规范内化为国家利益的一部分,从而遵守国际法。在建构主义者看来,国际法规范得到遵守的根据并非外在强制力,而是由规范内化而得的认同所产生的内生的动力。"规范一旦被一国内化,对规范的遵守就成为一种自动现象。对建构主义而言,规范内化意味着国家的身份以及依据身份的国家利益发生了变化。对规范的遵守不再迫于国际和国内压力,甚至不是某一政权为取得合法化做出的一种权宜之计,而是与国家的身份和利益密切相关。"[1]

综上所述,在 20 世纪初理想主义国际关系理论诞生以来,国际法与国际关系产生过三次重要的学科交叉——理想主义国际关系理论认为国际法律制度及其内蕴的道德因素可以引导国家行为趋于合作,国家在良善天性的驱使之下遵守国际法。新自由制度主义国际关系理论认为国际法律制度是国家实现无政府状态之下合作的基本工具,国际法遵守的动力来自国家基于理性对遵法与违法成本-收益的计算与考量。建构主义认为国际法本身即为国际社会文化结构的一部分,它们参与建构国家行为和国家利益。当国际法律规范通过持续的教育和说服内化为国家利益的一部分,国家将在对自身利益和国际社会共同利益的认同之下自觉遵守法律。这些对国际法在国际关系中地位与作用的认识尽管视角不同,但共同承认国际法在国际关系中的崇高地位,法律可以作为国家行为有效的引导者,为塑造更加公平和稳定的国际秩序做出贡献。在此共识之下,在共同关注和肯定国际法作用的视角之下,国际法遵守在国际关系和国际法互相发现对方的交叉之中得到重视和研究。这一方面是"国际关系法制化"过程的必然结果,另一方面也是因为国际法遵守本身正是具有这样典型跨学科特点的问题——对于国际法而言,遵法研究的意义在于,定争止纷的法律规范具有引导国

---

[1] 方长平.国家利益分析的建构主义视角[J].教学与研究,2002,(6):65.

际关系的良好效果吗？对于国际关系而言，遵法研究的意义在于，国家行为可能被某种外生的既定规范所引导吗？这种研究在缺乏垄断性权威的国际社会，尤其具有重要意义。

二、学界的研究现状

国内法遵守的研究得益于国内法执行机制的稳定——在驱动公民遵守法律的庞大机制中，国家暴力机器所代表的制度化的强制力保障始终居于法律遵守机制的主导地位。尽管国内法研究者们也承认社会舆论的压力、遵法者对法律形式有效性的认同以及自身的道德感也是法律得到遵守的动力，①但它们与国家强制力相比，处于辅助性的地位。这使得国内法遵守研究具备较为清晰的线索和框架。而在国际法遵守研究中必须面对国际法与国内法相比结构上的差异，即国际政治结构中垄断性权威机构的缺失导致的国际法强制执行机构的缺失，这使得在研究国际法遵守问题的时候，不论是国际法学者，还是国际关系学者都受困于这样的问题，即缺乏权威者强制力保障的国际法，其遵守的动力来自何处？"在缺乏类似国内法那样的强制性执行权力的国际体系中，国家被什么驱使着遵守法律，始终是国际关系学科最为复杂的问题之一。"②"国际法遵守始终要解决的是执行机制阙如的问题。"③这一困扰的难以回答进而导致另一问题，即执行机制的阙如之下，国际法是否得到了遵守？或者说，国际法是否有效。"被赋予国际职责来强制解决国家间争端的制度的缺乏，常常被看作是国际法制体系的阿喀琉

---

① 汤姆·泰勒在其《法律因何得以遵守》一书中详细论证了四种法律遵守动力——国家强制力、社会舆论的压力、公民对法律的认同感以及公民内在的道德感的作用机理。见 Tom R. Tyler. Why People Obey the Law[M]. Princeton: Princeton University Press, 2006: 3-10.

② Markus Burgstaller. Theories of Compliance with International Law[M]. Boston: Martinus Nijhoff Publishers, 1996: 6.

③ Jianming Shen, S. J. D. The Basis of International Law: Why Nations Observe[J]. Dickinson Journal of International Law, Winter, 1999: 2. 佛瑞克曼也认为，过去的国际机制研究的热点是，国际机制是否有效。在这一论点得以确证之后，国际机制研究的热点推进至国际机制有效性的要素。见 Brett Frischmann. A Dynamic Institutional Theory of International Law[J]. Buffalo Law Review, Summer, 2003: 450.

斯之踵……这导致过去的国际法效力的争议集中在国际法是否有效?"①这一争议是国际法遵守研究早期的重点。

随着国际法在调整国际关系的实践中日益呈现出强大的生命力以及国际社会法制化浪潮的到来,尽管国际法依然被视为一种原始的、缺乏类似国内法那样的权威性执法机构的"弱法",但其得到尊重和遵守是毋庸置疑的。这推动了国际法遵守研究进入新的阶段,即什么因素驱动了国家对国际法的遵守和尊重。特别是在缺乏权威者的强制力保障之下,国际法遵守的动力来自哪里?这成为20世纪90年代以来探讨国际法遵守领域的焦点所在。"近年以来,国际规范性条约得到遵守的决定性要素正在国际体系有效性和国际法律体制蓬勃发展的研究中占据日益重要的地位。"②"国际制度和国际法的研究从早期关注制度是否有效转而思考在国际制度之中,哪些部分使其有效、如何使其有效已经在何条件发生效力。这描述了国际组织决策影响力的全过程——它是否有效,如何有效,以及在何条件下有效。"③

对于国际法遵守的动力研究,迄今主要在两个维度上展开:第一,在理论层面上对国际法遵守动力进行形而上的概括和论证。比如从法理学的角度出发,将国际法遵守的动力归因为法律的有效性——自然法学派认为,法律的效力来自上帝的意旨或者理性;社会契约论认为,法律的效力源于社会契约中的"同意";实证法学派认为,国际法遵守的动力来自主权国家之间的同意和愿意受法律约束的主观意愿;法律必需论认为法律是人的天性所需,这种必需性构成了法的效力来源。④从这一角度研究国际法遵守动力的主要是国际法学者。国际关系学者

---

① Jacob Werksman, ed. Greening International Institutions[M]. London: Earthscan Publication, 1996: 510.

② Jonas Tallberg. Paths to Compliance: Enforcement, Management, and the European Union[J]. International Organization, Vol.56, No.3 (Summer, 2002): 610.

③ Richard H. Steinberg. In the Shadow of Law or Power? Consensus-Based Bargaining and Outcomes in the GATT/WTO[J]. International Organization, Vol.56, No.2 (Spring) 2002: 339-374.

④ Jianming Shen, S. J. D. The Basis of International Law: Why Nations Observe[J]. Dickinson Journal of International Law, Winter, 1999: 13-16.

则主要从政治哲学的角度出发认识国际法遵守的动力,比如马库斯·博格斯塔勒(Markus Burgstaller)认为,国际法遵守问题的讨论必须在政治哲学的背景之下进行,政治哲学决定了法律得以遵守的根本因由。功利主义哲学认为,遵守法律来自主体对"快乐"和"痛苦"的计算,国家基于对自己有利的原则选择遵守法律。各式各样的自由主义哲学认为主体出于国际政治正义、分配正义抑或国际行为的道德基础遵守法律。世界主义认为,国际法遵守取决于世界共同的价值观和信仰,因而自由国家和民主国家更容易遵守法律。社团主义认为国际法遵守的动力在于团体之间的互动和融合。让-弗朗索瓦·利奥塔(Jean-Francois Lyotard)的后现代主义则质疑国际法遵守是否存在协调、划一的标准。[1] 国际关系学者亦从不同的国际关系流派出发,认为不同的国际关系流派对国际法遵守动力存在认识的差异。[2]

第二,在实证研究的层面上,对各个具体国际法领域的法律遵守水平以及根据进行探讨,这方面的工作主要由国际关系学者完成,并且主要集中在"低级政治"领域。[3] 比如对于关贸总协定以及世界贸易组织规则的遵守研究,对于国际环境法、国际人权法、国际海洋法的遵守研究。对于"高级政治"领域的国际法遵守研究则重在探讨强制执法措施

---

[1] Markus Burgstaller. Theories of Compliance with International Law[M]. Boston: Martinus Nijhoff Publishers, 1996: 70 - 79.

[2] 见 John J. Mearsheimer. The False Promise of International Institutions [J]. International Security, Vol. 19, No. 3 (Winter, 1994 - 1995): 5 - 49. See Anthony Clark Arend. Do legal Rules Matter? International Law and International Politics[J]. Virginia Journal of International Law, Winter, 1998: 3 - 17.

[3] George W. Downs, David M. Rocke and Peter N. Barsoom. Is the Good News about Compliance Good News about Cooperation? [J]. International Organization, 2001, (6): 380. "低级政治"指国际关系当中的非军事领域,包括经济、社会、文化、科技、环境、教育等与人类现实生活密切相关的领域。传统国际关系重点研究国家间政治和军事关系,认为这类以国家领土、主权和安全为对象的政治关系才值得研究和关注,故称其为"高级政治"。20 世纪 60 年代以后,随着全球经济一体化的推动,国家间交往开始大范围突破传统的政治和军事交往,向国际社会生活的各个方面渗透,这类"低级政治"在国际关系中的地位开始上升,并在 20 世纪 70 年代与"高级政治"平分秋色。基辛格就指出:"在处理传统议题上取得进展已经不够了。一种崭新的、前所未有的问题已经出现。当今能源、资源、环境、人口、海洋和空间利用等问题与军事安全、意识形态和领土争端等传统的外交议题处于同等地位。"载蔡拓.试论全球问题对当代国际关系的影响[J]. 南开学报,1999,(1): 5.

在该领域推动国际法遵守的乏力。① 几乎在所有这类文章和论著中，研究具体领域的国际法遵守之前，都会对国际法遵守根据进行列举式描述，为具体领域的国际法遵守研究提供理论背景。② 这些列举式的描述林林总总，但最后都集中在有关国际法遵守动力的两个对立性的观点上：一种观点认为，尽管法律对国家行为的约束力极其有限，但加强制裁和强制性监督，提高违法国行为成本的强制执行依然是国际法得到遵守的主要动力。"武力制裁对于国际法遵守是必需的。国际法遵守的失败在于未能对先前违法者施加足够的制裁和惩罚。"③另一种观点认为，国际法因其结构性的特点，并不能因强制执行得到更好的遵守。相反，以对抗性、强制性为主要特点的遵法方法反而有害于国际法的有效性。更加重视国际法遵守过程各个环节的"管理"，以清晰解释规则、提高透明度和帮助各国建设遵法能力为主要内容的软性方法是国际法遵守的决定性要素。"目前（关于国际法遵守动力）的争议集中在两个关于遵守问题的替代性观点上：执行抑或管理。"④"目前有关国际法遵守机制的研究集中在确认引导遵守最为有力的机制特点之上。这场争论的主流观点普遍指向执行性方法和管理

---

① 见 Lt. Robert A. Bailey. Why do States Violate the Law of War? A Comparison of Iraqi Violations[J]. Syracuse Journal of International Law and Commerce, Winter, 2000: 31. 以及 Christopher C. Joyer. Sanctions, Compliance and International Law: Reflections on the United Nations' Experience Against Iraq[J]. Virginia Journal of International Law, 1992: 32 – 40.

② 见 Oona A. Hathaway. Do Human Rights Treaties Make a Difference? [J]. The Yale Law Journal, Vol.111, 2002: 34 – 44. 及 Tom R. Tyler. Compliance with Intellectual Property Laws: A Psychological Prospective [J]. New York University Journal of International Law and Politics, 1996 - 1997: 220 – 230. John H. Knox. A New Approach to Compliance with International Environmental Law: the Submissions Procedure of the NAFTA Environmental Commission[J]. Ecology Law Quarterly, 2001: 28 – 40.

③ 例如，见 Lt. Robert A. Bailey. Why Do States Violate the Law of War? A Comparison of Iraqi Violations in Two Gulf Wars[J]. Journal of International Law & Comparative, 2000: 210. Also see Tom R. Tyler. Compliance with Intellectual Property Laws: A Psychological Perspective[J]. New York University Journal of International Law & Politics. 1996 - 1997: 219, 222.

④ Jonas Tallberg. Paths to Compliance: Enforcement, Management, and the European Union[J]. International Organization, Vol.56, No.3 (Summer, 2002): 610.

性方法。"①这两种方法的对立和争论一方面代表了有关国际法如何引导国家行为,以及可以使用何种政策性工具处理遵守法律的问题的不同立场;另一方面,进一步而言,代表了对国际法性质以及国际法应该如何运作的不同认识。"有关执行理论和管理理论的争议有着深刻的根源:其本质上反映了学者们对有关法律——既包括国内法也包括国际法——本质的认识的根本性差异。"②

三、本书的研究内容

传统的国际法研究沿袭法律实证主义的法律观和方法,认为法的本质是"主权者的命令",权威机构所实施的强制性执法措施是促使法律得以遵守的主要途径。在此视角之下发展起来的国际法遵守的执行模式,强调对违法国家实施法律制裁,提高其违法成本以促进国际法的遵守。但是,执行模式在实际运行过程中面临着两个基本困境,首先,执行模式所能解决的只是国际法共同遵守中的"协作性博弈"事项,即法律遵守个体与遵法群体的利益相互冲突,遵法个体具有强烈的欺诈动机,因而需要对其施加制裁,提高违法成本以阻止个体欺诈。面对法律遵守个体与遵法群体利益一致,博弈者并无欺诈动机的"协调性博弈",执行模式无用武之地。其适用范围是有限的。其次,在平行结构的国际社会之中,国际法执行无法摆脱权威机构缺乏带来的自助性和分散性。这种法律制裁的原始状态是执行模式在现有国际体系之下无法摆脱的,其促进国际法遵守的效果是有限的。

研究国际法遵守这样本质上体现法律引导社会关系,同时涉及国际法与国际关系的跨学科问题,可以转换一下研究的视角——从探寻法律内部的逻辑一致性和关注法律强制性的法律实证主义转换到强调

---

① 见 Downs, George W. David M. Rocke, and Peter N. Barsoom. Is the Good News about Cooperation? [J]. International Organization, 2001, (6): 379-400.

② Raustiala, Kal and Anne-Marie Slaughter. International Law and Compliance [A]. Walter Calsnaes, Thomas Risse, and Beth Simmons. Handbook of International Relations [C]. Sage Publications, 2001: 538-558.

法律作为社会秩序的一部分与外部社会关系互动的社会学法学,并以此为根据,研究国际法作为国际关系的控制手段,其对国家遵法行为的管理以及效果。在社会学法学看来,权威机构实施的执法措施固然是最为稳定和发达的执法形式,但并非唯一的法律强制性的体现。国家之外的有组织制裁以及大量法律制裁以外的社会因素亦在法律遵守当中起到重要,甚至更加有效的促进作用。国际法遵守的管理模式即在这样的理论背景下提出,除了"协作性博弈"以外,在遵法个体与群体不存在利益冲突的国际法遵守的"协调性博弈"中,由于个体普遍存在遵守法律的良好意愿和缺乏欺诈动机,强制性执法措施在促进国际法遵守方面效用不大;相反,对国家遵守法律的整个社会过程进行管理——厘清法律规则的内容,协助国家提高守法的能力,增加国际法规则的透明度,更加有利于法律遵守水平的提高。这些法律之外的以劝导、协助、说服为主要内容的法律遵守方式,与法律之内的强制执行措施是推动国际法遵守的共同动力,并将在未来国际法遵守机制中占据越来越重要的地位。

本书研究国际法遵守的执行模式及其在"协作性博弈"中的应用,管理模式及其在"协调性博弈"中的应用,并认为两种国际法遵守手段的差异本质上是国际法法理研究中实证主义法学派和社会学法学派的视角差异。国际法遵守方式的认识正从传统强调执行模式转变到越来越重视管理模式。这也是未来国际法遵守机制发展的方向和趋势。

本书的可能创新之处在于:首先,把握国际法遵守研究的新动向,即从传统强调"硬执行"的事后执法,向关注"软执行"的遵法管理的转变。其次,使用"博弈论"的方法论证"协作性博弈"下执行模式的运作机理及效果,"协调性博弈"下管理模式的运作机理及效果。最后,在国际法基础理论一直缺乏系统性研究的现状下,笔者认为,鉴于国际法目前尚处于原始阶段的现状,适用社会学法学的视角和方法研究其在国际社会背景下生成、发展和运作的动态过程,较之传统的法律实证主义的视角更加准确和视野宽阔。运用在国际法遵守这种同时涉及国际法和国际社会的跨学科问题上,以社会学法学为基础形成的管理模式理论，为传统的以法律实证主义为基础形成的执行模式理论提供了更加丰富的理论视野和实践可能。

四、本书的研究方法

除了一般性的法学研究方法以外，本书特别重视两类研究方法：第一，博弈论的方法。博弈论在新自由主义制度国际关系理论的研究中使用得最为广泛，对于国际机制，当然也包括国际法律机制的产生和运行机理具有强大的解释力。在论证执行模式和管理模式的适用条件的过程中，使用博弈论对"协作性博弈"和"协调性博弈"进行阐述并由此论证国际法遵守方式的不同机理和适用效果，清晰并且准确。第二，实证研究的方法。法律的实证研究方法包括逻辑的方法和经验的方法。前者以逻辑为基础对法律文本和规则体系进行语义学上的分析和注释；后者以经验为基础对法律在社会关系中的运作和互动进行描述，揭示法律的具体实施情况。本书的论题是"国际法遵守"这样论证法律规则对国家行为的塑造和引导效果的问题，需要对法律的实际运作情况进行更多经验式的描述而非单纯的逻辑上的推演，以丰富和充实对该论题的论证。

第一章

国际法遵守的动力之综述

国际法遵守是国际法和国际关系共同关注的基础性问题之一。国际法学科需要探究法律规范作为社会最为稳定和制度化的控制手段对国家行为引导的效果。国际关系学科则需要探究国家行为在复杂的国际秩序体系中对各类社会规范,包括法律规范的适应程度。但是,在国际法学和国际关系理论相互隔绝的时代,两个学科对国际法遵守问题的研究又几近空白。法律学者倾向于认为,规则既定地具有约束国家行为的效力而将研究重点放在国际法本身的创制、颁布和编纂上;而国际关系学者则受到长期占据主流的现实主义国际关系理论的影响,倾向于认为,国家处于"稀薄易碎的义务网络之中"而拒绝细致审查国际机制,包括国际法律机制的作用。"长期以来,不管是国际法学者,还是国际关系学者都普遍回避了'为什么国家遵守法律'这样的因果问题,这导致对国际法遵守——这一国际法最为核心问题的研究困难。"[1]如果不能在法律规范与国家行为之间建立恰当的变量关系,任何对法律规则内部逻辑的解释都是苍白的;而在充斥了5000多项国际条约和无数国际惯例的国际秩序体系中,探查这些规范对国家行为的塑造方式和效果对于理解这个庞大规则群的运转方式和国家行为的形成都有重要的意义。

20世纪90年代,在国际法学和国际关系理论经过此前数次"分分

---

[1] Markus Burgstaller. Theories of Compliance with International Law[M]. Boston: Martinus Nijhoff Publishers, 2008: 4.

合合",再一次获得融合与交叉的契机之下,①国际法遵守问题在两者分享创见和互鉴方法的交流中重新得到发现和研究。"国际法遵守是20世纪90年代早期在认为冷战结束之后国际法开始独立承担起约束和塑造国家行为的法律学者及其批评者——一群依然认为国际法不过是国际政治的奴仆和国家实践之附属现象的国际关系学者重新开始的争议和交融中诞生的。"②"在过去二十年间,尤其是近年来,国际法和国际关系学科共同围绕着规则创立和规则遵守的议题展开研究。"③这种交融和共同研究正是"以问题为中心"的跨学科研究在法律和政治研究中的回应。

第一节　国际法"遵守"之概念

对国际法"遵守"(compliance)最一般的理解是国家行为与国际法规范的相互一致和契合。"遵守是国家行为与法律义务相互契合的程度。"④"可以将遵守视为特定主体的实际行为是否符合国际法规则所

---

① 美国著名国际关系学家斯蒂芬·克里斯纳(Stephen D. Krasner)认为,国际关系理论与国际法学的交叉研究经历过"始合、后分、再合"的三个阶段。第一阶段为两次世界大战之间,随着理想主义国际关系理论的兴盛,认为国家可以依据国际法和道德准则之良善行为的思想占据主流。国际法被认为可以主导国际关系和成为国家行为的塑造者。两个学科实现了合作与交叉。第二阶段在第二次世界大战结束至20世纪60年代,国际关系的现实主义学说占据主流,认为国家在无政府的国际政治状态之下以谋求生存和追逐权力为第一要务,国际法只是服务于国家利益的工具和奴仆。在这种贬低国际法在国际关系中地位的趋势之下,国际关系学者发表了大量反国际法的学说和言论。两个学科出现相互分隔与趋离的现象。第三阶段为20世纪90年代以降,随着冷战的结束,权力政治结构主宰国际关系的时代被认为已然结束,新自由制度主义的兴起为国际法和国际关系学科的重新交融创造了巨大的舞台并为其他国际关系学说与国际法学科的交叉提供了示范。详见徐崇利.国际关系理论与国际法学之跨学科研究:历史与现状[J].世界经济与政治,2010,(11):88-110.
② William Bradford. International Legal Compliance: Surveying the Field [J]. Georgetown Journal of International Law, Winter, 2005:495.
③ Markus Burgstaller. Theories of Compliance with International Law[M]. Boston: Martinus Nijhoff Publishers, 2005:5.
④ Brett Frischmann. A Dynamic Institutional Theory of International Law[J]. Buffalo Law Review, Summer, 2003:45.

规定的行为,当实际行为明显偏离所规定之行为的时候,不遵守或者违法行为就发生了。"① 它描述了法律规范对国家行为的塑造和引导,是对法律在社会中运作及其效果的评估。在国内法中,法律的遵守通常被认为是法律实施——包括法律适用、法律执行、法律遵守过程的其中一环,描述社会主体在国家强制力不予介入的情况下,自觉依照法律要求行事的状态;② 从而与垄断性的国家强制力机构进行的"法律适用"和"法律执行"区分开来。而在国际法中,由于法律实施的各个环节并未如国内法那样界限清晰地分隔,法与社会主体的各种互动较为复杂和混沌一片,当我们指称"国际法遵守"的时候,往往把它与法律的执行、履行、有效性等问题混同而谈,它们都代表国际法规范对社会的作用和实施过程。因此,在探讨国际法遵守的其他问题之前,需要厘清国际法遵守的概念以及这些相似概念的细微区别,以期更加清晰地观察国际法遵守的现象。

一、"遵守"与"执行"的区别

"执行"(Enforcement)是指针对违反国际法规则所采取的强制性措施。在国内法中,我们经常将法律的遵守与法的外在强制性联系起来,甚至认为"执行"所体现的外在强制性是法的本质特点。"法律是一种秩序,通过一种特定技术,为共同体每个成员分配义务,从而决定他们在共同体的地位;它规定一种强制行为,对不履行义务的共同体成员加以制裁,如果我们忽视这一因素,就不能将法律秩序与其他社会秩序区分开来。"③

---

① O Young. Compliance and Public Authority: A Theory with International Application[M]. Washington D.C.: Resources for the Future Press, 2010: 24.
② 法的实施是使法律规范所确认的权利义务在社会生活中得以实现的过程,它表示法律规范在社会实践中得以实现的程度。其中法的遵守,在国内法中一般指社会主体通过自主性与积极性以及法律机制(包括激励与制裁)的促进作用,自觉地按照法律的要求行为,从而使法律得以实施的活动。朱景文.法理学[M].北京:中国人民大学出版社,2008:385.
③ [奥]凯尔森.法与国家的一般理论[M].沈宗灵,译.北京:中国大百科全书出版社,1969:2-30.

"哪里没有强制,哪里就没有法律。"①在这种观点的影响下,当我们审视国际法的时候,也认为法律的外在强制性是国际法的本质,同时法律的执行将是保证国际法得以遵守的主要手段。不能否认,针对违法行为的强制性执行是推动法律遵守的重要手段——通过强制性的制裁增加违法行为的成本,迫使国家放弃得不偿失的错误行为而选择遵法。但是,严格的国际法执行不是法律得以遵守的保证书,甚而,法律执行得越苛刻,法律越加难以得到遵行。

这一方面是由于国际法缺乏类似国内法那样成熟和制度化的执行机构,国际法的执行主要倚赖于平等国家的自助,这导致国际法执行的松散和不稳定,其引导国家遵守法律的效果远不如预期的好。"国际条约很少赋予国家制裁的权威,即使被赋予也很少使用,即使使用,效率也很低。该记录对于那些认为'条约的牙齿'是国际条约遵守的关键的人来说,极其令人失望。即使制裁者和被制裁者之间权力落差极大,制裁者潜在的共同利益极高,影响国家行为的有效制裁也非常少。"②

另一方面,即使在国内法执行中,法律的遵守也主要不是来自外在强制力的施加,而是社会成员的自觉和习惯。法律社会学的创始者之一欧根·埃利希(Eugen Ehrich)认为:"国家制裁与社会生活是不相干的。人们只是按照习惯遵守法律……受法庭所强制的思想甚至不会进入人们的头脑。"③可以认为,法律的执行是遵守的最后一道防线,但不是遵法的主要手段。

二、"遵守"与"履行"的区别

国际法的"履行"(implementation)是国家将国际义务转化为国内

---

① 刘星.法律"强制力"观念的弱化:当代西方法理学的本体论变革[J].外国法译评,1995,(3):40.
② Abram Chayes, Antonia Handler Chayes. The New Sovereignty, Compliance with International Regulatory Agreements[M]. Boston: Harvard University Press, 1998:34.
③ [美]罗杰·科特威尔.法律社会学导论[M].潘大松,刘丽君,林燕萍,等译.北京:华夏出版社,1989:33.

法律体制中可以适用的规则的各类方法的总和。"国际法履行是国家采用措施使协议以国内法的形式生效",[1]是"国家在签署和批准国际规约之后,针对所作出的承诺而采取的措施和行动。"[2]它有多种形式,包括部分自动履行的条约和将国际义务转化为国内法的其他法律规则。国家可以采用一种形式的转化方法,也可以在一段时间内使用不同的转化方法。国际法履行可以认为是国际法遵守的一个环节,当国家"履行"国际条约、使它们在国内法中生效,至少表明国家愿意调整自己的行为以满足国际法要求的意愿。

但是,国家对国际法的遵守与将它们纳入国内法体系不能混同。国际法遵守关注的是受到国际法规范调整的诸多主体是否符合履行措施的要求以及他们的行动多大程度达到了国际义务的要求。在很多情况下,完整的国际法"履行"程序并不意味着国家最终能够很好地遵守这些规范;而即使不将国际条约转化为国内法,有的国家也能很好地达到国际条约的履约要求。"即使履行的方式很多,也只表明国际法在国内形式上生效的多种方式,国际法遵守不会考虑履行措施是否有效,不会考虑国内法的各类强制性规定,甚至国家不需要履行性法律也会遵守国际法。而有的时候,即使有履行性法律的存在,国家也可能不会遵守国际义务。"[3]

三、"遵守"与"有效性"的区别

国际法的"有效性"(effectiveness)是指条约的宗旨是否最终得到实现,或者从更广泛的意义上看,该条约是否可以有效解决那些促使其进行谈判的问题。"国际法的有效性可以定义为规范对于体现规范之

---

[1] Edith Brown Weiss. Rethinking Compliance with International Law [M]//Eyal Benvenisti and Moshe Hirsh eds. The Impact of International Law on International Cooperation: Theoretical Perspectives. Cambridge: Cambridge University Press, 2004: 140.
[2] 薄燕.中国与国际环境机制:从国际履约角度进行的分析[J].世界经济与政治. 2005,(4): 23-28.
[3] Jacobson and Weiss. Engaging Countries: Strengthening Compliance with International Environmental Accords [M]. Cambridge: The MIT Press, 2000: 54.

宗旨的行为的实际改变程度。"①"条约的有效性是指条约宗旨被实现的程度。"②

可以将有效性视为国际法遵守的后续程序,即它们对国家行为的作用效果。部分学者认为,更加严格的遵守行为能够带来相关条约的更高程度的实效性,两者具有很强的前后相继的关系,但实证数据表明两者并无必然的联系。"严格的遵守并不能保证促使各方进行缔约谈判的潜在问题就能够得到有效解决。"③从有效性的角度看,国家更多地遵守条约,使自己行为满足条约要求当然是更好的,但有的时候即使国家不遵守规范,如果该条约确实能够实质性地改变国家行为,也可以认为该条约是有效的,关键在于仅仅凭借遵守的程度无法预期国际法对国家行为的改变程度。例如,《濒危野生动植物种国际贸易公约》的立法宗旨在于通过限制濒危野生动植物种的国际贸易来保护它们。该公约的有效性可以通过其是否有效控制了濒危野生动植物种的国际贸易进行评估。这种评估需要考察进出口濒危野生动植物种的主体是否获得规定的许可证;这些许可证是否提供了公约要求的信息,并且不是通过欺诈获得的;缔约国是否已经指定了科学的主管部门来管理国际贸易;缔约国是否及时、全面地编制了有关濒危野生动植物种国际贸易的报告以方便监督。其次需要考察濒危野生动植物种的国际贸易公约是否得到了及时、完全的遵守,它在保护实现该公约宗旨的生物多样性方面是否有效。这需要评估把控制特定物种的国际贸易作为保护这些物种的手段是否能够达到保护它们的有效性。在有的情况下,即使国家很好地遵守了公约的要求,严格控制濒危野生动植物种的国际贸易,但这些物种可能在国内消费甚至在国内消亡,国际公约的高遵守水平并不会实质性地改变国家毁灭濒危野生动植物种的行为从而具有实效

---

① Levy, Keohane and Haas. Institutions for the Earth: Source of Effective International Environmental Protection[M]. Cambridge: The MIT Press, 1993: 76.

② Brett Frischmann. A Dynamic Institutional Theory of International Law[J]. Buffalo Law Review, Summer, 2003: 65.

③ Id. 70.

性。相反，一个国家可能没有很好地控制跨越国界的濒危物种贸易，但他们通过土地利用控制来限制对濒危野生动植物物种的破坏，通过发展旅游业或发展源自某物种的可销售的产品来诱导人们保护该物种。不高的遵守水平没有妨碍公约达到保护濒危野生动植物种的宗旨从而具有实效性。①

综上，国际法的遵守、执行、履行和有效性都可以视为国际法在国际社会运作的一部分，国际法遵守倾向于强调国家行为与法律准则的"一致性"，而不论造成该一致性的动力和源泉为何。国际法执行着眼于对违法行为的事后制裁——一种被法律实证主义者认为最能体现"法"之本质的法律实现方式。毋庸置疑，它能够推动国际法遵守，但不是唯一，甚至不是最重要的方式。国际法履行则描述国家通过各类方法将国际法"纳入"国内法得以适用的过程，可以视其为实现国际法遵守的一类途径，但被纳入国内法程序并不意味着国家能够很好地遵守它们。国际法的有效性则强调国际法对国家行为的"改变"程度，但高水平的遵守并不必然改变国家行为，而高水平的法律有效性并不要求国家与国际法的要求保持高度一致性。正如汉斯·摩根索（Hans J. Morgenthau）认为的那样："当一项国际法准则遭受破坏，它并不见得没有得到履行；当确实采取行动履行这项准则的时候，又并不总是见诸实效。"②国际法的遵守、执行、履行和有效性，四个概念尽管具有相似性，但没有证据表明它们之间具备确定的变量关系。

第二节　国际法的遵守根据之概述

尽管路易斯·亨金（Louis Henkin）对国际法遵守的水平非常乐

---

① 爱迪·布朗·维丝.理解国际环境协定的遵守：十三个似是而非的观念[M]//秦天宝,译.国际环境法与比较环境法评论(第1卷).北京：法律出版社,2002：110-117.

② Brierly James Leslie. Brierly's Law of Nations: an Introduction to the Role of International Law in International Relations.[M]. New York: Oxford University Press. 2010: 72-73.

观:"几乎所有的国家几乎所有的时候遵守几乎所有的国际法原则和几乎所有它们承担的义务。"①但在国际关系学者对国际法遵守的大量实证研究表明,国际法遵守水平主要取决于选取的实证案例的领域,比如在"高级政治"领域,国际法遵守水平就不如人意;②而在"低级政治"领域,国际法遵守的水平则比较接近亨金的乐观判断。为什么国际法得到遵守,或者说,国家在什么情况下,受到什么动机的驱使遵守法律?在对国际法遵守水平的认识参差不齐的同时,对国际法得以遵守的根据加以研究以期更加深刻地认识国际法遵守现象的要求也得到彰显,并发展出同样参差不齐的观点和流派。可以将国际法遵守的本质视为法律规范对国家行为的作用及其效果,由此可以从规则和行为两个方面去探寻国际法得到遵守的根据。传统的国际法研究(当然,也包括国内法研究)重在从规则本身寻找法律得到遵守的根据,往往自信地认为规则一经制定就因其形式的有效性而"应该"和"能够"得到国家的遵守。这种将着眼点放在逻辑自足的"法律帝国"的研究进路在法律的实际运作中遇到解释力困乏的障碍。"认为国际法规则无一例外地能够有效规范国际关系,这一国际法学科的核心假设很可能是错误的。"③很多获得形式有效性的法律规则并不能得到很好的遵守。同样,传统国际关系学科长期受到现实主义国际关系理论的影响,对国际制度(包括国际法制度)引导国家行为的可能性持悲观和否定的态度。这种观点也越来越遭到国家实践和国际关系研究者的否定。在国际法与国际关系相互借鉴方法的过程中,不管是从规则出发认识世界的国际法学科,还是从国家行为出发追究规则之效用的国际关系学科都在自己的视域之内进行了大量国际法遵守根据的研究。

---

① L. Henkin. How Nations Behave: Law and Foreign Policy [M]. New York: Columbia University Press,1979:5.

② 对国际法遵守进行实证研究的主要是对国际法感兴趣的国际关系学者,从实证研究的角度看,他们对国际法遵守水平的高低并无统一的认识。见 George W. Downs, David M. Rocke and Peter N. Barsoom, Is the Good News about Compliance Good News about Cooperation? [J]. International Organization,2001:379-400.

③ William Bradford. In the Minds of Men: A Theory of Compliance with the Laws of War[J]. Arizona State Law Journal,Winter,2004:327.

一、从法律规则的角度

从法律规则出发研究国际法遵守的根据,主要是从规则本身具备的"遵守动力"理解国家守法的根据。尽管国际关系的理性主义学说假设国家是理性的自利的主体,但很多时候,国家遵守法律并非出于利益与成本的经济计算,而是出于对规则的认可和接受。这表现为一些国际条约即使缺乏制裁或者激励,也能够得到国家的遵守;遑论在一些"没有立法的世界"里,国家依然在规则导向下决策自己的行为。从法律规则的角度出发不管是合法性理论还是跨国法律过程理论,都是从规则的道德、公正这样的精神内核如何塑造国家行为的角度论证遵法动力的。

(一) 合法性理论

合法性理论认为国际法得以遵守的依据在于法律本身的公平性。缺乏公平性的法律规则,其为遵守提供的动力极其微小,很难得到国家的遵守。而具备更高程度公平性的机制,越能够得到国家更高程度的遵守和认可。合法性理论的集大成者托马斯·弗兰克(Thomas M. Franck)认为,国际法遵守的核心问题并非"国家是否遵守了法",而是"国际法是否公平",遵守是法律具备合法性的自然结果。菲利普·特林布(Philippe Trembo)甚至认为,国际法只是一种"花言巧语",它的说服力和魅力都来自其合法性。[1] 这里的"合法性"包括法律产生程序的合法,规则与既定社会规范的契合程度以及它们预期的公正性和透明度。"大量本身能够提供遵守动力的规则,制定这些规则的人认为该规则或者机制已经形成了合法性的关键要素,包括:第一,它们所反映的法律规则的清晰度和透明化;第二,规则的象征性;第三,机制的一贯性,这种一贯性是指规则和行为规范的契合程度;以及第四,一级规则和二级

---

[1] Oona A. Hathaway. Do Human Rights Treaties Make a Difference? [J]. The Yale Law Journal, Vol.111, 2002: 120.

规则的相符程度。"[1]托马斯·弗兰克则明确提出了规则具备合法性因而拥有遵守动力的四个基本要素为：其一，确定性。它使法律的要求明确、透明因而其公平性要求更加"明显"。其二，形式有效性。其三，协调性。它要求规则对所有案件的处理应该一视同仁并且"与同一体系中的其他规则遵循同一原则和相互协调"。其四，一致性。规则应该与解释和适用它们的次级规则保持一致性。[2] 尽管有些合法性理论的学者认为，国际法遵守的依据可以更加多元化，它部分取决于违反国际法的行为被督查和被制裁的可能性，部分取决于同侪的态度，但所有合法性理论的学者都毫无例外地认为，制定和运行得公平公正的机制自然能够得到国家的遵守。[3]

（二）跨国法律过程说

跨国法律过程说是在20世纪国际关系之科学主义浪潮兴起的背景之下，国际法向国际关系理论借鉴而形成的国际法学说。它不同于法律学者们更愿意从"规则"的视角看待它对国家行为之作用的倾向，而基于法律形成、解释、适用和作用的外部"过程"研究其形成和效力。由此，跨国法律过程说认为法律的形成跟其他社会规范一样，都是文化、权力、观念和利益相互博弈和决策形成的过程，它的效力亦取决于跨国法律运作过程中特定的国际政治模式和条件。"法律的主要影响——其在统治的日常运作中如何塑造政策——可以从法律决策过程中得到最好的说明。"[4]"制定或不制定法律反映了体系中的有效政治

---

[1] Thomas M. Franck. Fairness in International Law and Institutions.[M]. New York: Oxford University Press，1995：14.合法性，被认为与道德感相互区分的原因在于根据道德感遵守法律意味着法律的主要内容被认为是内在公正的；如果根据合法性遵守法律则是认为该机制合法，它隐含了这样一种认知——执行法律的权威有权力命令我们的行为。见 Tom R. Tyler. Why People Obey the Law[M]. New Haven：Yale University Press，1990：4.

[2] Thomas M. Franck. Fairness in International Law and Institutions[M]. New York: Oxford University Press，1995：34－40.

[3] 见 Tom R. Tyler. Why People Obey the Law[M]. New Haven：Yale University Press，1990：31.

[4] A. Chayes，T. Ehrlich & A. Lowenfeld eds. International Legal Process[M]. New York：Little，Brown and Company，1968：24.

力量。制定了的法律是国际事务的一个力量,其影响也只能置于这样的背景中理解。"①

在这种视角之下,国际法之所以能够得到遵守也是国际法在运作过程中各种政治力量和社会因素相互博弈的结果。哈罗德·H.科赫(Harold H. Koh)在阐述跨国法律过程的法律遵守理论时指出,不能否认,国家遵守国际法的部分动力来自自利性——由于遵守法律的收益大于违法收益,但更重要的是来自对法律的认同感——一种认可法律规范并愿意使行为与之相符的态度。这种认同感并非国家既有的,而是国际交往中长期社会化的结果。② 学习、认知、文化实践和意识形态的输送都能够帮助国家建立对国际法的认同和遵守法律的倾向。其中,国家之间的互动(interaction)和对国际法的内化(internalization)是塑造法律认同感最为关键的两类法律过程。在国家互动当中,遵守法律能够带来更低的交易成本和更好的国际声誉,从而提高国际交往的频率和效果。一个违法的国家往往会在国际交往中制造矛盾和摩擦,从而逐渐丧失参与国际关系的资格和能力。例如,当美国政府意图绑架墨西哥公民,这种违反国际法的行为肯定会伤害其在《北美自由贸易协定》谈判中与墨西哥政府的互动及其谈判筹码。如果某个国家拒绝承认国际法院作出的败诉判决,这样的决策显然会伤害该国今后作为原告在国际法院起诉的能力和资格。在频繁的国家间互动的推动之下,国家将尽量避免做出违反国际法的决策,从而避免在持续的国际交往中制造摩擦和造成对自己不利的局面。

在国家间互动中形成遵法之行为模式的同时,外部行为规范也在不断磨合和互动中内化。遵守法律的国家通过不断地订立国际条约,形成国际习惯,参与国际司法过程而将国际法逐渐转化为国内法律和政治结构的一部分。随着国家更多参与到国际互动的过程中,很多国

---

① L. Henkin, International Law: Politics and Values.[M]. Boston: Kluwer Academic Publishers, 1995: 3-4.

② Harold Hongju Koh. The 1994 Roscoe Pound Lecture: Transnational Legal Process [J]. Nebraska Law Review. 1996: 124.

家的决策者逐渐形成强烈的法律意识,他们并不愿意被国内反对者或者其他国际行为体贴上"违法者"的标签。在国际义务通过国际互动和各类履行程序嵌入国内法律和政治过程的同时也引发了国内决策者与国际法律规则的相互融合。通过反复、持续的国际互动和内化,国际法逐渐与国内法律观念和政治体系"相互黏合"而成为国家利益的一部分。这是国际法何以得到遵守最为重要的原因。"反复的互动和法律内化逐渐形成国家对国际法的认同和自觉遵守的意识,这是法律得以遵守最为重要,同时也最为持久的依据。"①

二、从国家行为的角度

如果说从规则出发所回答的是"国际法"因何得到遵守?那么从国家行为出发所回答的是"国家"为什么遵守国际法?虽然国际法遵守是国际法的核心问题,但首先对其进行研究并形成丰富成果的是国际关系学科。其中理性主义的国际关系理论认为,国家作为理性行为体,基于其对守法和违法的成本——利益计算而选择守法,它包括了现实主义、执行理论、管理理论、自由主义理论、理性选择理论、声誉理论,等等。反思主义的国际关系理论则认为,国家作为观念的集合体,基于其对国际法的认可而遵守法律,它的典型代表是建构主义。

(一) 现实主义

现实主义认为国际机制永恒不变的特点是无政府状态,国家是以保有自己领土和生存为最大目标并且小心权衡行为之成本的"理性人",他们永远被追逐权势的野心驱使着,意图实现私利的最大化。②在这种假设之下,国家行为,包括国际法遵守行为主要取决于该项决策净收益的增长,而不是信仰法律的理念或者对规则正义性的认同。现

---

① Harold Hongju Koh. The 1994 Roscoe Pound Lecture: Transnational Legal Process [J]. Nebraska Law Review. 1996:130.

② 例如,见 Hans J. Morgenthau. Politics Among Nations: The Struggle for Power and Peace[M]. New York: Alfred A. Knopf. 1960:27-35.

实主义"教父"摩根索认为，国家遵守国际法只是追求自我利益而非履行法律义务的结果，只有当遵守法律能够为国家带来利益，他们才会做出这样的决策，并且随时准备为了自己的利益抛弃法律遵守的信念。"政府只想利用国际法推进国家利益，总是急于摆脱国际法可能对其外交政策施加的约束性影响。"①"强权国家和少数大国制定规则并迫使较为弱小的国家接受和遵守它们。国际法只有在符合这些国家利益的时候才会得到遵守。国际法因而只是国际政治格局的附属现象。"②

在将国家视为无政府荒野之中追名逐利的"理性人"的视野之下，国际法角色也被狭隘地局限在现实主义者对国际关系的认识和描述当中。国家制定国际法作为他们摆布国际政治格局的托词，协助他们在残酷的权力追逐中获胜和令弱国臣服，③但没有法律规则可以真正令国家自愿削减权力和减损利益，那些国家签署的法律性条约将小心翼翼和刻意地被限制在次要事项上以保证它们不会侵扰国家的权力或者实质性地限制他们的自主权。④ 进而，对于现实主义者而言，国际法遵守在很大程度上也是权力的一种运用：越强大的国家，越不可能因为自己的违法行为受到惩罚，因此也越不可能遵守法律或者接受其约束。更进一步而论，由于国家生存具有至高无上的价值，现实主义者预期国际法遵守反而与国家领土完整这类涉及国家生存的规则的重要性

---

① ［美］汉斯·摩根索.国家间政治——权力斗争与和平[M].徐昕,郝望,李保平,译.北京：北京大学出版社,2006：12.

② Oona A. Hathaway. Do Human Rights Treaties Make a Difference? [J]. The Yale Law Journal, 2002：1939.

③ 很多学者认为西方促进诸如波斯尼亚、科索沃和伊拉克这样地区的法制化的工程已经变成彻头彻尾的帝国主义事业。在这项事业中，受到帝国主义支持的行政官员，而非法律，实际上主宰了社会，法律只是西方列强在这些地区达到现实主义目的的棋子。例如，见 William Bradford. The Western European Union, Yugoslavia, and the (Dis)integration of the EU, the New Sick Man of Europe[J]. International & Comparative Law Review, 2000：13.

④ 尽管现实主义者承认规则的存在可以改变政治决策的成本和收益，但他们不认为规则对于国家偏好和外交决策具有独立的效应。贝丝·A·西蒙认为："现实主义者关注的是权力和利益的基本变量,极少深入探究国家对国际条约的遵守。"例如,见 Beth A. Simmons, Compliance with International Agreements[J]. Ann. Review of Political Science, 1998,(3)：75, 80.

相互联系。① 最后,现实主义者认为,如果国家的利益所在倾向于违反法律义务,也就是说如果国家利益不再与法律规则契合,那么,国家将不再是那些"法律义务脆弱的薄网中的守法者"②,他们毫无疑问将违反法律。

(二) 执行理论

执行理论跟现实主义理论的核心假设一样,即认为法律对国家行为的塑造微乎其微,特别是"当法律机制试图约束法律可能无法得到执行的领域"③。执行理论因而与现实主义者一样怀疑法律约束"高级政治"领域的能力。而执行理论跟现实主义的主要区别在于,系统性合作是否可能,以及如果不直接运用武力或者赤裸裸的军事威胁,国家是否会被驱使着遵守法律?尽管执行理论也认为武力制裁对于国际法遵守是必需的,④但它认为,即使在国际环境法和国际人道法这样对于国家而言守法所带来的利益极小的领域也可以建立设计良好的法律机制。通过机制化的制裁程序,以及提高权力制衡机制的威慑力和强制性效力来促进国际法的遵守。⑤ 对于执行理论而言,国际法遵守的失败在于未能对先前违法者施加足够的制裁和惩罚,或者说制裁的强度不足以剥夺国家违法所带来的收益。⑥

---

① 现实主义者注意到遵法与法律对主权完整的侵蚀程度相互联系,因此认为国际法遵守在人权领域、环境领域、贸易和军备控制领域水平最高。见 Peter M. Haas, Choosing To Comply: Theorizing from International Relations and Comparative Politics[C]//Peter M. Haas. Epistemic Communities, Constructivism, and International Environmental Politics. London: Routledge, 2015.

② Stanley Hoffman. The Role of International Organization: Limits and Possibilities [J]. International Organization, 1956, (10): 364.

③ 见 James D. Morrow. The Laws of War, Common Conjectures, and Legal Systems in International Politics[J]. Journal of Legal Stududy, 2002, (4): 30.

④ John Norton Moore. Enhancing Compliance with International Law: A Neglected Remedy[J]. Virginia Journal of International Law, 1999, (2): 887.

⑤ 见 Richard R. Baxter. Forces for Compliance with the Law of War[J]. American Society International Law and Procedures, 1964, (9): 82 - 83.

⑥ 例如,见 Lt. Robert A. Bailey. Why Do States Violate the Law of War? A Comparison of Iraqi Violations in Two Gulf Wars[J]. Journal of International Law & Comparative, 2000, (1): 103, 104.

尽管执行理论相比于现实主义理论对国际合作的前景更加乐观，但它坚持现实主义理论的核心假设：在任何既定的领域，有意识的合作越深，领土完整或者政治独立问题牵涉法律机制的程度就越深，违背法律规则的可能性就越高。① 因而执行理论对国际法能否有效约束"高级政治"领域哪怕最为浅显的部分也持怀疑态度。

(三) 自由主义理论

自由主义理论将视角从国际权力的系统性平衡转向国内层次，假设国际关系的核心行为体和国际法遵守的基本变量并不是国家，而是个人、机构、组织和市民社会的其他成员。② 它否认现实主义理论认为国家是追逐权力的单一行为体的假设，而主张在国家境内占据主导地位的国内政治体制决定了相关政府的组成以及他们是否愿意令主权屈从于法律规则的偏好。③ 自由主义者不是把国家行为归因于外在因素，而将其视为国家内生而成的。自由主义者理论上认为民主国家相比于非民主国家天然地更加尊重法律规则，④更加愿意将国际法律义务吸收成为国内法律秩序的一部分，通过调整自己的行为来贯彻这些义务，因而这类国家更加尊重和遵守国际法律义务而不大可能首先使用武力。⑤

自由主义国际关系理论学者强调国内政治过程中的"利益、社会观念和机构通过塑造国家的偏好来左右国家行为。这些都是政府战略性决策和行为成本计算之下隐藏的社会过程"，⑥国际法遵守因而也只是

---

① George W. Downs et al. Is the Good News About Compliance Good News About Cooperation? [J]. International Organization, 1996, (6): 379 - 387; 以及 Jack Goldsmith. Sovereignty, International Relations Theory and International Law[J]. Stanley Law Review, 2000, (1): 979 - 985.

②③⑥ 见 Andrew Moravcsik. Taking Preferences Seriously: A Liberal Theory of International Politics[J]. International Organization, 1997, (2): 513.

④ 见 Philip R. Trimble. International Law, World Order, and Critical Legal Studies [J]. Stanley Law Review, 1990, (2): 811, 842.

⑤ 见 John Norton Moore. Solving the War Puzzle: Beyond the Democratic Peace[M]. Durham, N.C.: Carolina Academic, 2003: 110.

国内相关个人和集团引导代议制政府遵守法律和规则的偏好聚合的一种表现。① 因此,将国内的相关偏好转化为政府的官方政策,②使它们能够和国际法律规则所反映的内容相互契合,能够更好引导这些具备遵法倾向的民选国家更好地遵守规则;同时,在国内法律体系下教育和规制公民的遵法能力,加强他们在国内遵守法律的能力,也有助于提高国际法的遵守水平。③

(四)理性选择理论

尽管并无关于"理性"的权威定义,④但各种"理性选择"理论还是有一些共同的假设和前提:第一,个人依据利益最大化和成本最小化的方式追求私利。第二,个体获取和研究信息,评估结果及其可行性,做出功利性的决策和有关方法的重大决策,这些都不是最重要的。最重要的是追求利益最大化始终是决策者毋庸置疑的最大偏好。⑤ 第三,个体并非完美的信息处理者,却能够清楚知晓自己的利益所在以及选择各种方法实现利益的最大化。⑥ 第四,规则或者任何其他意识形态都无法决定个体行为,实践中有助于个体追求利益的行为规范才能被贴上"规范"的标签。⑦ 第五,国家通过关键性个体或者团体的决策

---

① 见 Eric A. Posner. A Theory of the Laws of War[J]. Univercity Chicago Law Review,2003,(1):312-314.

② 例如,见 Miles Kahler. Conclusion. The Causes and Consequences of Legalization[J]. International Organization,2000(5):677.

③ 刘志云.自由主义国际法学:一种"自下而上"对国际法分析的理论[J].法制与社会发展,2012(3):80.

④ 见 Amartya Sen. Rational Fools: A Critique of the Behavioural Foundations of Economic Theory, in Scientific Models and Man[J]. Philosophy & Public Affairs, Vol.6, No. 4 (Summer) 1997:317-324.

⑤ 例如,见 Robert O. Keohane. International Relations and International Law: Two Optics[J]. Harvard Internatinoal Law Journal,1997:487,495.

⑥ 只有少量理性选择学派学者认为个人是同质的经济人,是"'无所不知的计算器',能够轻而易举地进行所有决策所要求的认知操作。"Richard R. Law, Models of Decision-Making [M]//Oxford Handbook of Political Psychology. New York: Oxford University Press, 2003:24.

⑦ 见 Eric A. Posner. Law and Social Norms, The Case of Tax Compliance[J]. Virginia Law Review,2000,(3):329.

成为单一行为体。第六,国家行为实际上是单个个体或者小团体决策的结果,这类个体或者小团体有决定性的权威,是关键人物,拥有左右国家的权力。① 第七,国家决策都是自利的选择,它们意在提高这些关键性人物及其所代表人群的主要利益。②

因为对自我利益的理性追求是国家行为有待解释的部分,在理性选择理论的范式之内,法律只有在能够改变国家相对成本的时候才有价值,换言之,法律规则改变了特定决策和战略的报偿结构;遵守的决策依据功利主义进行评估,而不是依据规范本身进行评估。国家不会无私地遵守法律,除非其他国家施加经济或者武力制裁使得违法行为成本高昂。③ 本质上,立法者如果能够创立一个模式,通过各项规则汇聚各种国家利益,并保证能够通过有效的制裁向违法者施加超越行为收益的惩罚从而遏阻欺诈,有效的国际法机制是能够实现的。④ 理性选择理论因而使用非常严苛的技术性术语解释法律规则的遵守:如果遵守法律最有可能实现利益最大化,国家应该遵守;反之,如果违法最有利于促进利益最大化,即使其他国家将施加制裁或者会令违法国背负名誉损失,也应该违法。规则本身不会引起遵守,利益才是法律遵守的因由。

(五) 管理理论

管理理论应该是规范主义之下最为典型的国际法遵守理论,蔡斯(Abram Chayes)在批评执行理论适用中"成本过高""滞后性""合法性

---

① 见 Peter H. Huang. International Environmental Law and Emotional Rational Choice[J]. Journal of Legal Study,2002,(4):241-243.

② 见 Oran R. Young. Compliance and Public Authority: A Theory with International Applications[M]. Baltimore: Johns Hopkins University Press,1979:18-20.

③ 见 Eric A. Posner. Law and Social Norms, The Case of Tax Compliance[J]. Virginia Law Review,2000,(2):8.及 Eric A. Posner. A Theory of the Laws of War[J]. University Chicago Law Review,2003,(2):314-315.

④ 理性选择理论反对很多国际法学者认为的,法律规范自身可以产生遵守的动力,它认为国家利益和法律规则的汇聚是有效机制的关键性要素。见 Jack L. Goldsmith & Eric A. Posner. A Theory of Customary International Law[J]. University Chicago Law Review,1999,(2):1113.

缺失"和"低效性"等弊端的基础上提出了不同于传统以制裁为核心的国际法遵守方式,即以"解决问题"为出发点,以"劝导、说服"为核心的重在对国际法遵守过程进行全程管理的管理理论。可以把管理理论的核心假设和前提归纳为以下几点：第一,在共同行动的问题上,国家的长期利益必须倚赖相互合作才能实现。第二,国家内生地具备遵守法律的本能倾向,因为违反法律会导致国家在合作的互利关系中遭受驱逐。① 第三,普遍认为规则是公平公正因而也是合法的,它们的任务应该在于挖掘国家这种内生的本能并且培养法制上相互合作的精神。第四,违反国际法并非常态,而是特例。② 第五,大部分国际法违反行为并非故意,而是条约中某些条款的模糊或者不确定性造成的,或者有意愿遵守法律的国家本身缺乏技术上的能力造成的,或者情境发生了根本性变化导致"遵守不能"。③ 第六,国家遵守国际法的内生倾向可以防止法律机制在面对国际法违反现象的时候呈现弱势：即使有少数国家违法,大部分国家还是愿意持续遵守法律的,完美的遵守并非定义法律机制有效性的必要条件。④ 第七,由于国家有志于并倾向于相互合作,遵守的失败并非通过"执行"——一种昂贵且浪费时间的法律遵

---

① Abram Chayes & Antonia Handler Chayes. The New Sovereignty：Compliance with International Regulatory Agreements, 1995：27.乌那·海瑟薇(Oona A. Hathaway)也称在管理理论的视野下,国际法的实效性不是来自直接的惩罚和制裁,而是来自"被隔离于国际格局的复杂网络"之外的恐惧。见 Oona A. Hathaway. Do Human Rights Treaties Make a Difference? [J]. The Yale Law Journal, 2002, (5)：1939.

② 见 Abram Chayes & Antonia Handler Chayes. The New Sovereignty：Compliance with International Regulatory Agreements[M]. Boston：Harvard University Press, 1998：9-10.

③ George W. Downs. Is the Good News About Compliance Good News About Cooperation? [J]. International Organization, 1996, (12)：380.目前管理理论的研究认为遵守多边条约可能来自"普遍但有区别责任"的普遍认同,该原则提出国家会因为自身执行条约的技术和经济能力的差异而出现差异。正式的规则,或者至少对遵守的解释必须将这种能力的不平衡纳入考量。

④ 斯劳特(Anne-Marie Slaughter)认为,在管理理论看来,遵守是"通过一系列相互联系、间或隐性的过程组合而成的连续统一体",在国际法律机制的实际运作中,其呈现出一种极其灵活的状态以至于可以容忍一定程度的不遵守,特别是在保证强国不致退出机制的情况下。见 Kal Raustiala & Anne-Marie Slaughter. International Law, International Relations and Compliance[A]. Handbook of International Relations[C]. Walter Carlsnaes et al. eds., 2002：543.

守方式加以疗愈,而是通过建议、协商、劝导的手段实现国际法遵守。冲突或者欺诈发生的时候,单单使用非强制性方法足以调节偏好并将国家行为扭转回遵守的轨道。① 第八,由于国际违法行为主要是"过错",而非"故意"造成的,违法问题既不是结构性问题也不是由不同偏好造成的,而是"管理性"的,因此提高贫困国家或者弱势国家的遵法能力,削减国际法遵守的壁垒,将法律义务规定得更加正式、明确和清晰以加强规则的约束性,通过机构培训和教育计划宣传法律规则的内容使之逐步并入国内法都是提高国际遵法机制的有效途径。②

所有的规范主义理论,包括管理理论都认为国际法机制是由跨国行为体对自身权力进行规范性表述和反复互动中形成和发展的,并非对政治、军事和经济成本和收益进行计算的结果。蔡斯认为,通过反复的劝导、对国家遵法能力的建设、提高条约释义和适用的透明度以及行政性的争端解决机制,国家就能够很好地遵守国际法规范。③ 这不是工具主义或者功利主义驱动下的国际法遵守方式,不是理性选择理论所认为的理性驱动下的对规则的适应过程,管理理论断定,推动国家忠实地遵守国际法的根本动力是跨国社会化的过程。④

(六) 声誉理论

对于声誉理论的拥趸而言,声誉非常重要。国家跟个人一样,希望获得同侪的尊敬和避免受到他们的斥责。对于国家尊严和名誉的考量在自利国家的行为塑造中扮演非常重要的角色。"在相互依赖的世界里,值得

---

① 见 Robert O. Keohane. After Hegemony: Cooperation and Discord in the World Political Economy[M]. Prineton: Princeton University Press, 1984: 230.

② 典型的管理成本包括协调利益、方便谈判和提供监督以及信息发布所必需的机制维持成本。例如,见 Robert O. Keohane. International Relations and International Law: Two Optics[J]. Harvard International Law Journal, 1997: 501-502.

③ Abram Chayes, Antonia Handler Chayes. The New Sovereignty, Compliance with International Regulatory Agreements[M]. Boston: Harvard University Press, 1998: 140.

④ Jack Donnelly. International Human Rights: A Regime Analysis[J]. International Organization, 1986, 40, (3): 593, 599. Martha Finnemore & Kathryn Sikkink. International Norm Dynamics and Politics Change[J]. International Organization, 1998, (4): 887.

信赖的良好声誉是非常重要的。"①因此,国家不会轻易批准国际条约,但一旦承担了国际义务,还是倾向于认真遵守这些义务以塑造现代国家或者文明国家的形象。② 条约就是这样的界分机制——如果接受并认真遵守国际义务,国家就向国际社会证明他是好的国际公民并值得被纳入任何合作机制;相反的,如果拒绝承担某项法律义务,国家等于在向其他国家传递这样的信息,即它不接受国际社会的规则标准并把自己归类为该规则导向的国际关系的局外人。③ 由于大部分国家都不希望被剥夺"好国家"的声誉利益或者由于被归类为"坏国家"而承担名誉损失,一些国家迫切向公众传递这样的信号,即它们同意特定类型的法律义务。声誉理论将条约批准视为国家证明、保护和提高声誉的重要手段。④

在声誉理论下,不管是通过批准条约还是宣示某项国际习惯法的存在以承担国际法律义务,都对国家动机有着极其正面的影响。⑤ 尽管遵守法律义务可能会在物质上承担高昂的代价,但违反法律带来的名誉损失会在某些案件中导致国家支付比物质代价更大的成本,因此声誉理论承认,某些国家即使非常渴望通过宣示承担某些法律义务以获得声誉收益,但实践中它们依然无法或者不愿意履行自己的义务。当然,大部分国家即使在国际义务与本国短期私利冲突的时候也会选择遵守法律义务,因为与其他国家交往和社会化的过程有效地重新定义了自利性并驱动国家维护自己遵守法律的声誉。⑥ 至少,国家会试

---

① Robert O. Keohane. International Relations and International Law: Two Optics[J]. Harvard. Internatinoal Law Journal,1997:492.

② Ryan Goodman & Derek Jinks. Toward an Institutional Theory of Sovereignty[J]. Standford Law Review,Vol.55,No.5,2003:245.

③ 见 David H. Moore. A Signaling Theory of Human Rights Compliance[J]. Northwestern. Univercity Law Review 2003,(1):903.

④ Steven R. Ratner. Precommitment Theory and International Law: Starting a Conversation[J]. Texas Law Review,2003,(11):2058.

⑤ 见 Andrew T. Guzman. A Compliance-Based Theory of International Law[J]. California. Law Review,2002,(6):1828.

⑥ 理性选择理论的核心问题被认为是"如何将'坏行为体'最大程度社会化"。见 Ryan Goodman & Derek Jinks. How To Influence States: Socialization and International Human Rights Law[J]. Duke Law Journal,2004,54(3):630.

图解释违法行为或者试图赋予它们合法性,在违法的过程中也会自称忠于法律的精神或者自称已将不遵守法律的伤害降到最低。① 总之,透过声誉理论的棱镜,法律遵守是通过同侪的舆论压力和战略性驱动来进行的"羊群行为"。②

某些声誉理论的学者认为,声誉的效果在某些利益特别重大的事项领域大概是最低的。对于这些国家而言,来自被认为是个忠实的规则遵守者的声誉所获取的利益远远低于选择一个带来恶名但利益巨大的决策所获取的利益。换言之,在某些领域,比如涉足"高级政治"领域的国家,其对短期利益的追求比长期声誉的考量要重要得多。当国家遭受威胁的时候,将从事任何为了保证领土完整和政治独立而有必要的行动,而不管这样的行动会招致怎样的舆论谴责。无疑,只有首先生存下来,它们才会考量同侪怎么看的问题。

(七) 建构主义

建构主义除了秉持规范主义的一些核心假设,例如国家是被非法律性义务驱动的,国家即使在国际法与物质性私利之间存在冲突的情况也会遵守法律,还提出如下理论假设:第一,国家并不仅仅是由先定的偏好定义的物质性实体,而事实上是被社会普遍价值、道德观和个人或集团理念持续、反复塑造的概念性实体。③ 第二,关键性个体和群体的规范性范本是塑造国家的主要因素,并由偏好不断地巩固它们。第三,建构过程是互利和动态的。国家的规范性结构是慢慢嵌入形成和引导国家的。④ 第四,政治在国际和国内两个层面上建构,其偏好是灵活的。一个国家的个体和群体通过"劝导、社会化和逼迫"的模式来影

---

① 见 Andrew T. Guzman. A Compliance-Based Theory of International Law[J]. California. Law Review,2002,(6):1838.

② 见 Eric A. Posner. Law and Social Norms, The Case of Tax Compliance[J]. Virginia Law Review,2000,(2):41.

③ 见 Alexander Wendt. Collective Identity Formation and the International State[J]. American Policy Science Review,1994,(7):385-386.

④ 见 Peter J. Katienstein. The Culture of National Security: Norms and Identity in World Politics[M]. New York: Clumbia University Press,1996:340.

响对应国家的规范性认知和政治机构。同时,国家偏好并非固定不居的,每个国家都在主动或者被动地驱使其他国家重建自身并接受他们的规范性要求。① 第五,法律规则并不会单独形成法律遵守的动力。法律在效果上只是对社会规范的重申。国家和个人的行为模式并非取决于规范的正式内容,而取决于正式法律机制所反映的,甚至未反映出来的一套内在化规则。② 第六,在很大程度上,国际法遵守是法律实体规则和操作规则相互契合的效果。

对于建构主义而言,解释和预测国际法遵守要求对法律规则与主要国家和个体偏好相契合的程度做出决策,对这些规则在正式法律规范中如实反映的程度做出决策。如果特定国家和主要个体已经由相关社会规范,比如禁止使用武力的规范加以建构,如果法律规则也回应这一规范并正式规定了它,建构主义预期国家即使已经形成理性的战争性策略,也会回避相关行为。因此,对于建构主义而言,相比于严厉的制裁或者跨国法律互动的过程,建立国际法遵守的法律文化对于提高遵法水平更加有效,系统性的规则教育和法律运作能够巩固这一建构过程。

综上,从法律规则的角度观察国际法遵守的依据,主要有公平理论和跨国法律过程说。前者认为,国际法遵守的动力来自规则本身的公平和正义性;后者认为,国际法遵守的动力来自国家在反复的跨国互动中不断解释规则和将规则内化为国家自身利益的过程。从国家行为的角度思考国家遵守国际法的原因,主要有:第一,现实主义理论,认为以追逐权力为第一目标的国家只有在国际法符合该利益的情况下才值得遵守。法律遵守是国家扩张权力途中的巧合或者追名逐利的工具。第二,执行理论,认为国家出于对制裁的恐惧而遵守法律。违法行为是因针对违法行为的制裁力度不够造成的。第三,自由主义理论,认为隐藏在国内社会生活过程中的利益交换和社会观念塑造了国家偏好,由此形成的政府决策左右了国家在国际法遵守中的立场和态度。第四,

---

① 见 John Gerard Ruggie. What Makes the World Hang Together? Neo-Utilitarianism and the Social Constructivist Challenge[J]. International Organization, 1998, (4): 874-879.

② 见 H.L.A. Hart. The Concept of Law[M]. Oxford: Clarendon Press, 1994: 3.

理性选择理论,认为国家出于对遵法行为的成本与收益的理性计算而遵守国际法。当他们认为遵法带来的收益——尽管对于该收益的定义可以非常广泛,高于违法的收益,理性的国家将选择净收益更高的遵法行为;当然,反之,如果国家认为违法的收益更高,他们也将理性地选择违法行为。第五,管理理论,认为更高水平的国际法遵守并非来自强制性的法律执行,而是来自针对国家遵守国际法全过程的管理——反复的劝导,协助国家提高遵法能力,更加清晰的法律解释与争端解决程序,等等。第六,声誉理论,认为国家作为根据利益-成本计算其行为价值从而作出决策的理性行为体,非常重视良好的国际声誉所带来的长期收益。通过社会舆论的压力和公布违法者名单往往能够有效驱动国家调整自己的行为,回归遵守法律的轨道。第七,建构主义,认为国家并非只是单纯由物质性力量构成的单一行为体,还是文化、规范、意识形态、知识、认同等非物质力量在国际关系中相互作用构成的观念集合体。在相互依赖和交流观念的过程中,国家之间产生对规范的共同认同从而愿意接受法律的约束,遵守国际法。

第三节 从执行模式到管理模式
——国际法遵守研究的发展

可以发现,尽管关于国际法遵守根据的理论众多,但没有一种关于国际法遵守的占据主流的统一命题。除了以上所述的理论以外,从规则角度出发和从国家行为角度出发认识国际法为何得到遵守的问题,还有众多其他关于认识该问题的不同角度的分类方法。诸如根据国家行为,将国际法遵守的根据分为依据"利益"的遵守行为和依据"规范"的遵守行为。前者包括现实主义理论、理性选择理论;后者包括管理理论、跨国法律过程理论。[①] 又如根据主要的国际关系理论分类将国际

[①] 韩永红.国际法何以得到遵守:国外研究述评与中国视角反思[J].环球法律评论,2014,(4):167-170.

法遵守理论分为现实主义理论——认为国际法遵守是附着于国家政治利益的从属现象；制度主义——认为国家在意识到相互合作利益更大的前提下通过建立国际制度促进国际法的遵守；规范主义——认为法律规则自身的合法性和道德感保证了其得以遵守的效力。① 再如根据主要研究学者的不同观点认识不同的国际法遵守理论：约翰·纽豪斯(John Newhouse)的成本收益分析理论、杰罗姆·弗兰克(Jerome Frank)的国际法公平与合法性理论、蔡斯的新主权与遵守管理理论、高洪柱的跨国法律过程说、斯劳特和穆拉维斯克的国际自由主义。② 这种为数众多的分类和各抒己见，一方面反映了国际法遵守研究的繁荣，另一方面也反映了这一研究尚处于初级阶段，并未形成逻辑统一的研究体系和基础扎实的主流范式。

在实践中，受到长期以来占据国际关系研究主流的现实主义的影响，国家倾向于被认为是自己利益的追随者，只有符合国家"利益"的行为才值得作为。"主流的现实主义国际关系理论认为：谨慎的规则制定者很难信守诺言，如果忠于义务会伤害它自己，也不应该信守。"③为了促使如此"唯利是图"的国家遵守规则，在国际法遵守中，主要通过向违法国家施加强制，增加其违法成本，使违法行为"无利可图"以纠正违法行为。这种方法类似于国内法遵守的基本模式——制裁、惩罚，直至违法者纠正行为。20世纪法律实证主义学者汉斯·凯尔森(Hans Kelsen)认为，法律制裁的目的在于保证法律命令的遵守与执行，强迫行为符合业已确立的秩序。④ 著名刑法学家埃德温·W. 帕特森(Edwin W. Patterson)甚至认为，任何法律在某种意义上都具有某种法律制裁形式。制裁是每一法体、每一法律的必要特征。⑤ 这种对法

---

① Markus Burgstaller. Theories of Compliance with International Law[M]. Boston: Martinus Nijhoff Publishers, 1996: 109.
② 张弛.国际法遵守理论与实践的新发展[D].武汉：武汉大学, 2002: 19-23.
③ Abram Chayes. Antonia Handler Chayes, The New Sovereignty, Compliance with International Regulatory Agreements[M]. Boston: Harvard University Press, 1998: 13.
④ [奥] 凯尔森.法与国家的一般理论[M].沈宗灵, 译.北京：商务印书馆, 2013: 35.
⑤ 转引自[美] E.博登海默.法理学：法律哲学与法律方法[M].邓正来, 译.北京：中国政法大学出版社, 2001: 330.

律制裁的强调正是长期在国内法研究中占据主流的法律实证主义的基本观点。"法律是一种秩序,通过一种特定技术,为共同体每个成员分配义务从而决定他在共同体的地位;它规定一种强制行为,对不履行义务的共同体成员加以制裁。"①"不为强制力支持的规则不是法律。这是法律实证主义与社会学法学的基本差异。后者更多从法律作为社会控制手段的角度理解法律。"②

当然,依据法律实证主义,国际法缺乏类似于国内法那样凌驾于社会之上的公权力机关,无法实施"主权者的制裁",承担法律制裁职能的主要是国家自身。"对违法的单边反应——横向的实施——在国际法律体系中仍是主要的手段。"③"在国际社会,没有一个立法机关决定什么是法,什么不是法;也没有具备强制管辖权的国际法院,只能对自愿接受法院判决的国家创造某种义务;更没有强有力的国际警察机构执行法律。"④此等特点使国际法执行缺乏国内法律执行那种稳定的制度化保障而显得软弱和原始,这使得部分法律实证主义者否认国际法作为严格意义上的"法"的地位。"霍布斯和普芬道夫都曾对国际法是否为通常意义的法律的问题作出否定的回答。19世纪,奥斯丁及其门徒采取了同样的态度。"⑤但是,这并不影响国际法的遵法机制在法律实证主义的影响之下,强调强制力实施在促进法律遵守中的基础性作用。尽管在没有公权力机关作为执法机构的国际法律体系之下,国家之间的法律制裁有很多弊端——执法强度失当;易引发相互报复和循环往复的战争;特别在公正性方面存在巨大缺陷——在当事国自行解决争端的情况下,强权国家由于其强大的实力而拥有更强的执法能力,而弱国往往无力遂行自己的正义。案件的解决必须依赖于强权国家的参与

---

① [奥]凯尔森.法与国家的一般理论[M].沈宗灵,译.北京:商务印书馆,2013:29-30.
② 徐爱国,李桂林.西方法律思想史[M].北京:北京大学出版社,2014:120.
③ [美]路易斯·亨金.国际法:政治与价值[M].张乃根,马忠法,罗国强,等译.北京:中国政法大学出版社,2001:87.
④ 赵理海.国际法基本理论[M].北京:北京大学出版社,1990:3.
⑤ [英]詹宁斯·瓦茨修订.奥本海国际法(第一卷)(第一分册)[M].北京:中国大百科全书出版社,1995:6.

导致法律的正义经常让步于争端当事国政治实力的强弱较量。这正是人类文明意欲摆脱的野蛮状态,恃强凌弱和弱肉强食不应成为国际法律运作的常态。

因此,进入20世纪,尤其是人类社会经历两次世界大战之后,传统国际法主要由国家自助执行的特点得到极大改观。大量国际机构加入国际法执行的主体范畴。"二战之后,国际法执行机制进入稳定发展的新时期,至20世纪90年代,甚至出现急剧扩散的现象。"①阿兰德指出:"过去50年间,国际社会经历了一个国际法庭不断扩展的过程。"②此现象在冷战结束以后尤其突出和引人注目。在各类地区级国际刑事法庭的推动下,1998年通过《国际刑事法院规约》,于2002年成立国际刑事法院。③ 此外,1995年世界贸易组织建立了具有强制管辖权的争端解决机构;1996年,对国家具有强制管辖权的国际海洋法法庭成立。罗曼诺在总结这一系列变化时指出:国际司法带来了一系列的制度和程序,在总体上为国际社会提供了独一无二的公共物品,以和平方式取代战争和外交强制来解决国际争端,更多推动了国际法的执行和全球范围内法律的治理。"国际争端解决机制方面呈现出较为明显的司法化倾向。""国际争端解决正在从政治协商更多地向法院式司法裁决方向发展"④国际关系法律化成为20世纪末到21世纪之初国际关系的新趋势。

这种新趋势以及对国际违法行为具有强制管辖权的司法机构大量

---

① 赵海峰.略论国际司法机构的现状和发展趋势[J].人民司法,2005,(9).

② Ram Prakasb Anand. Enhancing the Acceptability of Compulsory Procedures of International Dispute Settlement[J]. Mar Planck Year Book of Unite National Law, Vol.5, 2001:2.

③ 国际刑事法院建立的思想基础是理想主义国际关系学派,该学派基于两次世界大战对人类社会和国际关系所造成的巨大劫难,认为应该建立一个联邦式的国际社会,制定带有公法性质的国际法,并在国际司法机构对国家行为进行审判和执法。但这种带有强烈理想主义色彩的国际刑事法院在高度政治化的国际社会,往往成为强权国家践行自己权力意志和外交政策的政治舞台,其实现国际刑事正义的程度极其有限。有学者认为,国际刑事法院理想化的设计,在现实中并没有成为正义的维护者,反而成为"西方殖民主义"的工具。详见潘俊武.论国际刑事法院的理想设计与现实本位[J].江西社会科学,2023,(4).

④ 转引自王林彬.国际司法程序价值论[M].上海:复旦大学出版社,2009:25.

出现,使国际法强制力缺乏奉行的特点得以改观。"国际法越来越多地在国际争端解决中得到适用,国际法终于在实践中表现出威慑力和约束力。"①国际法显得更加强硬,制裁更加有力。这是否意味着国际法得到了更多遵守?或者说,国际法强制力的提高是否意味着国际法遵守的提高?蔡斯在其《新主权——国际条约的遵守》提出了反对的观点。蔡斯认为,国际条约的"执行",这种通过制裁和增加违法国成本的国际法遵守模式,存在三个基本缺陷——成本过高;合法性存疑;效果缓慢。"即使在国内法中,'惩罚'违法者在法律遵守当中也是例外和反常的,将它作为推动法律遵守的常规途径本来就可质疑;何况在不存在正式的法律执行机关、法律执行机制极其不稳定和脆弱的国际社会,认为'惩罚'就可以令违法者遵守法律是错误的——对国际条约'牙齿'锋利性的持续性苛求是对国内法律制度简单但却是错误的类比。"②

　　这种批评带来一种争论,国际执法机制的强化,大量具有强制管辖权的国际司法机构的出现,对于国际法遵守的强化是否有所效用?蔡斯将这类通过"惩罚"违法者,以强制性、对抗性和司法性为特点的国际法遵守模式称为"执行模式"(Enforcement);而将通过"劝导"守法者,监督和管理遵守法律的各个环节,以及提供国际法遵守所需要的技术与资金以促进守法行为的国际法遵守模式称为"管理模式"(Management)。蔡斯认为,执行模式并非国际法遵守的主要因素,管理模式看似"温和",却是促进国际法遵守更为有效的方法。③乔纳斯·唐伯格在分析这样的争论时指出,在国际法遵守机制的有效性领域,国际法遵守的要素问题已然成为研究热点。辩论的焦点在于两种针锋相对的观点——

---

　　① 安曦萌.论国际司法机构在构建国际法律秩序中的作用:从凯尔森国际法思想出发的考察[J].华东师范大学学报(哲学社会科学版),2011,(4).

　　② Abram Chayes, Antonia Handler Chayes. The New Sovereignty, Compliance with International Regulatory Agreements[M]. Boston:Harvard University Press, 1998:30.

　　③ 见 Abram Chayes, Antonia Handler Chayes. The New Sovereignty, Compliance with International Regulatory Agreements[M]. Boston:Harvard University Press, 1998:35,190.

"执行"理论认为,着眼于惩罚违法者,由制裁和监督构成的"强制性"策略更为有效;"管理"理论认为,着眼于帮助违法者增强遵法能力,通过沟通和劝导解决违法问题的"管理式"策略更为有效。① 这种争论一方面推进了国际机制的研究,②另一方面促使我们思考这样一个问题,国内法中我们基于根深蒂固的实证主义法律观所认为的法与强制力在逻辑上的不可分离性,在国际法中是否依然适用。正如唐斯(George W. Downs)在关于国际法遵守研究趋势的论述中指出,在大量对国际法遵守进行实证研究的潮流中可以发现,高水平的国际法遵守往往与传统认为的法律遵守的强制力保障之间联系甚微。管理性措施,而非强制执行是国际体系未来进行规范性合作的主要方向。③ 这种法律从"硬执行"到"软执行"的演变既代表了法律遵守方式的变化,也代表了对国际法乃至法律本质的认知变化。

---

① Jonas Tallberg. Paths to Compliance: Enforcement, Management, and the European Union[J]. International Organization, Vol.56, No.3 (Summer. 2002): 610.

② 以往国际机制研究的热点是,国际机制是否有效。在这一论点得以确证之后,现行的国际机制研究的热点推进至国际机制有效性的要素。佛瑞克曼指出,国际关系和国际法研究已经突破了国际法是否重要的问题,而转向国际法如何导向国家行为的问题。见 Brett Frischmann. A Dynamic Institutional Theory of International Law[J]. Buffalo Law Review, Summer, 2003: 34.斯坦伯格也认为,国际制度和国际法的研究从早期关注制度是否有效转而思考在国际制度之中,哪些部分使其有效、如何使其有效以及已经在何种条件下发生效力。见 Richard H. Steinberg. In the Shadow of Law or Power? Consensus-Based Bargaining and Outcomes in the GATT/WTO[J]. International Organization, Vol. 56, No. 2 (Spring, 2002): 339－374.

③ George W. Downs, David M. Rocke, Peter N. Barsoom. Is the Good News about Compliance Good News about Cooperation? [J]. International Organization, Vol.55, 2001: 380.

第二章

执行模式在国际法遵守机制中的机理

在国内法中,国家强制力被认为是法律得以遵守的主要动力。"在国内法律制度中,国家暴力机构实施的正式制裁被认为在促进遵守方面扮演了关键角色。"[1]这种将法律遵守与强制力紧密联系的法律实证主义理论对国际法研究的影响深远。"尽管国际法早期的发展大量受自然法思想的影响,但过去一百多年对国际法性质的讨论一直受到法律实证主义的影响。"[2]这意味着强制性不但在国际法性质的认定上具有标尺性的作用,也在国际法遵守这样的国际法具体问题上起着举足轻重的作用。长期以来,受到法律实证主义理论的影响,外在强制力被认为是国际法得以遵守的主要动力。即使国际法强制力是一种碎片化以及横向性的制裁形式,也被认为可以通过国际法执行机制的改进和完善,不断模仿国内法执行机制并向其靠拢,从而强化国际法遵守的水平。

但是,正如蔡斯所指出的,以强制性、对抗性为特点的执行模式在理论上和实践中面临着诸多困境:首先,并非所有国际法事项都是因外在强制力的存在而得到遵守。在众多国际法领域,即使没有规定制裁,不适用执行模式,也能得到良好的遵守。执行模式是否适用于所有国际法事项?其次,即使在适用执行模式的国际法领域,是不是法律的

---

[1] Abram Chayes, Antonia Handler Chayes. The New Sovereignty, Compliance with International Regulatory Agreements[M]. Boston: Harvard University Press, 1998: 34.
[2] [英]蒂莫西·希利尔.国际公法原理[M].曲波,译.北京:中国人民大学出版社,2005: 7.

强制越严厉,国际法得到遵守的水平就越高?最后,在平行的国际法框架之下,能否建立类似国内执法机制那样发达的法律遵守机制?这些困境需要在探讨执行模式的适用机理和对其适用效果进行实证检验的过程中得到解答。

第一节 "协作性博弈"与执行模式

传统理论认为,个体作为理性主体,其自我逐利的行为"自然"促进集体福利的增长。亚当·斯密指出:"各个人都不断努力地为自己所能支配的资本找到最有利的用途。他所考虑的固然不是社会利益,而是自身利益,但他对自身利益的研究自然会或者说必然会引导他选定最有利于社会的用途。即使他不打算促进公共利益,只是盘算自己的安全和自身的利益,这种行为往往比真正出于本意的情况下更能有效地促进社会利益。"①《集体行动的逻辑》的作者奥尔森对此提出反对的观点:"认为从理性和寻求自我利益的行为这一前提可以逻辑地推出集团会从自身利益出发采取行动,这种观念是错误的……有理性的、寻求自我利益的个人不会采取行动以实现他们共同的和集团的利益。"②在很多时候,对个人利益的追求往往导致共同利益的丧失。两者并非传统经济学家认为的相辅相生,而是相克相冲。比如,一个竞争性市场中,企业对产品更高的价格具有共同利益,但同时又都希望卖出尽可能多的产品,直到产出一件产品的成本超过其价格为止。在这里,更高价格的共同利益和更多产出——即更低价格的个体利益是针锋相对的。这种矛盾被称为"集体行动的困境"。

在博弈论尚未广泛应用于社会学与经济学的 20 世纪 60 年代,奥

---

① [英]亚当·斯密.国民财富的性质和原因的研究(下卷)[M].郭大力,王亚南,译.北京:商务印书馆,1974:24-27.
② [美]曼瑟尔·奥尔森.集体行动的逻辑[M].陈郁,郭宇峰,李崇新,译.上海:格致出版社,2011:2.

尔森使用微分方程证明了组成小规模的集团或者在大集团之中使用外部强制和选择性激励来克服"集体行动的困境"。① 随着 20 世纪 80 年代博弈论在经济学的广泛应用,奥尔森的"集体行动困境"得以在博弈论的范式之下重建和发展。展示"集体行动困境"最为著名的博弈模型——"囚徒困境"中,② 双方合作、共同沉默所获得的共同利益最大,各自只判 1 年监禁。但在相互隔离的情况下,双方固然受到背弃同伴的诱惑——坦白的疑犯将获得自由而沉默者将被判 10 年监禁;但也畏惧被同伴背弃——即本方沉默、对方坦白导致同伴获得自由而己方被判 10 年监禁。在双方都不知道对方如何决策的情况下,理性聪明的疑犯即使知道共同沉默的利益最大,即只判 1 年监禁,但还是选择了最安全但获利其次的决策,即背弃同伴,坦白罪行,各自获得 5 年监禁。如表 1 所示:

表 1 "囚徒困境"博弈矩阵

	沉默(合作)	坦白(背弃)
沉默(合作)	(−1, −1)	(−10, 0)
坦白(背弃)	(0, −10)	(−5, −5)

---

① 奥尔森指出:"除非给予集团成员不同于共同或集团利益的独立激励,或者除非强迫他们这么做,否则一个大集团的成员如果是理性地寻求自我利益的最大化,他们不会采取行动以增进他们的共同目标或集团目标。在缺乏强制或缺乏独立激励的时候,这样的大集团也不会建立机制以追求他们的共同目标。"载[美] 曼瑟尔·奥尔森.集体行动的逻辑[M].陈郁,郭宇峰,李崇新,译.上海:格致出版社,2011:3.

② 博弈是主体在一定的环境条件下,根据既定的规则同时或先后,一次或多次从各自允许选择的行为或策略中进行选择并加以实施,各自取得相应结果的过程。博弈论即是研究各方如何根据既定规则和其他方决策进行对策,寻求博弈各方合理的策略选择并分析其结果的理论与方法。博弈论在数学、经济、政治等学科运用非常广泛。其中非合作博弈当中最为著名的博弈模型即"囚徒困境"。它的基本模型是这样的:警察抓住两个合伙犯罪的罪犯,但缺乏足够的证据指证他们的罪行。如果其中至少有一人供认犯罪,就能确认罪名成立。为了得到口供,警察将两名罪犯分别关押以防止他们串供,并给他们相同的选择机会:如果两人都拒不认罪,则他们都会以妨碍公务罪各判 1 年徒刑;如果两人中有一人坦白认罪,则坦白者从轻处理,立刻释放,另一人将重判 10 年;如果两人同时坦白认罪,则将各自获得 5 年徒刑。有关博弈概念以及"囚徒博弈"的详细内容,见孙鑫.囚徒的困境博弈及其应用浅析[J].产业与科技论坛,2009,(8):142.

在"囚徒困境"的博弈中,共同获得最低刑期 1 年监禁是共同利益所在,但是信息不通使得博弈者的支配性策略是互不信任,相互欺诈,最终各自获得较高刑期 5 年监禁。在这个共同利益和个体利益相互冲突的博弈中,没有外来干预的情况下,自然达到的结果是双方背弃,不能合作。这在政治学中用于解释国内政府的产生机理,也被用于解释国际社会无政府状态下的众多现象。斯坦(Arthur A. Stein)在其《协作与协调——无政府世界的机制》中就使用同一博弈矩阵说明了大萧条时代贸易壁垒的成因。所有贸易往来中的国家都知道货物自由流通,拆除贸易壁垒的共同利益最大,假设是 3。但是,每一单个国家都不愿意承担己方降低贸易壁垒,而其他国家保持贸易壁垒导致的"损己利人"的结果——假设单方降低贸易壁垒的国家只能从贸易往来中获利 1,而保持贸易壁垒的国家能够从贸易往来中获利 4。最终追随自己利益的理性国家将不管其他国家如何决策,选择提高贸易壁垒的政策,背弃其他国家,即使这一决策只能带来 2 的获利。斯坦说,这种共同背弃、相互欺诈的局势正是 20 世纪 30 年代国际贸易领域以邻为壑之"贸易战"和"汇率战",也是第二次世界大战结束之后各国想要避免的窘况。① 如表 2 所示:

表 2 大萧条时代贸易往来博弈矩阵

	合　　作	背　　弃
合作	(3, 3)	(1, 4)
背弃	(4, 1)	(2, 2)

从"集体行动困境"到"囚徒困境",对于博弈者而言,共同利益都在相互合作和共同进退,即"帕累托最优"②在"合作"——以表 2 为例,落

---

① Arthur A. Stein. Coordination and Collaboration: Regimes in an Anarchic World, International Organization[J]. Vol.36, No.2, (Spring) 1982: 305.

② "帕累托最优"理论是意大利经济学家帕累托在经济福利观基础上创立的。当不减少任何一方福利的情况下使得至少一方变得更好,即称为"帕累托最优化"或者"帕累托改进"。当再改变条件也不能增加一方福利的同时并未因此减少其他方福利,这种资源配置的理想状态就称为"帕累托最优"。参见卢现祥.西方新制度经济学(修订版)[M].北京:中国发展出版社,2003:9.

在(3,3)。但是,在缺乏外在干预和机制约束的情况下,以斯坦所举的大萧条时代各国贸易政策的困境为例,国家会选择最优方案进行合作吗?每个独立决策的国家都面临背弃的诱惑——如果其他国家遵守约定,己方背弃将带来更高的收益,即单方面提高贸易壁垒,获得利益4;当然,也面临被背弃的恐惧——如果单方面遵守约定,选择合作,将带来更大的损失——单方面降低贸易壁垒只会给自己带来利益1,而维持壁垒的国家将获得利益4。张维迎教授生动地举例称:大家固然知道共同出钱兴办公用事业,所有人福利都会增加。但如果我出钱你不出钱,我得不偿失;如果你出钱我不出钱,我就可以占你便宜。最后每个人的最优选择都是"不出钱"。[1] 务求私己利益最大化的博弈者最终的"自觉"选择都是不合作,以保证不论其他博弈者如何作为,己方都能获得最安全的收益。"纳什均衡"[2]落在共同背弃之上,偏离了"帕累托最优"的象限。斯坦把这种状态称为"共同利益的困境"(Dilemma of Common Interest)。[3] 埃莉诺·奥斯特罗姆指出,处于此类困境中的每个博弈者,其"不合作"策略牢牢压倒了"合作"策略。每个博弈者选择其最佳的个人策略所达到的均衡不是共同的最佳结果。每个博弈者都试图得到最佳结果(诱人的报偿)而避免最坏的结果(上当的报偿),最终得到次坏的结果。[4] 博弈者的自觉选择之无效率与帕累托效率最优的相异,正是"集体行动"和"囚徒博弈"的困境所在。这种博弈者不欲为之,又不得不为的帕累托无效率正是各方对机制建立的需求所在。

---

[1] 张维迎.博弈论与信息经济学[M].上海:上海人民出版社,1996:17.

[2] 纳什均衡:假设有N个人参与博弈,给定其他人策略的条件下,每个人选择自己的最优策略(个人最优策略可能依赖于也可能不依赖于其他人的策略)。所有参与人的最优策略一起构成一个策略组合,即纳什均衡。在纳什均衡点上,由于每个参与者做出的是不论其他参与者如何选择都是最优的决策,因此任何一方都没有选择其他策略的激励,最终没有参与者具有打破这一均衡的动机。参见张维迎.博弈论与信息经济学[M].上海:上海人民出版社,1996:14.

[3] Arthur A. Stein. Coordination and Collaboration: Regimes in an Anarchic World, International Organization[J]. Vol.36, No.2, (Spring) 1982:309.

[4] 埃莉诺·奥斯特罗姆.制度安排和公用地两难处境[M]//V.奥斯特罗姆,D.菲尼,H.皮希特,编.制度分析与发展的反思——问题与抉择.王诚,等译.北京:商务印书馆,1992:85.

使用博弈论解释无政府状态下推动利己者实现合作的阿克塞尔罗德认为,在"囚徒困境"的原始故事中,如果能够增加被捕之囚犯背弃对方的黑暗前景,就可能扭转困境。比如,两个犯人同属一个帮派,他们都知道告密将受到严惩。这条惩罚规则大大降低了告密的收益值,他们会因为告密的成本太大(受到严惩)而各自放弃告密,选择共同沉默,最终获得最轻的判刑,达到"帕累托最优"的结果。① 在群体内建立"告密者受罚"之机制就成为避免次坏结果的外在干预手段。"机制完全可以解决'共同背弃的困境'问题。在这种困境之下,所有博弈者可能的战略也许并不指向同一偏好,但至少他们所有人都急欲'避免'一种结果——协作(collaboration)正是博弈者避免这种结果的必需。"② 斯坦把博弈者协作以解决非合作问题的博弈模式称为"协作性博弈",因非合作博弈均衡获得诺贝尔经济学奖的纳什亦称其为"非合作性博弈"。

通过以上的讨论,可以把"协作性博弈"的特点总结如下:

第一,个体利益和集体利益相互冲突,个体背弃动机强烈。"囚徒困境反映了一个深刻的问题,即个人理性与团体理性的冲突。"③ 虽然相互合作将实现更大利益,但个体和集体的对抗性关系使得个体对于合作过程中可能出现的背弃导致私己利益的丧失更为恐惧而止步于自保,最终出现个体理性导致集体非理性的现象。在经济学领域对"集体行动的困境"进行开创性论证的加勒特·哈丁(Garrett Hardin)在其著名的"公地悲剧"中阐述了这一现象——于公共牧场上放牧的每个理性人追求私己利益的最大化,希望多多养羊。但是在公共草地上,每增加一只羊会产生两种结果:一是获得增加一只羊的收入;二是加重草地的负担。经过利弊权衡,自利的牧羊者决定罔顾草地的承受能力而增加羊群数量,这对他们个人更加有利可图。当每个理性的牧羊人都如此行事的时候,牧场不堪重负,最终因过度使用而致荒凉。牧羊人追求

---

① [美]罗伯特·阿克塞尔罗德.合作的进化[M].吴坚忠,译.上海:上海人民出版社,2007:102.

② Arthur A. Stein. Coordination and Collaboration:Regimes in an Anarchic World, International Organization[J]. Vol.36,No.2,(Spring) 1982:309.

③ 张维迎.博弈论与信息经济学[M].上海:上海人民出版社,1996:60.

个体利益最大化的行为导致公地的荒芜和集体利益的丧失。犹如我们在"囚徒博弈"中所见的,每个博弈者都不愿意为了共同的"最佳"结果而自己吃亏、冒险选择这一同时也可能是对自己"最坏"的结果,最终的"均衡"落在"次坏"的结果上。对于将利益-成本视为行为指针的理性个体而言,如果不能在相互合作中获得大于参与合作所支付成本的收益,如果背弃也不必付出受罚的代价,这群"聪明人"不会选择合作。正如"囚徒困境"的博弈矩阵所展示的,唯一的纳什均衡点落在共同背弃之上,而这一象限是帕累托无效率的。亦即,在"协作性博弈"中,"帕累托最优"和"纳什均衡"并非一致。

　　第二,"协作性博弈"中"帕累托最优"和"纳什均衡"错置的原因在于个体"搭便车"和机会主义的倾向。可以把合作的过程视为公共产品的生产。其产出需要成本,而其消费却是"免费",即奥尔森所说的公共产品消费"非排他性"和"非竞争性"的特点——合作的状态一旦形成,所有行为体都可以从中获利(非排他性),并且某一行为体的消费不会阻止其他行为体的获利(非竞争性)。"一件公共产品提供的是不可分利益的物品。只要它存在,每个人都可以从它那里获利,不管自己是否交纳了费用,也不管有多少别的人也从它那里获利。"[①]公共产品将自己的效用扩展于他人的成本为零,根本无法排除他人的共享。那么,在制造公共产品,或者说缔结合作的过程中,每个理性人的个体利益最大化的"最佳"策略是避免承担建设成本,而最终能够共享公共产品,即零成本地获取公共产品。休谟指出:"要使一千个人共同排去他们共有草地的一片积水,乃是困难,而且的确是不可能的;他们对于这样一个复杂计划难以同心一致,至于执行这个计划就更加困难了,每个人都会寻找借口,想使自己省却麻烦和开支,而把全部负担加在别人身上。"[②]这种欲"搭便车"的机会主义心理,奥斯特罗姆在其《公共事物的治理之道》中称,如果一个人不被排斥在分享由他人努力所带来的利益之外,

---

① [美]安东尼·唐斯.民主的经济理论[M].姚洋,邢予青,赖平耀,译.上海:上海世纪出版集团,2005:156.
② [英]休谟.人性论(下册)[M].关文运,译.北京:商务印书馆,1980:578.

就不会有动力为共同利益作出贡献,而只会选择做一个"搭便车者"。如果所有参与者都选择搭便车,集体利益将无法实现。① 运用"协作性博弈"分析国际政治现象的苏长和先生认为,全球性公共物品具有典型的"非排他性"和"非对抗性",加上行为体机会主义倾向的存在,导致全球公共问题的管理面临"搭便车"问题,造成供应或维护不足的困扰。在主体行为是由个体理性主导的世界里,个体会忽视全球公共事务的关心,或者不愿意承担治理全球公共问题的责任,这就造成了奥尔森所谓的"集体行动的困境"。② 这种困境的本质,即上述"帕累托最优"和"纳什均衡"的不一致。溯其原因,正如斯坦所指出,来自个体意欲成为"搭便车者"的动机,来自他们享受"非排他性"利益的动机。③ 唐斯也认为,在存在公共产品的社会里,由于公共产品的非市场性相互依赖,每个人的搭便车心理导致完全竞争状态之下,自愿行动将不会产生"帕累托最优"。④ 这就意味着,如果无法克服机会主义和"搭便车"心理,公共产品其实无法产出,共同利益也无法达成,斯坦将这种困境也称为"共同利益的困境"。⑤

第三,突破"共同利益困境"的基本方法是对行为体背弃动机的遏制。如阿克塞罗德所认为的,在囚徒博弈的原始故事中,如果有帮派规则惩罚告密者,增加背弃的成本。意识到告密(背弃)成本高于收益的疑犯将大大降低告密的动机,而选择沉默(合作)。在上文表1的"囚徒困境"矩阵中,不论其他行为体作何决策,己方的"最佳"策略都是背弃,即"纳什均衡"落在(−5,−5)上,这是一个"次坏"的结果。欲实现

---

① [美]埃莉诺·奥斯特罗姆.公共事务的治理之道——集体行动制度的演进[M].余逊达,陈旭东,译.上海:上海译文出版社,2012:41.

② 苏长和.全球公共问题与国际合作:一种制度的分析[M].上海:上海人民出版社,2000:95.

③ Arthur A. Stein. Coordination and Collaboration: Regimes in an Anarchic World, International Organization[J]. Vol.36, No.2,(Spring) 1982:307.

④ [美]安东尼·唐斯.民主的经济理论[M].姚洋,邢予青,赖平耀,译.上海:上海世纪出版集团,2005:151.

⑤ Arthur A. Stein. Coordination and Collaboration: Regimes in an Anarchic World, International Organization[J]. Vol.36, No.2,(Spring) 1982:304.

（−1，−1）的"帕累托最优"，应该引入外部干预，强制性地改变个体报偿结构。比如上文表1的例证中，如果对背弃者进行惩罚导致其为背弃行为付出成本−20，低于其背弃可得利益0。那么放弃背弃，选择合作是更为划算和有效率的个体策略。施加足够的外在强制，改变"共同利益困境"中的报偿结构，是推动以成本——收益为行动指南的个体改变行为的有效方法。政治学在解释现代政府产生之原因的时候使用了这一视角——社会集合的本质即为"囚徒困境"，个体理性与集体理性相互对抗，形成"协作性博弈"。每个个体在自主决策的情况下，都欲通过背弃获得更多利益，主导策略是背弃，而共同背弃将导致集体帕累托的无效率。虽然共同协作被公认为集体最优的策略，却不是个体决策、形成均衡的结果。因此，人们集中在一起相互缔结社会契约，同意放弃部分自主性而授予政府制裁彼此的权力，以保证无人敢于利用他人的协作行为"搭便车"和意图背弃。当个体因为背弃受到制裁，其由此支付的高于背弃所得收益的成本将迫使个体进入相互协作的轨道。外部制裁，就是解决个体理性和集体理性冲突的方法，政府正承担了这样的职能。它像控制野马的缰绳，驱使个体避开理性选择的主导策略，驰入集体"最佳"而非个体决策相互均衡（同时也是帕累托无效率）的结果。在国际社会，"政府"的缺位导致"协作性博弈"中，个体理性和集体理性冲突的解决所需要的外部强制长期依靠受害国或相关国家的自助执法和报复实现。这种"一报还一报"的强制方法虽然"能够"在无政府状态之下实现合作，但其不足和缺陷也引发了巨大灾难和国际社会的警觉。如上文所述，第二次世界大战结束之后，大量国际法实施的国际机制出现，以控制国家自助执法的弊端，力图在机制的层面上实施法律制裁和执行国际法律。这些"执行模式"的国际机制在改变国际违法行为的报偿结构，解决"协作性博弈"，实现国际法共同遵守方面发挥了重要作用。

综上所述，在"协作性博弈"的解释框架之内，个体利益与集体利益的相互冲突是由理性个体"搭便车"和机会主义心理造成的。解决个体利益与集体利益的相互冲突，遏制个体"搭便车"的动机需要相互协作对背弃者实施强制。任何机制——不管是国内政府还是国际机制，通过向背弃者施加强制,人为改变"协作性博弈"的报偿结构以引导博弈者选择帕累托最优,同时也是集体利益最大化的决策。这正是蔡斯所称的国际机制之"执行模式"的基本内容——作为解决"协作性博弈"的条约机制,必须装上锋利的牙齿,使用某种形式的强制性执行措施,对违反条约者加以"惩罚"。① 斯坦以军备控制条约为例阐述了同样的观点——在安全困境中,所有行为体都知道相约控制军备是共同利益所在,但依然扩张军备。在此,遵守还是违反军备控制的国际法成为一个"囚徒困境",当然,国家的主导战略是违法,因为所有国家都希望其他缔约方控制军备,而己方依然扩张军备。这种"搭便车"心理和机会主义导致背弃的风险非常高。其决定了"军备控制条约的机制必须能够持续地监督和关注遵守问题。它们必须能够迅速地确认背弃并给与惩罚,保证条约得到遵守"。②

第二节 执行模式概念的厘清

如上所述,在"协作性博弈"中,执行模式的国际机制是为解决"集体行动的困境"而建立的。从这个视角看待国际遵法机制,可以发现国际法遵守也是一个"集体行动的困境"。③ 例如,在关税减让规则的遵守中(见表3),所有缔约方都知道共同遵守关税减让规则、降低关税是"帕累托最优"的结果——假设共同遵守的集体利益为(5,5)。但是如果一缔约方遵守规则,降低关税;另一缔约方违反规则,维持关税,对于违法方而言,既可以享受其他缔约方降低关税带来的出口优惠,又可以

---

① Abram Chayes, Antonia Handler Chayes. The New Sovereignty, Compliance with International Regulatory Agreements[M]. Boston: Harvard University Press, 1998: 121.

② Arthur A. Stein. Coordination and Collaboration: Regimes in an Anarchic World, International Organization[J]. Vol.36, No.2, (Spring) 1982: 313.

③ 斯奈德甚至认为,所有国际合作本质上都是"集体行动"理论在国际体系中的应用。见 Duncan Snidal. Coordination Versus Prisoners' Dilemma: Implications for International Cooperation and Regimes[J]. The American Political Science Review, Vol.79, No.4(Dec, 1985): 541.

因为维持关税壁垒而享受限制进口的优惠,获得利益 8;对于遵法方而言,则既要承担降低进口关税的义务,又要承担因为另一方维持关税带来的出口限制,获得利益 0。在没有外在约束的情况下,自主决策的理性国家将选择都不遵守,进入"纳什均衡"的结果——(1,1),从而避免成为"被搭便车者"。

表 3 关税减让规则遵守的博弈矩阵

	遵 守	违 反
遵守	(5,5)	(0,8)
违反	(8,0)	(1,1)

在国际法遵守的"集体行动的困境"中,我们看到了前述"协作性博弈"的一般性特点:个体违法和共同遵法之间存在对抗性关系,表现为"帕累托最优"和"纳什均衡"的轩轾之别;在这种对抗中,理性的国家选择个体违法,而非共同守法,原因在于对"搭便车"和机会主义倾向的回避;引导国家遵法的基本方法是"执行"法律,制裁违法者,提高其违法成本以遏制"搭便车"的可能。我们因此也把解决国际法遵守之"集体行动困境"的国际机制,称为"执行模式"的国际守法机制。在讨论该国际机制解决国际法遵守之"集体行动困境"的能力之前,对执行模式的范畴作一清晰的框定是必要的。

一、国内法执行与国际法执行

在国际社会,法律执行是模糊的概念。一些学者将一切有助于法律遵守的手段,包括强制性和非强制性的手段,都视为法律的执行。比如,克里斯琴·泰姆斯教授将"执行"(enforcement)定义为"促使国家停止不法行为并对不法行为的后果进行赔偿的努力",[1]沙赫塔则在分

---

[1] Christian J. Tams. Enforcing Obligation Erga Omnes in International Law[M]. Cambridge: Cambridge University Press, 2005: 5.

析国际环境条约的遵守和执行时指出:"执行通常是指国际承诺没有得到实际履行的情况下,由有资格的机关共同或单独采取的,确保尊重该国际承诺的措施。在国际环境法的研究中,一些组织程度较低的执行方式,诸如核查、监督和信息传播也包括在这一措施中。"[1]一些学者将国际法的司法过程也视为法律执行的一部分,如里维斯认为,国际法的强制执行包括司法和行政两个部分,"支持国际组织的多数论点是以国际法法典化的假定需要为基础的——国际立法程序和强制执行机制,不仅包括司法的,还包括行政的"[2]。由此,冷战结束之后出现的国际司法机关的扩散现象被认为是国际法执行力加强的表现。到底何谓国际法的"执行"? 追本溯源,何谓法律的"执行"?

(一) 国内法的执行

法律的"执行",这种通过对违法者施加不利益,令其违法成本高于违法收益,最终停止行为的遵法模式,在以公权力机关的运作为政治基础的国内法和具备政治组织分层的国内社会得到了成熟的运用。监狱、国家安全和公共安全机关——这些国家暴力机器在获得司法判决的案件得不到违法者自觉执行的情况下开始运转。执法者利用行政权力自上而下压迫性地剥夺违法者的自由或财产,甚至生命,对违法行为进行强有力的引导和控制。国内法在其执行过程中表现出的外部强制性如此直观、稳定,以至于实证主义法律学者将外部强制性作为法律的根本特点。帕特森指出,制裁是每一法体的必要特征。"强制力和法律在逻辑上是不可分的。哪里没有强制力,哪里就没有法律。"[3]美国著名法人类学家霍贝尔(E. Adamson Hoebel)则直接将法律定义为:"一

---

[1] Ibrahim F. I. Shihata. Implementation, Enforcement, and Compliance with International Environmental Agreements: Practical Suggestions in Light of the World Bank's Experience[J]. Georgetown International Environmental Law Review, Vol.9, 1996: 37.

[2] Jesse S. Reeve. International Society and International Law[J]. American Journal of International Law, Vol.15, 1921: 362.

[3] 转引自[美]E.博登海默.法理学:法律哲学与法律方法[M].邓正来,译.北京:中国政法大学出版社,2004: 332.

种违反它就要由拥有为社会公认的执行制裁权的人通过威胁适用或者实际适用有形力量加以制裁的社会规范。"①没有强制力的法律是不燃烧的火,不发亮的光。② 具备"执行力",能针对违法者进行制裁是法律实现的基本途径,也是法律与其他社会规范相区分的基本标准。

对于法律的执行,可以将其特点总结如下:

第一,法律的执行具有强制性。它是"强迫行为符合业已确立的秩序以保证法律命令的遵守与执行",③因此必须表现出对违法者行为成本的增加和令其痛苦的状态。不管是损害赔偿,返还财物,甚而剥夺自由和生命,都必须"超出仅仅给人们施加心理压力的范围",④必须"给目标方的行为造成成本或者价格的增加以使其处境更加艰难,以此为自己的错误缴罚款"。⑤ 虽然也有学者将法律执行作广义理解,认为它可以包括产生心理强制的社会舆论——后者也给违法者带来了损害;但作为"权力"施加后果的法律执行所体现的强制性应该是外在于违法者实施的。凯尔森指出,法律的本质是暴力的组织化,因此必须建立在一种旨在培育确定的社会行为的强制性秩序基础之上。"制裁之所以成为法律的主要特性,绝不是因为它有什么心理学效果,而是因为它规定官员得适用强制力于发生违法行为处。"⑥"现代国际法之父"奥本海(Lassa Francis Lawrence Upperheim)将由外力执行制裁作为法律的要件之一。⑦ "将

---

① [美] E.博登海默.法理学:法律哲学与法律方法[M].邓正来,译.北京:中国政法大学出版社,2004:331.

② 利益法学的创始人耶林将法律定义为所有得到国家强制程序保障的规范总和:"国家强制力是确定法律的绝对标准。没有强制力的法律规范是一种自我矛盾,好比不燃烧的火,不发光的灯。"转引自[德] 伯恩·魏德士.法理学[M].丁小春,吴越,译.北京:法律出版社,2003:32.

③ [美] E.博登海默.法理学:法律哲学与法律方法[M].邓正来,译.北京:中国政法大学出版社,2004:330.

④ [奥] 汉斯·凯尔森.纯粹法理论[M].张书友,译.北京:中国法制出版社,2008:35.

⑤ Kim Richard Nossal. International Sanctions as International Punishment [J]. International Organization,Vol.43, No.2, (Spring) 1989:304.

⑥ [英] 丹尼斯·劳埃德.法理学[M].许章润,译.北京:法律出版社,2007:137.

⑦ 奥本海认为法律存在的三个要件:第一,必须由一个社会存在;第二,在此社会中必须由一套规则来规范各分子之间的关系;第三,这个社会共同认为得以外力执行法律(制裁)。详见[英] 詹宁斯,瓦茨,修订.奥本海国际法(第一卷)(第一分册)[M].北京:中国大百科全书出版社,1995:102.

法律与非法律的其他社会规范区分的首要标准在于其贯彻自身的手段。对非法律社会规范的遵守仅仅通过社会压力实现；而对法律规则的遵守则要通过依法专门组织起来的执行机构依照程序强制实现，例如强令对法律的遵守或者对不遵守法律的行为予以惩罚。"①

第二，法律的执行依托行政机关，是"权力"运用的结果。法律的执行表现出对违法者行为的强制，只有"权力"的运用才能达到这一目标。"权力"的本质是行为体可以无视另一行为体的抗议而实现自己意志的能力。② 不服从权力者将被"强制"其服从。在社会发展和法律发展的原始阶段，这种"权力"分散于各社会主体处，在法律执行中表现为私人救济和自助执法的盛行。违法行为的受害者或相关主体以私人手段来保护自己受到侵害的利益，发泄个体本能的情绪。随着社会组织化程度的提高，权力逐渐集中于公权力机构，出现社会政治结构的分层。相应的，法律执行的主体也发生了改变——私人执法被予禁止，公权力机关成为执行法律唯一合法的主体。这就是我们现在看到的在成熟的国内政治形态下，由行政机关——公安、司法、检察、安全和监狱对违法行为实施垄断性的介入与遏制。"国家是法律制裁的主体……法律的制裁必须由有权代表国家行使制裁权的机关或者公务人员依法进行。"③在这一进化过程中，可以看到"权力"的归属逐渐由私人过渡至国家，法律执行的职能也随之由私人转移至国家。法律的执行必须依托"权力"的运用，表现出迫令其他主体改变意志的能力。"权力"正是法律执行具备强制性的根由所在，也构筑了法律执行维护"法"之权威的力量。

综上所述，法律的执行是针对违法行为的强制性措施，这种强制性措施是"权力"运用的结果。它在"国家"这一社会形态下，由"政府"做

---

① ［德］莱茵荷德·齐柏里乌斯.法学导论[M].金振豹，译.北京：中国政法大学出版社，2007：14.
② 马克斯·韦伯认为，"权力"是处于社会关系内的一员能够不顾抵制而实现个人意志的可能性。载［德］马克斯·韦伯.社会组织和经济组织理论[M].阎克文，译.桂林：广西师范大学出版社，2007：125.
③ 陈丽娟.法学概论[M].台北：五南图书出版股份有限公司，2013：108.

出；在"前国家"的社会形态下，由"私人"做出。不论执法主体是谁，该主体必须拥有"权力"，能够对违法者施加强制，改变其行为的报偿结构以遏阻违法者背弃共同遵法之集体利益的动机，最后解决法律遵守中"集体行动的困境"。

（二）国际法的执行

我们在国内社会中所见的由"政府"作为的法律执行，是法律发展到成熟和稳定阶段呈现的特点。在国际社会，"政府"的缺位使得国际法执行呈现出一些独特性。

第一，国际社会中，公权力机关的缺失导致国际法执行主要依托受害国或其相关的国家集团，而非如国内法执行依托于稳定的公权力机关和制度化的设置。受到侵害的国家自己对违法行为做出裁判，自助执行正义和法律。"到目前为止，国际法仍然缺乏一个完全组织化和有效的法律保障体系。对国际法上的违反义务行为所能够采取的制裁基本上仍然限于这样一个阶段，即国际法上承认的自助以及联合国对未经许可的侵略行为、内战以及大规模侵害人权的行为进行干涉的尝试。"[①]这种自助的国际法执行在国际层面表现为国家间的报复、战争、相互冲突以及实力的互搏。在此过程中，政治实力的对比决定了争端解决的结果和法律执行的可能性——如果受害的国家缺少执行法律所需要的足够"权力"，就无法实现正义。这使国际法的执行呈现强烈的政治色彩和不稳定性，国际法因而也被认为是一种原始和幼稚的法律形态。"国际法亦为强制秩序，就此而言，其与国内法并无二致。但国际不法行为的特殊后果乃是报复与战争——国际法迄今仍为一种原始法律秩序，尚停留在国内法早已完成之发展阶段。其远未趋于集中——国际社会远未形成依照分工原则而司创制与适用规范之职的机关，也无法像国内法一般由专门机关司职执行，而只能由受害国自身对

---

① ［德］莱茵荷德·齐柏里乌斯.法学导论［M］.金振豹，译.北京：中国政法大学出版社，2007：20.

责任国采取一般国际法之制裁——报复与战争。"①这种原始的国际法自助执行的状态进入 20 世纪之后得到了国际机制的控制和监督,但在公权力机关缺失的国际社会,倚赖于私力救济依然是国际法实现的基本途径。"虽然国际组织参与国际法实施具有重要意义,但需要指出的是,国家对国际法的自我遵守和适用仍然构成国际法实施的主要形式。"②

第二,国家兼任法官和警察,同时承担司法和执法职能,是国际法实施③的基本特点。国内法中司法和执法的机关与职能分离独立,在国际法领域尚未出现。这可以视为国际法原始性的又一表现,因为作为案件事实和曲直判断者的司法机关跟运用行政权力对违法者进行处罚和强制的行政执法机关的分离、分立,是保证案件公正解决的组织基础。这种为了更加公正地解决争端而进行的制度安排和组织设置是目前国际法无力进行的。当然,进入 20 世纪,国际法实施逐步摆脱国家自助,进入制度化的层面。国际法司法和执法职能也逐步出现由国家个体转移至国际组织的趋势,但两者的分野在国际组织中依然不清晰。有的时候,国际司法机构与执法者相互分离,比如国际刑事法院只有裁判权,执法权依然属于各成员国。有的时候,国际司法机构和执法机构又有重合,例如联合国安理会既有权裁断对国际和平与安全之危害的情势,理论上也有权执行自己作出的裁断。这种司法和执法机构分野模糊的特点与国内法那种清晰、稳定和易于分辨性形成了鲜明的对比——"在国内法律这样高度发达的制度中,为了法律秩序的生命,社会建立起复杂的组织规则。代表整个社会共同体的中央机构负责实施

---

① [奥]汉斯·凯尔森.纯粹法理论[M].张书友,译.北京:中国法制出版社,2008:125.
② 饶戈平.国际组织与国际法实施机制的发展[M].北京:北京大学出版社,2013:27.
③ 法律的实施是指法律在社会生活中的运用和实现,一般包括司法和执法。其中,广义的执法泛指所有国家行政机关、司法机关依照法定职权和程序实施法律的活动。狭义的执法特指国家行政机关的执法活动。详见附子堂,时显群.法理学[M].重庆:重庆大学出版社,2011:23.当然也有认为广义的司法包括了执法过程——"国家针对人民的强制执行法律规定的效果,是包含在法律适用中的"。载陈丽娟.法学概论[M].台北:五南图书出版股份有限公司,2013:97.本书将两者区分使用。法律的实施包括司法和执法,指法律在社会生活中的运用和实现。法律的执行仅指国家行政机关运用"权力"的强制性行为。

任何法律制度所共有的三大职能——制定法律、法律裁判和法律执行。与此相反,在国际共同体中,没有哪一个国家或者国家集团能够拥有一种永久性权力以便将自己的意志强加于整个国际共同体。诚然,在某些情况下两个或两个以上的国际社会成员建立起军事或者政治同盟,或者利益结合体,但是没有深化为永久性的权力结构。构成国际共同体的国家之间的关系很大程度上仍然是横向的。这种横向结构的主要后果是,组织规则处于十分低级的水平。在国际共同体中,既不存在有关设立履行上述三大职能的特殊机构之规则,也没有把这些职能授予国际共同体中任何特定单位或成员。所有三大'职能'的履行是分散化的。"①这种"职能"的分散化源于国际法立法、司法和执法"权力"的分散化,也导致我们在看待国际法实施现象的时候并不明确区分其司法和执法环节。例如,国际争端解决机制的强化被认为是现代国际法,特别是冷战后国际法发展的一大特点,"如果说后冷战时期不是一个创造规范的黄金时代的话,那它是一个国际法实施的黄金时期"②。但是这里的"强化"并非国际法"执行"的强化,而是国际法"司法"职能的强化——管辖权的强制性替代了任择性,国际司法裁判的强制效力替代了自愿遵守,甚而,第二次世界大战结束以后,特别是冷战结束以后,出现"国际司法机构扩散"的现象,整个国际司法表现出国际司法机构数量上的激增和国际组织司法权力的强化。它是国际法实施以到强化的表现,但仅是国际法实施中"司法"环节的强化,而非"执法"环节的强化。国际法"执行"依然是分散的。

在"国际社会组织化"③趋势日益明显的今天,纵使越来越多的国

---

① [意]安东尼奥·卡塞斯. 国际法[M]. 蔡从燕,等译. 北京:法律出版社,2009:7.
② 易显河. 向共进国际法迈步[J]. 西安政治学院学报,2007,(4):1.
③ 梁西在《论国际社会组织化及其对国际法的影响》中对20世纪以后的国际社会组织化趋势进行了说明。首先,国际组织在数量上激增,"各种全球性和区域性国际组织发展迅速,特别是国际经济组织和形形色色的专门性机构,在数量上有了爆炸性的增长。"其次,国际组织在职能方面不断膨胀,"活动空间逐渐增大,管辖范围日益扩展",几乎国际社会生活的各个方面都成为国际组织活动的场所。"国际组织数量的增加和职能的扩大,使地球上彼此影响的各种国际组织已经形成一个巨大的国际组织网,出现了国际社会组织化的趋势。"参见梁西. 论国际社会组织化及其对国际法的影响[J]. 法学评论,1997,(4):45.

家事务转移至国际组织,呈现出国家权力日趋集中的现象,但法律执行所要求的、向某个国家施加负担和痛苦,强迫其服从国际法之意志的强制性权力并未集中和转移至国际组织。"执行模式"之下迫使国家遵守法律所必需的"权力"依然分散于国家个体。当然,这些分散的权力越来越受到国际组织的监督和制约,但并不意味着它们发生了向国际组织的集中。不集中和自助依然是国际法执行的基本特点。这与国际司法权力的强化和集中是不同的。在论述联合国制裁问题的时候,学者温树彬认为,联合国制裁是集中化的国际法执行机制,这种集中化既应当体现在制裁的决定权上,也应该表现在制裁的实施权上。安理会对"和平之威胁、和平之破坏和侵略行为"的断定,以及对非武力措施或武力措施的建议或决定,为国际社会判断国际法的是非曲直提供了一个可以信赖的标准和一致行动的基础,在很大程度上避免了会员国各自为政的局面。但是在实施环节,制裁的集中化特点并未表现出来。迄今为止,联合国尚无法采取真正属于自己的行动,而只能委托给有能力和有意愿的会员国或区域组织来完成。[①] 克拉拉·波特拉在说明这一问题的时候指出:联合国制裁的执行面临"碎片化"的危险:一方面,基于国家主权的限制,在联合国层面无法对成员国执行法律作出统一规定;另一方面,各成员国的规定之间无法获得协调,只能通过框架立法或者个案审查的方式在国内执行。这不仅存在时间延迟,同时也导致各国执行结果的不一致,给联合国制裁的有效性带来了巨大挑战。[②] 依此观点,联合国安理会集中行使的并非执行权,而是司法权,它提供危害国际和平与安全之情势和曲直的权威信息和裁判,但并不具备执行裁判的能力。严格意义上,安理会并非执法机制,而是司法机制。这是我们在认识国际法执行中要注意的问题。

由此,与国内法的执行对比,国际法执行呈现出两个特点:第一,以自助执行为主;第二,作为法律实施的两个环节,国际法的执法和司

[①] 温树彬.国际法强制执行问题研究[M].武汉:武汉大学出版社,2010:189.

[②] Clara Portela. National Implementation of United Nations Sanctions [J]. International Journal,Winter 2009 - 2010,(9):13.

法在国际法领域并无清晰的界线。诚然,国际法实施呈现出强化的趋势,那是国际司法职能强化和国际司法权力向国际组织渐趋集中的结果,国际执法职能由于国际执法"权力"的分散,依然是碎片化和非机制化的。

二、国际法执行与执行模式

如上所述,国际法执行的定义比较模糊,特别是当它与各类概括国际法作用于社会生活的概念混淆在一起的时候,外延更加缺乏确定性。我们经常把国际法作用于社会生活的法律现象统称为"国际法执行"或者"国际法实施",它包括将国际法义务转化为国内法律体制可接受规则的方法(implementation);国际法在社会生活中实现立法者意愿的水平(effectiveness);国际社会成员的行为与法律条款相符的程度(compliance)。① 但是,当我们论及"执行模式"的国际法执行(enforcement),它是针对国际违法行为施加制裁以维护国际立法权威的强制过程。"(国际法)'执行'是指违反国际协定的情况发生之后所采取的行动。传统上,它与现代的、正式的争端解决程序和惩罚、制裁或其他可以促使遵守义务的强制性措施相联系。"②这种强制性措施具备法律(不管是国际法还是国内法)执行共同的特点,即依托行政性权力,表现为违背被执行者意愿的强迫性,从而增加了被执行者的"痛苦"和国际违法行为的成本。

在国际社会尚未"组织化"之前,执行模式的主要形态是自力救济。在 20 世纪国际组织壮大和发展起来以后,国际法的私人执行和自力救济越来越多地受到国际机制的控制。首先,越来越多的国际法私人执行必须在国际机制之内获得批准和受到监督。例如,传统国际法允许的易引发混战和重大人员伤亡的国家间武力报复被现代国际法所禁

---

① 有关国际法遵守与执行相关概念的区分,见 Andrew T. Guzman. A Compliance-Based Theory of International Law[J]. California. Law Review,2002,(7):249.

② 爱迪·布朗·维丝.理解国际环境协定的遵守:十三个似是而非的观念[M]//王曦主编.国际环境法与比较环境法评论(第1卷).北京:法律出版社,2002:110.

止,在《联合国宪章》第 2 条第 4 款中规定,各会员国在其国际关系中不得擅自使用武力或者威胁。使用武力以及非武力强制必须得到安理会的授权。由于联合国安理会本身没有"权力",在需要采取强制行动的时候,由它依据《联合国宪章》第 7 章,委托会员国或者自愿国家的联盟执行法律。"安理会通过授权会员国或区域组织使用武力来满足确保非武力制裁实现、武力制裁以及执行和平行动对武力的需要。"[1]即使是不会造成人员伤亡,但可能引发经济秩序混乱的经济制裁,也受到国际组织的严加管理。例如,WTO《关于争端解决规则与程序的谅解备忘录》规定,在专家组或者上诉机构报告获得通过而生效之后的合理时间内,争端当事方未能就败诉方的补偿方案达成一致意见,则合理时间到期之后的 20 天内,胜诉方可请求争端解决机构授权对未执行 DSB 建议和裁定的败诉方实施贸易报复。WTO 的授权报复本质上是"单边"行动,但这种单边行动受到了 WTO 的集体控制——贸易报复是否实施,实施水平和实施期限,都由 WTO 规定且必须经过 DSB 授权:"(DSB 机制)可以说是组织授权,单边实施,集体监督。一方面,只有申诉方能够采取报复,不存在 WTO 全体成员的集体报复。另一方面,不仅报复水平须依据第 22 条第 6 款由仲裁员决定,而且由 DSB 正式授权(第 22 条第 5、6、7 款),并对报复进行监督(第 22 条第 8、9 款)。受害成员采取的报复措施必须接受 WTO 的授权、监视和监督。受害成员只有在 DSB 授予报复权之后才能单方面实施制裁"[2]不管是联合国安理会的委托,还是 WTO 的授权,由受害国自行作为法官和警察的私力救济都受到了约束——单边行动被禁止;国际法执行被纳入国际机制的多边监管之下。它改进了传统国际法执行的诸多缺陷,虽然尚未突破国际法执行"权力"分散的特点。

  第二,虽然缺少公权力的执法机关,各国依然越来越愿意通过国际机制"集体性"地执行国际法,而放弃传统的"单边"执行和私力救济。

---

  [1] 转引自温树彬.国际法强制执行问题研究[M].武汉:武汉大学出版社,2010:185.
  [2] 余敏友.论世贸组织争端解决机制的强制执法措施[J].暨南学报(哲学社会科学版),2008,(1):132.

比如,"集体安全机制"的联合国在其宪章中禁止会员国私人使用武力作为解决争端和维护权利之手段的同时,将使用武力的权力集中控制于联合国安理会。《联合国宪章》第7章的第41条规定,安理会有权决定使用非武力之制裁解决涉及国际和平与安全的争端——"得决定所应采武力以外之办法,以实施其决议,并得促请联合国会员国执行此项办法。此项办法得包括经济关系、铁路、海运、航空、邮、电、无线电及其他交通工具之局部或全部停止,以及外交关系之断绝。"第7章第42条规定,安理会有权决定使用武力制裁——"如果认为第41条规定之办法为不足或已经证明为不足,得采取必要之空海陆军行动,以维持或恢复国际和平与安全。此项行动得包括联合国会员国之空海陆军示威、封锁及其他军事行动。"在第41、42条之下,各会员国得接受安理会的命令,对违法国集中实施相关的非武力以及武力制裁。集体执法机制克服了单边执法的很多缺陷,它帮助弱国增加执法的能力,加强对违法国家施压的效果,也增强国际执法行动的合法性——"集体安全是有史以来克服执法制度完全分权所带来的缺陷的最有效办法。因为它克服了传统的国际法把执法的任务留给受害国来完成的缺陷,其要求国际社会所有成员都参与国际法的执行。"[1]

但需要注意的是,集体执法并非一种类似政府执法的由公权力机关垂直实施的强制性措施。虽然根据《联合国宪章》第7章的第43条,安理会曾经想通过与会员国签订协定,由各会员国提供军队供联合国执法之用——"各会员国担任于安全理事会发令时,依特别协定,供给为维持国际和平及安全所必需之军队、协助及便利,包括过境权。……此项特别协定应以安全理事会之主动,尽速议订。此项协定应由安全理事会与会员国或由安全理事会与若干会员国之集团缔结之,并由签字国各依其宪法程序批准之。"如果这一设想成行,联合国确实是首个集中使用国际法执行"权力"的机构而具备"政府"的色彩。但依据第

---

[1] [美]汉斯·摩根索.国家间政治——权力斗争与和平(第7版)[M].徐昕,等译.北京:北京大学出版社,2005:378.

43条建立联合国部队的特别协定一直未能缔结,导致建立"国际警察机构"的设想亦告落空,各国执行国际法的权力并未出现向联合国安理会集中的趋势。会员国在安理会的命令之下"集体"对某一违反国际和平与安全相关法规的国家实施强制,是执法权力的"集体"实施,但非执法权力的"集中"实施。因此,联合国安全机制被称为"集体"安全机制,而非"中央执法机构"。

综上所述,在现代国际法体系中,执行模式的形态与传统国际法占据主流的自力救济比较,呈现两个方面的进步:第一,国家单边执行国际法越来越受到国际机制的监督和控制;第二,越来越多的国家选择集体执行国际法而放弃单边行动。当然,"执行模式"所要求的针对违法国家使用暴力的权力始终是分散和碎片化的,本书所指的"执行模式"的国际机制是指在国际机制框架之内和国际机制监督之下的国家私人执法,并不是指"国际机制"对国际执法权力的集中行使。上述在国际机制的框架之下进行的单边执法和集体执法,本书统称为"执行模式"的国际守法机制。

第三章

国家报复作为执法手段的效果及局限性

国家间的横向报复是执行模式在国际法遵守机制中最为常见的形式。尽管它在实践中有许多"别称"——自助、反措施、自卫,等等,但都是指国家针对国际违法行为单边实施的强制性措施。"报复"是平行结构的国际政治框架之下国际法遵守的主要形式。当然,并非所有国家单边采取的强制性措施都是国际法的遵守手段和执法措施,必须满足合法性、充分性、即时性条件的"报复"才具有法律上的意义和能够促进国际法的遵守。同时,国家报复作为国际法遵守手段在实际运用中存在诸多弊端和需要改进之处。

第一节 报复与相关概念的厘清

我们经常使用一些类似的术语来表达国际社会成员针对违反国际法的国家采取的迫使其遵守法律的强制性措施,诸如报复、自助、反措施、反报、自卫、自保、制裁等等。正如 WTO 专家伊丽莎白·卓乐(Elizabeth Zullor)所指出,在国际不法行为当中,有很多术语用于描述这类冲突和受害国所能诉诸的救济手段。[1] 不过,国际法委员会也指

---

[1] 见 Steve Charnovitz. Rethinking WTO Sanctions [J]. American Journal of International Law, Vol.95, No.4, 2001: 1310.

出,由于国际政治、国际经济和国际法学科都在使用这些术语,并在学科交叉日益频繁的过程中混用这些概念,导致了这些术语边界的模糊,①因此,在讨论报复行为对国际法遵守的作用之前,厘清这些概念的边界并且说明本书使用"报复"这一术语的原因是有必要的。

一、自助与报复

"自助"(self-help)并不是严格的国际法律术语,虽然它是目前国际法执行的主要手段。不同的学科都使用"自助"的表述。例如,布尔在《无政府社会:世界政治秩序研究》一书中称:与国内社会不同,在国际社会,法律的执行是由社会的个体成员依据自助采取制裁行为的。国际法犹如某些原始法律体系,强制的基本要素是由该社会各个体成员诉诸自助来维护其权利的意志和能力表现出来的。国际法在国际社会的效力依赖于自助的措施。在缺少一个具有主导权力的中央权威的情势中,某些国际法规则的确是依靠自助措施(比如国家使用武力或武力威胁)来发挥作用的。② 显然,这是国际政治学者对"自助"一词的使用。同样,国际法学者也使用"自助"的术语。例如,阿·菲德罗斯在其所著的《国际法》一书中指出,国际法不同于有组织的社会的法律,没有一定的社会机关对不法行为采取行动,只可能依赖自助的方式。而且,他把报复、报仇、自卫、战争、紧急防卫等作为"自助"的形式共同列入"自助的种类"一节。③

所有受害国或与其团结一致的国家针对国际不法行为采取的强制性措施都可以称为自助。它的形式非常多样,如阿·菲德罗斯就把"自助的种类"单列一节,囊括了报复、报仇、自卫、战争、紧急防卫等手段。对此,赵理海也指出:在国家主权遭受侵犯的时候,国家主要采取各种自助措施,如提出抗议或警告,要求赔偿损失和道歉,发动舆

---

① Math Noortmann. Enforcing International Law: From Self-help to Self-contained Regimes[M]. London: Ashgate Publishing Limited, 2005: 30.

② [英]赫德利·布尔.无政府社会:世界政治秩序研究(第二版)[M].张小明,译.北京:世界知识出版社,2003:104.

③ [奥]阿·菲德罗斯.国际法(下)[M].李浩培,译.北京:商务印书馆,1981:504.

论进行揭露和谴责,甚至单独或者与其他国家一起进行武装自卫,来保护自己的权利。① 此外,自助的目标也很多元。布尔说,国家可能出于各种政治动机诉诸武力和采取报复手段,包括对其他国家的恐惧;希望其他国家接受一种信仰或者观念;维护法律的尊严;惩罚或者纠正侵害本国权利的行为,等等。维护法律尊严或许并不是其中一个动机,或仅仅是诸多动机的一个而非最重要的动机。② 马思·诺曼则更为详细地分解了自助措施试图达到的目的:通过自助向违法国宣示自己的愤怒;进行自我救济或者自我保护;通过自助引导违法国遵守法律以及惩罚违法国。③

在讨论国际法遵守的问题时,我们不使用"自助"的术语,有以下两个原因:第一,如前所述,自助是一个目标多元的行为,它可以是针对违法国的,如通过自助手段引导其遵守国际法,表达自己对本国权利受到侵害的愤怒姿态或者对其进行惩罚;也可以是针对受害国的,如进行自我救济或者向其他国家输出某种意识形态。无疑,这种目标的多元性是其外延广阔的反映。就如马思·诺曼说所指出,自助包涵了范围广泛的单边措施。④ 几乎所有针对国际不法行为的单边性强制措施都可以纳入"自助"的范围,这使其成为一个中立和包容性极强的概念。这种极强的包容性和广阔的外延消解了概念的清晰度,使得我们在对它进行学术讨论的时候丧失了对概念的精准把握的可能。因此,国际法学者多数认为"自助"整个概念存在规范上的不清晰。⑤ 虽然国际法学者也使用"自助"的表述,但几乎未在法律规范的意义上对其进行可度量的定义。第二,"自助"的概念在描述针对国际不法行为的单边性强制措施的时候,着眼点在"受害国"。它强调的是国际不法行为之受

---

① 赵理海.国际法基本理论[M].北京:北京大学出版社,1990:6.

② 参见[英] 赫德利·布尔.无政府社会:世界政治秩序研究(第二版)[M].张小明,译.北京:世界知识出版社,2003:105.

③ Math Noortmann. Enforcing International Law: From Self-help to Self-contained Regimes[M]. London: Ashgate Publishing Limited, 2005: 33.

④ Id. 35.

⑤ Id. 33.

害国出于各种目的采取的强制性措施,迫使违法国遵守法律只是其中之一。显然,这与我们讨论国际法遵守问题的立足点相悖。在讨论这一问题时,我们需要立足于"违法国",强调迫使违法国遵守法律的强制性措施应该包括哪些以及如何运作。

报复是自助最为经典和传统的形式,[1]任何关于自助的定义都包涵报复之外延,两者都可以指称"针对一个国家违法行为所采取的合法的强制行动"[2],当然,与自助不同,报复对这种强制行动的描述更多是站在"违法国"的立场,强调的是受害国对违法国的反击和违法国所遭受的负担。报复是"一个主体对另一主体实施侵害行为的反击"[3],"是一国由于另一国所为的损害自己的不法行为采取的强制措施,并以迫使该另一国遵守法律为目的"[4]。"战时报复是一个交战国以本属不合法的作战行为为手段对另一个国家进行反击,以迫使该国家及其人民或军队成员放弃不合法的作战行为,而在将来遵守合法的作战规则。"[5]报复的术语更加符合我们讨论的主旨,即通过向违法国施加痛苦和压力,迫使其放弃违法行为和遵守法律。甚至,菲德罗斯直接使用"报仇"来描述报复的状态以强调这种行为对违法国的压力和制裁。[6]此外,我们也在上述各类定义中发现,报复所指向的目标更加单一,仅指迫使违法国遵守法律的单边性强制措施,这较之"自助"的表述更加具有针对性和明确性。

二、反措施与报复

反措施(countermeasure)和报复具有同义性。国际法委员会在《国家责任条款草案》的编纂过程中就认为"反措施的概念与报复的概

---

[1] Math Noortmann. Enforcing International Law: From Self-help to Self-contained Regimes[M]. Ashgate Publishing Limited, 2005: 39.
[2] Id. 7.
[3] 杨竹喧.复仇在古代中国[J].法制与社会,2008,(10):307-309.
[4] [法]夏尔·卢梭.武装冲突法[M].张凝,等译.北京:中国对外翻译出版社,1987:45.
[5] [英]劳特派特修订.奥本海国际法(下卷)(第二分册)[M].王铁崖,陈体强,译.北京:商务印书馆,1989:67.
[6] 参见温树斌.国际法强制执行问题研究[M].武汉:武汉大学出版社,2010:69.

念相同",①它们也同样指针对国际不法行为采取的单边反应。在许多学术讨论,甚至于国际法委员会的正式讨论中,经常混用这两个术语。例如,《补贴与反补贴措施协议》规定的报复程度标准是'适当性'。在'巴西飞机案补贴'中,仲裁员指出,反措施只要是有对等性的,就是适当的。事实上,这种报复措施所造成的损失和败诉方违反义务所造成的损失并不一致,也难达到公平"。② 比如,国际法委员会在《国家责任条款草案》的编纂大会上就经常使用"反措施或报复"这样的表述。

但是,国际法委员会编纂的《国家责任条款草案》最后选取了"反措施",而非"报复"。主要原因在于"反措施"相比于"报复"更多体现了平等与温和色彩。在编纂《国家责任条款草案》的过程中,国际法委员会注意到,在目前国家间实力存在事实上不均衡的情况下,单边性的反措施或报复作为针对国际不法行为的执法措施往往成为强国或富国相对于弱国或贫困国家的特权。这引起了各国代表的普遍忧虑,甚至于有些国家的代表反对将反措施或报复纳入《国家责任条款草案》之中作为国际不法行为的"合法"的反应形式,因为"对于一些小国来说,反措施或者报复的概念就是武装或非武装的侵略或干涉的同义语"。还有一些国家代表借鉴《美洲国家组织章程》的做法,明确禁止使用任何报复,无论该报复是否涉及武力的使用。③ 但是,在目前国际法执行机制极其欠缺的情况下,反措施或报复又确实是不可或缺的国际法的执行手段。因此,国际法委员会最终一方面承认在缺乏集中执行国际法的机制的情况下,诉诸单边反应是国际不法行为的受害国最主要的自我补救的方法;另一方面又努力对反措施或报复"尽最大的谨慎以保证各国之间事实上的不平等不致过分地对强国和富国出于比弱国和贫困国家的有利地位产生影响"。这种讨论的结果体现在术语的选取上,放弃了

---

① 国际法委员会第四十四届会议工作报告(UN/A/47/10,1992)。以下关于反措施的说明,除另加说明之外,均引自国际法委员会第四十四届会议工作报告。

② Steve Charnovitz. Rethinking WTO Sanctions[J]. American Journal of International Law,Vol.95,No.4,2001:1312.

③ Harold Hongju Koh. Why Do Nations Obey International Law? [J]. Yale Law Journal,Vol.106,June,1997:115.

具有强烈的针对违法国进行强制和具有压迫色彩的"报复",而选取了侵略性和好斗性都较弱的"反措施"。正因如此,大卫·贝德曼才指出,国际法委员会使用"反措施"作为转移《国家责任条款草案》中相关条款的争议和批评的"避雷针"。[1]

但是,报复的这种强制性和"好斗性",[2]正是本书在讨论国际法遵守问题时选择它的原因。在本书的视域之下,如何通过单边报复增加违法国的负担和痛苦,迫使其放弃违法行为是讨论的核心。报复的好斗性和压迫性很好地表达了这种压力和强行扭转违法国行为的目的。另一方面,"反措施"的表达也更为"消极",它只是表示对国际不法行为的反应和对争端当事国原先状态的恢复。[3] 报复的表述则更为"积极",它更加强调对违法国的"主动"施压和令其守法,而非仅仅是当事国原先状态的恢复。反措施的消极和温和的色彩是国际法委员会小心翼翼应对强弱国家矛盾和争议之中庸态度的体现;而报复的激进和主动的特点是本书在讨论国际法遵守机制时意图迫使违法国转变行为之态度的体现。

除了自助与反措施这类经常与报复混用而极易混淆的表述以外,还有一些术语是与报复相类似。例如,制裁与报复。传统上,很多学者认为可以对制裁作广义理解,它包括国家之间的单边报复,也包括依据国际组织的决议对国际不法行为作出的反应。[4] 现在,这种观点得到了发展,一般认为,制裁仅指依据国际组织的决议针对国际不法行为采取的强制性措施,而不包括单边性的报复。例如,国际法委员会在《国家责任条款草案》编纂的会议上称:委员们普遍同意特别报告员的意

---

[1] David J. Bederman. The ILC's State Responsibility Articles: Counterintuiting Countermeasures[J]. American Journal of International Law,Vol.96,October,2002:659.

[2] 斯蒂夫·夏努温慈指出,报复体现了更多的好斗性,而不仅仅表达谈判减让的重新平衡。见 Steve Charnovitz. Rethinking WTO Sanctions[J]. American Journal of International Law,Vol.95,No.4,2001:1315.

[3] 国际法委员会第四十四届会议工作报告(UN/A/47/10,1992)。

[4] [德]沃尔夫刚·格拉夫.国际法[M].魏智通,编.吴越,译.北京:法律出版社,2002:32.菲德罗斯也持同样的观点,参见[奥]阿·菲德罗斯.国际法[M].李浩培,译.北京:商务印书馆,1981:500.

见,认为制裁一词应该限于国际机构采取的措施。① 马思·诺曼也指出,制裁现在越来越多地在国际犯罪和集体性反应或惩罚中使用。②

再如,对等性措施、互惠与报复。对等性措施是指在为了迫使违法国停止违法行为而暂时中止自己的国际义务履行。它作为报复手段之一是指那些以消极、不作为之方式回应国际不法行为的措施。古兹曼认为,国家在对方违反条约的时候暂时停止自己的履行以作威慑,这种"类似"报复的对等性行为可以有效地引导合作与法律遵守的发生。③ 对等性措施点明了报复的基础,即互惠性。报复的特点在于其对违法"像镜子一样"的对等义务的回答,其基础是有关国家间关系的"相互从属性"。④ 如果没有国家之间的平行关系和互惠性交往,就无所谓报复的采纳。据此,玛拉·拉蒂斯基认为,报复和互惠其实就是一个硬币的两个方面。互惠是"好"的那一面,报复是"坏"的那一面。⑤ "在囚徒困境下,我们可以利用博弈的理论理解报复与互惠的好坏行为的结合是如何实现合作的。"⑥ 与其说报复和互惠是相辅相成的两个方面,不如说报复是互惠性关系在自身遭受破坏时的本能反应。阿克塞罗德也指出,只要有那么一小群人,他们之间是通过互惠组织起来的并且存在小规模的相互交往,都可以通过以牙还牙的报复实现合作,即使这是一个充满欺诈的敌意环境,亦是如此。⑦

综上所述,报复具有如下一些特点:第一,它具有迫使违法国遵守

---

① 国际法委员会第四十四届会议工作报告(UN/A/47/10,1992)。

② Math Noortmann. Enforcing International Law: From Self-help to Self-contained Regimes[M]. London: Ashgate Publishing Limited, 2005: 45.

③ Andrew T. Guzman. How International Law Works: A Rational Choice Theory [M]. New York: Oxford University Press, 2008: 43.

④ [德]沃尔夫刚·格拉夫.国际法[M].魏智通,编.吴越,译.北京:法律出版社,2002: 771.

⑤ 见 Marla Radinsky. Retaliation: The Genesis of a Law and the Evolution toward International Cooperation: an Application of Game Theory to Modern International Conflicts [J]. Georg Mason Law Review, Vol.2, Fall, 1994: 445.

⑥ Id. 447.

⑦ [美]罗伯特·阿克塞罗德.合作的进化[M].吴坚忠,译.上海:上海人民出版社,2007: 24.

法律的强制性,是一种对违法国施加痛苦和负担从而解决国际争端的方法。一般认为,国际争端的解决方法有强制性与非强制性之分。非强制性的方法包括法律的和政治的解决方式。报复则与"自卫""平时封锁""反报复"等共同归为强制性的解决方法。由于其强制性和对违法国施加痛苦的特点,报复一般是作为国际争端解决的最后手段使用。"报复只在国际关系极端恶化,万不得已的时候使用……是多边贸易体制的最后救济手段。"①"在实施报复之前,为纠正不法行为造成的损失必须首先采取其他适当措施,如向违法国先行提出赔偿的请求……只有在其他措施均无任何效果,即除报复以外的其他方法均不能够使损害得到补偿的情况下方可使用。"②第二,作为对另一个平等者的强制,报复本身是违反国际法的。诸如实施禁运、使用关税壁垒、中止自己国际义务之履行的行为,都是国际法所禁止的。但这些行为的违法性被在先的国际不法行为的违法性所抵消,因而被认为是可以采纳的。"报复行为虽然本身也是国际违法行为,但由于它是针对以前发生的不法行为的对抗措施,因而例外地得到允许。"③这种"例外性"意味着报复措施的使用具有临时性。一旦国际不法行为得到纠正,报复即丧失了合法性而必须终止。第三,作为自助的形式之一,报复具有单边性。人类社会的报复最初就是一种"私人行为",它是在公权力缺失的情况下以私己之力执行法律的现象。在国内社会,及至国家形成并垄断法律执行权力以后,私人报复即被禁止。在国际社会,公权力的缺失使报复不得不担当法律执行的功能。作为一种未经垄断和集中的权力,它分散在各个国家手中,由国家自己作为法官"判决"国际不法行为是否存在,是否需要采取强制措施以及采取多大程度、何种形式的报复等。亦即,它是平等者之间的"执法"机制。

---

① 张军旗.论 WTO 争端解决机制中的报复制度[J].上海财经大学学报,2002,(2):38-45.
② [韩]柳炳华.国际法(下卷)[M].朴国哲,朴永姬,译.北京:中国政法大学出版社,1997:351.
③ 秦建荣.世界贸易组织报复制度研究[D].桂林:广西师范大学,2002:6.

第二节 报复成功的条件

"国际法律执行的形式多样,但是它最主要的形式就是受害国针对加害国的报复措施。"[①]只要向违法国施加更高的负担,使其发现违反法律的成本高于收益,就可以使其放弃违法行为。报复如何成功地引导违法国遵守法律?在运作中,一项报复发挥作用需取决于以下几个条件。

一、良善性

良善性,即己方不首先违反法律。报复措施被称为"国际法的后门",即报复措施本身是违反国际法的,但由于其对抗先前的国际不法行为而得以排除违法性。因此,采取报复措施的国家必须保证自己的良善,才能赋予报复措施的正当性。如果采取报复措施的国家本身违法,则报复得以实施的基础即告丧失。

应该说,在采取报复措施之时保证自己的良善性是较为容易的。报复措施本身是对国际不法行为的事后反应。但是,在采取报复措施的过程中始终保持良善性和不违法是困难的。既然国家总有欺诈倾向,在没有"政府"控制的法律执行过程中,报复的实施国放纵自己的可能性很大。国家远远没有达到从"他律"走向"自律"的境界。愤怒的情绪、利用报复欺诈对方而在补偿损失之外获得额外不当之利的企图,都可能将报复引向失控和另一起国际不法行为。作为国际法遵守机制,报复手段的毫无节制性的最直接的后果是促使对方重新倒向违法的一端。

例如,第一次世界大战之后,对德国过于严厉的惩罚是导致其重新走上违反国际法道路的重要原因之一,为二战的爆发埋下了隐患。德

[①] Andrew T. Guzman. A Compliance-Based Theory of International Law [J]. California Law Review,Vol.90,No.6,December 2002:340.

国在经历严厉制裁引发的经济困境中发现,支付巨额赔款将拖垮经济且不会得到报复实施国的谅解;扩军备战至少有翻身的可能。在比较"遵守国际法承受巨额赔偿"和"违反国际法扩军备战"的利益大小之后,德国选择了后者。严苛的、过于紧迫的报复手段,完全剥夺了德国重新守法的收益和重返国际社会的信心。当违法国发现,重新遵守法律完全不能给他带来未来的更大的利益的时候,就倾向于违反法律追求短期的更大利益。

又如,在如何处置卡扎菲的问题上[①],国际社会出现了自相矛盾的两种声音。2011年3月召开的"关于利比亚问题的伦敦会议"上,非洲

---

① 卡扎菲于1969年至2011年担任利比亚领导人。2011年2月,利比亚发生抗议卡扎菲政权的活动,引发利比亚政府军与反对派的武装冲突。2011年2月26日,联合国安理会针对利比亚日渐严重的国内暴乱,通过1970号决议,敦促利比亚停止对平民使用武力。中国投赞成票。2011年3月17日,联合国安理会又通过1973号决议,要求比利亚境内立即停火,并为了保护平民,规定:"为了保护利比亚平民的安全,除以人道主义救援为目的和负责撤离外国侨民的飞机外,禁止所有飞机在利比亚领空飞行⋯⋯有关国家可以单独或通过地区组织及其他安排采取一切必要措施保护利比亚平民和平民居住区免受武装袭击的威胁,但不包括派遣地面部队占领利比亚。"中国投弃权票。时任中国常驻联合国代表李保东称,中国一直强调,安理会有关行动应该遵循《联合国宪章》和国际法准则,尊重利比亚的主权、独立、统一和领土完整,通过和平手段解决利比亚当前危机。中国一贯反对在国际关系中使用武力。在安理会第1973号决议磋商过程中,中方和其他一些安理会成员提出了一些具体问题,但不少问题没有得到澄清和回答。因此,中国对该决议投了弃权票。详见:安理会决定在利比亚设立禁飞区,中国投弃权票.[EB/OL].[2011-03-18].https://www.gov.cn/jrzg/2011-03/18/content_1826847.htm. 在没有获得联合国安理会授权使用武力的情况下,2011年3月19日,美国、英国、法国、加拿大和意大利向利比亚实施了空中和海上的军事打击,造成了严重的平民伤亡。2011年3月20日,中国外交部发言人姜瑜称,中方对多国部队向利比亚进行军事打击表示遗憾。"中方一贯不赞成在国际关系中使用武力,主张遵循《联合国宪章》的宗旨与原则以及相关国际法准则,尊重利主权、独立、统一和领土完整。我们希望利局势尽快恢复稳定,避免武装冲突升级造成更多平民伤亡。"详见:外交部发言人姜瑜就多国部队对利比亚实施军事打击答记者问.[EB/OL].[2011-03-20].https://www.mfa.gov.cn/gjhdq_676201/gj_676203/fz_677316/1206_678018/fyrygth_678026/201103/T20110320_8028429.shtml. 欧美等国对利比亚的军事打击违反了国际法和联合国安理会的1973号决议,且未能解决利比亚问题。2011年10月,卡扎菲在战乱中被击毙,自此利比亚分崩离析,各派武装力量混战夺权,使利比亚至今深陷动荡,恐怖主义和暴力活动丛生,成为地区不稳定的最大源头。2016年美国国务院解密的部分前国务卿希拉里·克林顿邮件显示,利比亚的巨大石油产量是美国军事干涉利比亚内政的原因。2016年,英国下议院也公布了一项报告,指出2011年英国入侵利比亚是一个错误的决定,并把矛头直指英国前任首相卡梅伦。详见:海尔格·策普·海尔旭.战争、死亡和社会动荡:谁来承担责任? [J].徐巍,译.环球观察,2016(19):30.

联盟和以英国为代表的西方联军愿意与卡扎菲达成政治交易：卡扎菲放弃利比亚政权；作为交换，西方国家允许他前往庇护地避难，免于国际刑事法院的指控。① 但是，2011 年 6 月 27 日，国际刑事法院还是对卡扎菲发出了国际通缉令，要求其必须为自己的反人类罪行接受审判。放弃非法政权并接受正义的审判固然是完美的解决办法，但正如有评论所认为的，这种处理方式将"切断卡扎菲的所有退路而逼其背水一战，不再与国际社会合作，并不利于利比亚问题的解决"②。也就是说，对于卡扎菲而言，"遵守国际法放弃利比亚政权"，还是"违反法律继续内战"，也是一个利益——成本的比较问题。违反法律继续内战固然收益很小甚至前途渺茫，但是如果遵守法律放弃政权以后面临的是牢狱之灾和终身监禁，他或许宁可赌博一场而不是坐以待毙。

既然外来干预的主要目的是迫使其终止反人类罪，放弃丧失合法性的国家政权，那么目的既已达到，允许其流亡未必不是迅速结束国家灾难的解决办法。以克制的态度处置违法国家，一旦其放弃违法行为即表达宽恕和未来合作的可能与获得利益的前景，可能更有利于鼓励违法国彻底回到法律遵守的轨道上。这就是报复实施国在向违法国施加压力和痛苦的时候，表示良善性的重要作用。它更加有利于帮助违法国发现遵守法律的利益所在从而结束违法状态，推动国际法的遵守。

二、充分性

如前所述，在没有任何外在因素左右的情况下面对遵守还是违反国际法的选择的时候，国家会选择"违法"。因为违反国际法的收益总是可以超过履行它的收益，"违法"是一个自利的理性主体应有的选择。但是，如果国家发现，一旦违反国际法将触发严厉的报复使自己遭受重大损失，违法就会成为一种得不偿失的行为而被放弃。报复作为国际

---

① 英国《独立报》3 月 29 日报道，转引自"西方称将允许卡扎菲逃过指控流亡避难"[EB/OL].[2011 - 03 - 30]. http：//news.sina.com.cn/w/2011-03-30/082222206698.shtml.

② 通缉卡扎菲：国际刑庭能否抓住上校[EB/OL].[2011 - 07 - 07]. http：//www.bundpic.com/2011/07/15036.shtml.

法实施的手段,其作用在于向违法国施加外在压力,直至帮助它扭转守法和违法的得失天平。假设遵守法律的回报是3,违反法律的回报是5。如果违法国所承受的惩罚至少达到2,那么对于违法国来说,最终违反法律所收获的利益为3,就与遵守法律的回报实现了平衡。报复对违法国所施加的压力必须大于等于2,才能迫使其扭转违法的动机。概言之,报复的实施要迫使违法国重新遵守法律,必须保证其所施加的压力至少等于违法国的违法行为的收益。

传统国际法一般认为,报复必须与国际不法行为之间存在"镜面反射式"的对等性。比如"报复权的范围应当与受到损害的权利范围一致"。[①] 对此,阿·菲德罗斯也要求报复"不得与对方的不法行为有显著的不相称";[②]"超过损害水平或者利益丧失水平实施报复是违法的,而在它之下的报复是允许采用的。"[③]这在国际司法中也有反应。例如,1929年"瑙利罗案"的仲裁裁决就在国际社会首次对报复的要件进行了总结,其中之一即是:与不法行为相比,报复行为不得过度,需符合"相称性"原则,即报复的水平应与非违法国受到的损害相当(equivalent)。[④]

报复水平的"相称性"原则的提出是基于这样的认识:一方面,国家针对另一主权者的强制,即使是合法的,也不得违背"补偿"的原则而超过利益损失的幅度。某一项强制能否具有"惩罚性"只能由权威机构或至少"类权威"的机构决定。亦即,国家之间的国际法执行必须具有"民事性";另一方面,国际法报复制度的早期,更加注重恢复国家之间利益平衡和解决争端,而不是国际法的遵守。因此,报复制度的运转更加倾向于"让当事国满意",而非"国际法满意"。双方的协商和妥协以期达成满意的争端解决方案,比强迫违法国放弃违法行为更为重要。这种倾向给报复制度带来的影响是,所谓"双方都满意"的争端解决方

[①] [德]沃尔夫刚·格拉夫.国际法[M].魏智通,编.吴越,译.北京:法律出版社,2002:782.
[②] [奥]阿·菲德罗斯.国际法[M].李浩培,译.北京:商务印书馆,1981:506.
[③] 转引自武媛媛.WTO争端解决机制中的报复措施研究[D].重庆:西南政法大学,2006:16.
[④] 转引自秦建荣.世界贸易组织报复制度研究[D].桂林:广西师范大学,2002:15.

案蕴含着强烈的谈判实力的较量和权力博弈的色彩,从而加深了报复功能的政治色彩。如果受害国是强国,在谈判解决争端和协商报复水平的时候,它作为报复实施者,其行为的"相称性"往往可以实现。如果受害国是弱国,在同样的过程中,报复水平的"相称性",不管在解释、确认,还是在实现的方面,都会有很大的"灵活性"。在强调报复的主要功能为"解决国际争端",而非"法律遵守"的情况下,最后达成的争端解决结果往往是强国——不管它是违法国还是受害国——更为满意的。至于违法行为是否放弃,法律是否得到遵守,则被置于其次。

然而,随着国际法律权威的加强,报复越来越被视为国际法律的执行手段。强调国际法规则的权威性,要求违法国放弃违法行为并服从法律,成为报复制度功能的重要转变。这种转变非常典型地反映在GATT到WTO报复制度的变迁上。余敏友在对比GATT和WTO时期报复制度的区别时曾指出,虽然报复制度的措辞在GATT和WTO之下并无不同,但是其功能发生了重大变化。GATT时期的报复更加强调内向的GATT成员方之间的"恢复利益平衡",而WTO时期则更加强调外向的"引导成员方遵守WTO义务"。[①] 这导致专家组和上诉机构的关注点也发生了变化。在GATT时期,专家小组更加关注"争端"能否解决和争端当事方的妥协和协商;而到了WTO时期,专家组和上诉机构则更加关注"WTO义务"是否受到违反以及WTO义务是否重新得到遵守。

那么,在更加重视"利益恢复平衡"时期所强调的报复水平的"相称性"还能起到迫使违法国遵守法律的作用吗?众所周知,报复作为国际法遵守的机制,其作用机理在于增加违法国的违法成本,使之超过违法收益从而引导其放弃违法行为。与损害相当的报复幅度能够起到这样的引导作用吗?如果报复的幅度只能够与违法行为造成的损害相当,那么,当违法国发现遭受报复对其违法行为的利益损害,尽管相当于受

[①] 余敏友.论世贸组织争端解决机制的强制执法措施[J].暨南大学学报(哲学社会科学版),2008,(1):24-30.

害国的损失,但依然小于违法行为的利益之时,违法国将宁可承受报复也不会放弃违法行为。如此,固然争端可以得到解决,即受害国得到补偿、违法国遭受惩罚,但是国际法的遵守却没有实现。例如,《美国国际法杂志》编委之一朱迪斯·贝洛(Judith Bellow)认为,只要政治有此需要或者应经济变动的要求,WTO成员就可以采取违反WTO协议的行动,只要它愿意补偿受损害的贸易伙伴或者受到抵消性报复。① 这种观点遭到了WTO学者的批评,美国著名的国际法学家约翰·杰克逊(John H. Jackson)就认为,报复作为执行WTO法的手段,必须保证败诉方回到遵守规则的轨道上。如果成员方的唯一义务只是保持减让的总体平衡,如果败诉方可以自由选择执行或者不执行WTO的裁决,甚至宁可忍受报复而不撤销违法行为,那么WTO如何获得其合法性? WTO法的稳定性和可预见性又如何实现?②

只要报复的制度设计意在促进国际法的遵守,它的幅度就必须保证高于违法行为的收益。如果"相称性"无法达到这一目的,就应该允许跨越之,实现报复水平的提高。在WTO时期更加重视报复制度在促进规则遵守方面的功能以后,专家组和上诉机构的态度也发生了转变。在1998年"加拿大飞机案"的裁决中,WTO上诉机构就指出,反措施应该有助于违法行为的终止,反措施水平的"适当性"应该反映出反措施的具体目的性。因此,反措施水平应该比违反WTO规则的补贴水平高,即在违法的补贴的总水平之上加上一定增量,使之能够有效地促使违法方改变其维持违法补贴的立场。③ 而在一般国际法领域,也有学者认为,国际法的报复制度所谓其水平应该与利益丧失或损害"相称"(appropriate),不是仅指"相当"(equivalent),而是要求报复水平的"适当性",即充分考虑其"迫使被报复方履行义务的目的"。"只要为报

---

① 转引自张军旗.WTO监督机制的法律与实践[M].北京:人民法院出版社,2002:207.
② 转引自傅星国.WTO争端解决中的报复问题[J].国际经济合作,2009,(5):70-78.
③ 在本案中,WTO上诉机构最终授权的报复额相比于违法的补贴总量提高了20%,达到4 130万美元;报复总量也由原来的2.06亿美元提高为2.48亿美元。参见[美]戴维·帕尔米特,[希腊]佩特罗斯·C.马弗鲁第斯.WTO中的争端解决:实践与程序[M].罗培新,李春林,译.北京:北京大学出版社,2005:310-312.

复目的之必要,报复水平不必严格限制于利益丧失以及损害的程度。"①

除了不受限于"相称性",报复要实现充分性还应该不受限于"违法行为发生的同一领域",也即允许跨领域报复(又称为"交叉报复"),这将更能实现报复的充分性。跨领域的报复相较于同一领域报复,其报复水平和便利性都获得了极大的增强。

三、即时性

即时性,即对方一旦违反国际法,立刻做出惩罚。它在推动报复制度的成功运作方面的具体作用,体现在以下三个方面:第一,在没有国际裁判机构做出裁判的情况下,报复作为"私人的审判",其实施国既是受害者,又是司法和执法者。实施报复之前,受害国必须首先根据案情"判决"其他国家是否违反法律。而案情的真相只会随着时间的拖延逐渐消失。希兰·约翰逊(Sheila Johnson)曾指出:"一旦战争爆发,最先受到破坏的就是事实真相。"②抢在其他国家之前立刻作出反应,是作出正确判决的重要条件。而正确的判决才能赋予报复以合法性。第二,报复是具有较大反作用力的执法行为。向违法国施加多少压力,就等于给实施国带来多少反作用力。因此,在违法行为冒出苗头之时立刻予以阻却,对于实施国来说也减少了报复的成本。第三,最后也是最重要的方面,即对于违法国来说,报复的"即时性"意味着更有效的威慑和更紧迫的压力。阿克塞罗德在解释"以牙还牙"的时候说:如果博弈游戏的一方发现对方似乎不对自己的欺诈行为作出反应,他将试着背叛。如果对方立刻反应,他将试着合作。③ 即时性的反应提高了纠正违法行为的效率。这方面最有力的例证是第二次世界大战之前的"绥靖政策"的失败。如果各国对德国违反《凡尔赛和约》扩军备战、进入莱

---

① Petros C. Mavroidis. Remedies in the WTO Legal System: Between a Rock and a Hard Place[J]. European Journal of International Law,Vol.11,No.4,2000:239.

② 杨威.浅析网络新闻报道的即时性[EB/OL].[2003-07-16]. http://www.cctv.com/culture/special/C10537/20030716/100238.shtml.

③ [美] 罗伯特·阿克塞罗德.合作的进化[M].吴坚忠,译.上海:上海人民出版社,2007:26.

茵不设防区挑衅国际法的行为立刻作出反应和阻却,希特勒可能就不会得寸进尺进而发动对全欧洲的侵略。时任英国财政大臣的丘吉尔警告欧洲放纵希特勒的行为时说,这种试探性的轻微违法行为,是更大的国际犯罪的前奏。① 等到德军横扫欧洲大陆之时,英法才开始真正拿起武器予以阻遏,此时纠正违法行为的效率已经大打折扣了,其结果是导致了第二次世界大战的巨大浩劫。违法行为与报复的衔接越紧密,报复与违法前后相继的因果关系才能愈加突出,从而形成有效的压力促使违法者从违法有利可图的前景中醒悟过来。功利主义刑法思想的先驱贝卡利亚就非常强调刑罚的即时性:"犯罪与刑罚之间的时间间隔越短,在人们心中,犯罪与刑罚这两个概念的联系就越突出、越持续,因而人们很自然地就把犯罪看作起因,把刑罚看作不可缺少的必然结果。"②惩罚越是迅速和及时,就越是公正和有益,它甚至比惩罚的严厉性更加具有阻却犯罪的效果。

综上,报复的成功实施取决于三个条件:第一,报复的实施国不首先违反法律并在执法过程中保持克制和守法,这对于报复获得充分的合法性以及有效引导违法国回归守法具有重要意义。第二,报复的水平必须保持促使违法国放弃违法行为的充分性。不管是报复水平数量上的提高还是报复领域的交叉和跨越,都意在保证报复能够形成有超越违法收益的足够压力。第三,在反应的速度上,报复的运作必须与违法行为保持紧密的即时性,以实现压力的有效施加。我们可以把这三个条件总结为:良善性,充分性和即时性。

第三节 报复的局限性

报复又被称为"以眼还眼""以牙还牙"。甘地说过,以眼还眼,世界

---

① 参见[英]温斯顿·丘吉尔.二战回忆录[M].康文凯,译.南京:江苏人民出版社,2000:560.

② [意]贝卡利亚.论犯罪与刑罚[M].黄风,译.北京:中国法制出版社,2005:70.

将会更加盲目。① 这点出了报复最大的问题——它在伤害违法者的时候,也会伤害报复的实施者。古兹曼也表达了同样的观点:"报复最大的弊端在于它会同样增加报复实施者的成本。"②我们可以从这点出发,说明报复在作为国际法遵守机制方面的局限性。

第一,报复在增加违法国成本的同时,也增加了报复实施国的成本。例如,在针对伊拉克侵略科威特的国际不法行为之经济制裁中,各国对伊拉克实施了严格的石油禁运。禁运对伊拉克的经济命脉确实形成了沉重压力,但另一方面也伤及了参与经济制裁和报复的国家,它们不得不承受世界石油价格上升等各方面的压力。在石油进口方面比较依赖中东地区的欧洲国家,比如法国和德国,到制裁晚期甚至反对继续对伊拉克进行石油禁运和石油贸易的严格限制。

目前,WTO的报复制度是国际法中最享有盛名的报复制度。我们可以以WTO的报复制度为例,对报复作为国际法遵守机制的缺陷做出分析。根据WTO《关于争端解决规则与程序的谅解备忘录》(简称为DSU)的规定,对于提交到争端解决机构(简称为DSB)的贸易争端,在获得判决以后,败诉方应该首先在"合理期限"内履行裁定或意见——一般是撤回其与WTO规则不相符合的违法行为。如果没有在合理期限内撤回违法行为,败诉方需要向胜诉方和所有成员方提供"补偿"。如果双方无法就补偿达成满意的协议,胜诉方可以请求DSB授权其采取"反措施",即"中止对另一成员方承诺的关税减让或适用协定项下的其他义务"。这一"中止关税减让或其他义务"的规定就是作为WTO最后救济措施的"授权报复"。由于关税减让是WTO成员在多边贸易谈判中所作的降低关税之承诺,因此"中止关税减让和其他义务"最为典型的形式就是对违反WTO法且不主动撤销违法行为的成员方征收高额进口关税作为报复。由于DSB采取"反向一致"的决策

---

① [法]米尼克·拉皮埃尔,[美]拉里·柯林斯.圣雄甘地[M].周万秀,吴葆璋,译.北京:新华出版社,1986:301.

② Andrew T. Guzman. A Compliance-Based Theory of International Law [J]. California Law Review, Vol.90, No.6, December 2002:230.

程序,这种"授权报复"实际上是自动进行的。它是在 WTO 监督之下典型的自力救济措施。

现在我们假设,A、B 两国作为 WTO 成员国相互给予关税减让的优惠,它们可以各自从这项关税减让的优惠中获得利益 5。假设 B 国违反关税减让的承诺,单方面提高从 A 国进口产品的关税,可以从中获得利益 6;反之 A 国遭受损失,获得利益 −1。A 国通过 DSB 裁定胜诉,双方亦未在 WTO 要求的合理期限内达成补偿协议。A 国随即对 B 国征收高额关税实施贸易报复。A 国征收的高额关税将使 B 国丧失利益 4,从而使其因为此次违反法律,最终所得利益只有 2。B 国会发现,如果它遵守法律,可得利益 5;违反法律,可得利益 2,它的明智选择是撤销关税壁垒,回到遵守法律的轨道。但是,必须注意到,A 国征收报复性进口关税,也增加了自己的进口压力,使得自己的贸易利益遭受损失。假设两国经济实力相当,那么 A 国实际上也要损失利益 4。它由于对方提高关税已经损失巨大,所得利益是 −1。自行提高关税以后,会导致同样 4 的损失。这样,A 国等于遭受了两重高额关税的压力,所得利益为 −5。当然,A 国的"中止贸易减让",恢复了两国在 WTO 下通过谈判达成的利益平衡。换言之,B 国所受的惩罚"补偿"了 A 国因违法所受的损失。因此,B 国损失多少,A 国就得利多少。那么,A 国最终因为采取报复所得利益是 −1。如图:

  B 国违反关税减让   A 国征收报复性关税
   A(−1),B(6) ——————————→ A(−1),B(2)

对于 A 国来说,"中止关税减让或其他义务"的报复虽然大大降低了 B 国违反法律的利益,反过来却并未提高 A 国遵守法律的利益。也就是说,如果 A 国不采取报复措施,任由 B 国违法,它的利益是 −1;如果 A 国采取反措施,所得利益也是 −1。这还没有考虑 A 国采取反措施的其他成本因素和可能导致的两国交恶等外交和政治后果。因此,在很多情况下,A 国可能宁可放弃报复而任由 B 国违法。

余敏友在分析 WTO 强制执法制度时曾指出,提高关税壁垒是有代价的。它在经济上对报复者和被报复者都是有害的。实际上,WTO从1995年1月1日开始运行,到2007年6月,一共受理案件364起。其中,到达报复阶段的只有6起,最终实施了报复措施的只有4起,[①]仅占其受理争端总数的约1%。对于胜诉方来说,实施报复固然是迫使违法方遵守法律的有效手段,但是否实施这一手段对于胜诉方来说,也是利益与成本权衡与计算的过程。如果A国发现实施报复的成本大于利益,它将倾向于不对违法国施压而任其置身法外。如此,使用报复手段迫使违法国守法的作用力实际上就大大降低了。也就是说,报复作为一把双刃剑,它在用于"自保"的同时也易造成"自伤"。如果受害国投鼠忌器,放弃这一自保的武器,国际法遵守就随之落空了。

在以上的分析中,我们是假设A、B两国贸易实力相当所得出的结论,即A国实施或者不实施报复,所得利益都是一样的。但是,必须注意的是,报复是一种倚赖实施国单边实力的"自助"手段。如果实施国强大,它的报复效果将会更加明显;如果实施国弱小,报复效果也随之减弱甚至会毫无效果。例如,在上述案例中,A国的报复使得B国的违法利益降低4,在反作用力之下,A国也会遭受4的利益损失。但这是两国实力相当的情况下,如果A、B两国的贸易实力存在差距,报复的效果将出现很大差异。以下,我们假设A、B两国贸易实力此消彼长的两种情况说明这个问题。

第一种假设情况是,B国在贸易出口方面更加依赖于A国市场。它的贸易实力相对较弱。那么,A国提高进口关税封锁本国市场,给B国的打击就会远远大于4,将使它丧失巨大利益,如实际的损失将达到8。那么,B国因违法行为得到的利益就只有－2。当然,A国也会因为封锁本国市场遭受损失。但由于A国的贸易实力较强,它寻找替代性进口方的能力和对进口减少导致的损害的承受力都比较强。这项报复

---

① 余敏友.论世贸组织争端解决机制的强制执法措施[J].暨南大学学报(哲学社会科学版),2008,(1):25-26.

行为对其造成的损失还是 4。此外，由于 A 国采取的报复使两国在 WTO 下的利益平衡得以恢复。B 国遭受的损失对等"补偿"给 A，那么，最终 A 国因为报复实施所得的利益为 3。如图：

$$\begin{array}{c} \text{B 国违反关税减让} \qquad\qquad \text{A 国征收报复性关税} \\ A(-1),B(6) \longrightarrow A(3),B(-2) \end{array}$$

如果 A 国任由 B 国违法，它所得利益为 −1。如果 A 国采取报复，由于它是贸易实力较强的一方，其贸易报复对 B 国的制裁效果更为有力，由此带来的利益将使 A 国最终所得为 3。A 国将倾向于采取报复手段以自救。

反过来，第二种假设情况是，违法的 B 国在出口方面对受害的 A 国之依赖程度很低。也就是说，B 国的贸易实力较强。那么，采取贸易报复的过程中，A 国对 B 国的产品提高进口关税。由于 B 国的出口对 A 国市场依赖程度低，与前述假设同样水平的贸易报复给 B 国造成的损失实际上会低于 4，假设是 2。那么，B 国由于遭受报复导致利益降低为 4。当然，B 国的利益损失对等地"补偿"给 A 国。A 国从报复行为中获得利益平衡，所得为 2。但是，A 国针对 B 国提高进口关税遭受的损失是不会减少的，还是 4。由此，A 国自采取报复行为所得的利益为 −3。如图：

$$\begin{array}{c} \text{B 国违反关税减让} \qquad\qquad \text{A 国征收报复性关税} \\ A(-1),B(6) \longrightarrow A(-3),B(4) \end{array}$$

A 国作为贸易实力较弱的一方，如果任由 B 国违法，确实会遭受损失，所得利益为 −1。但是，如果大举对 B 国产品征收报复性关税，由于 B 国的贸易实力强大，报复性关税对它打击的实际效果大大减弱，反而 A 国采取报复所得的利益将降低至 −3。作为实力较弱的一方，A 国最明智的选择当然是：不报复。例如，在 WTO 的"欧共体香蕉案"中，虽然 DSB 授权厄瓜多尔对欧共体的货物、服务和知识产权实施总额达 2.016 亿美元的交叉报复，但是厄瓜多尔经过权衡，最终放弃了这项报复的权利。欧共体在贸易上对厄瓜多尔的依赖性很低，它对厄瓜多尔的出口量很小。即使采取高额关税的报复,对欧共体这样的经济巨人也是蝼蚁撼树。而采取报复所付出的巨额成本却可能是厄瓜多尔这样的国家所无力负担的。正如布基纳法索这样的国家和欧盟的贸易关系中,布基纳法索显然更加需要欧洲的进口。如果它作为报复地实施国真的筑起贸易壁垒,对自身的伤害显然要高于对欧盟的伤害。而这类报复措施引导后者遵守法律的可能性几乎为零。对此,余敏友先生也指出,如果DSB的胜诉方是弱小的国家,它实施的贸易壁垒和中止义务的影响甚至可以在败诉方的贸易统计中忽略不计。这种贸易报复是不可行和没有实际效果的。①

至此,可以发现,如果国际不法行为的受害国是发达国家,强大的政治经济实力可以引导它们以较低的成本实施反措施,获得大于实施成本的利益回报从而更加倾向于使用报复。如果受害的是发展中国家,面对实力强大得多的违法者,羸弱的政治实力——包括谈判实力,获得补偿的实力和真正实施反措施的实力——都将使引导国际法遵守的回归之路变得十分困难。② 因为对于它们来说,实施报复的成本往往要大于收益,放弃之,让违法国逍遥法外是较为明智的选择。

由此可知,如果依赖于报复实现国际法的遵守,结果很可能是:弱国拥有遵守法律的良好记录,强国更加无所顾忌地违反法律。在WTO中的1996年的"哥斯达黎加诉美国内衣案"中,专家组成员指出,在遵守方面,发展中国家没有选择是否遵守的奢侈。……不能说美国和欧盟这样的经济体遵守法律的意愿就非常勉强。它们也会去争端解决机构,但是否遵守是另外一个问题。③

第二,由于报复是一种"自助"行为,无论是对国际不法行为的判

---

① 余敏友.论世贸组织争端解决机制的强制执法措施[J].暨南大学学报(哲学社会科学版),2008,(1):27.

② Joost Pauwelyn. Enforcement and Countermeasures in the WTO: Rules are Rules-Toward a More Collective Approach[J]. The American Journal of International Law, Vol.94, No.2, April 2000: 143.

③ Daniel Wuger. The Never Ending Story: The Implementation Phase in the Dispute between the EC and the United States on Hormone-Treated Beef[J]. Law and Policy in International Business, Vol.33, Summer, 2002: 540.

断，还是报复的执行，乃至报复的幅度和形式的裁决，都依赖于受害国的单边判断。因此，受害国在认定违法和对法律进行"私人执行"的时候，容易受制于主观任意性而导致报复过当。古兹曼指出，由受害方自己采纳"法律的制裁"，很难确定制裁的程度，即什么样的制裁是合适的，而什么样的程度过当了。① 这一点在受害方是强者的时候特别突出。在上述案例的三种假设中，我们知道，A 国作为受害国，在考虑对 B 国实施报复的时候必须考虑，虽然 B 国因遭遇报复而承担的负担会补偿给自己，但实施报复是有成本的。如果 A 国弱于 B 国，B 国由于遭受报复而补偿给 A 国的利益实际上是小于 A 国报复成本。此时，A 国将更加倾向于不采取报复措施。如果 AB 两国实力相当，A 国得到的来自 B 国的补偿也只是对等性地弥补了报复的实施成本。是否采取报复，A 国大概会谨慎考量和权衡。只有 A 国强于 B 国的时候，B 国给予的补偿才能高于它实施报复所支付的代价。并且报复越严厉，B 国补偿到 A 国手中的利益越大。那么，A 国在认定违法的时候，将倾向于宽松；在执行报复的时候，将倾向于提高报复水平。也就是说，在受害国是强国的时候，由于实施报复得到的利益会大于报复的成本，它们更加倾向于认定违法存在和实施更加严厉的报复，从而使得报复走向过当和失控。

报复的过当对于违法国来说自是不公且将造成严重的伤害；对于实施国来说，也未必带来如其所愿的利益。比如，9·11 事件之后，美国作为受到恐怖袭击的受害国，做出了"不管是我们将敌人绳之以法，还是敌人自愿伏法，正义都将践行"的严厉表态。② 在单方面"判决"9·11 事件为违反《联合国宪章》第 51 条的"武装攻击"以后，根据"包庇恐怖分子的也会被我们视为恐怖分子"的标准，美国将包庇本·拉登的阿富汗塔利班政权锁定为报复对象。2001 年 10 月 7 日，即 9·11

---

① Andrew T. Guzman. A Compliance-Based Theory of International Law [J]. California Law Review, Vol.90, No.6, December 2002: 200.

② 布什总统 2001 年 9 月 12 日演讲，见 A Day of Terror: The President: A Somber Bush Says Terrorism Cannot Prevail[N]. New York Times, September 12, 2001.

事件之后不到一个月,美国对阿富汗发动了大规模的报复性军事行动。就实力对比来看,美国必胜几乎毫无悬念。但是八年以后,阿富汗战争成为西方国家反省的一场战争。固然,塔利班政权下台,本·拉登被击毙,但是这场战争对于胜利方的美国及其领导的联军和北约盟军来说成了尴尬的残局。阿富汗的恐怖活动愈演愈烈。2006 年的炸弹袭击事件比 2005 年增加四倍,达到每月近 600 起的严重程度,共造成 4 000 人死亡。2007 年,塔利班声称准备了 2000 枚人体炸弹应对外国部队;是年,暴力袭击造成了至少 6 000 人丧失生命。2008 年,美军在阿富汗的死亡人数高达 155 人,创造了 2001 年以来的最高纪录。在阿富汗国内局势动荡的情况下,塔利班死灰复燃,不断扩大势力范围,甚至在一些地区建立了影子政府。①

美国对阿富汗进行报复的目的是清除恐怖主义和进行自卫,但是事与愿违,恐怖主义"越反越恐"。其中重要的原因在于,美国借助反恐之报复行动在全球范围内过度扩大战略利益——借口伊拉克包藏恐怖分子,在证据严重不足的情况下发动伊拉克战争;借口打击恐怖主义在中亚地区广泛建立军事基地,侵入俄罗斯的势力范围;借口反对恐怖主义在海湾地区广泛驻军,引起伊斯兰国家的反感。这些行为引发的后果,特别是世界各国的谴责和相关利害国的反美情绪,都在增加美国的报复行为的成本。

诚然,作为强大的报复实施国,对于美国来说,报复的力度越大获益越多,美国也确实倾向于扩大报复的使用,但是,当报复的范围过度扩张的时候,其给实施国带来的利益将被消解。这种消解主要体现在违法国的反弹和反报复,也即"回响效应"的产生。这方面最典型的案例是巴以冲突。为了解决巴以冲突,联合国安理会早在 1947 年就通过了"暨联合国巴勒斯坦分割方案"的 181 号决议,规定自 1948 年开始,在巴勒斯坦的土地上建立阿拉伯国和犹太国两个国家。首先违反 181 号决议的是阿拉伯国家。在 1948 年 5 月 15 日,即以色列建国的第二

---

① 刘青建.试析美国在阿富汗的困局[J].现代国际关系,2009,(2):7-11.

天,阿拉伯联盟国家埃及、伊拉克、黎巴嫩、叙利亚以及约旦的军队就相继进入巴勒斯坦,宣布对以色列处于战争状态,发动了第一次中东战争。在历时漫长的巴以冲突中,尽管阿拉伯国家多次违反事先签订的和平协议,但是以色列亦对阿拉伯国家睚眦必报,多次针对阿拉伯国家实施定点清除和报复性军事行动。这些行动的初衷是自保和要求各方遵守联合国安理会的181号决议,但是以色列严厉和经常失控的报复性行动导致其自救行为最终演变为阿拉伯国家不断的"反报复"和双方循环往复的复仇性冲突。最后,遵法方和违法方的界限模糊了,双方互相伤害和混战,形成世代积怨和民族仇恨。而联合国安理会的181号决议一直没有得到很好的遵守。

由此可见,报复作为国际法遵守的推动机制,其单边性和自助性,助长了主观任意性和随意性,极易导致报复的过当和失控。这是所有私力救济无法摆脱的魔咒。一旦强制性行动走向失控,世仇和循环复仇几乎是无法避免的。国内社会如此,国际社会也概莫如是。就如尼采指出,凡与怪兽搏斗的人,务必小心自己在过程中也变成怪兽。对着深渊窥探太久,深渊也同样窥探着你。两败俱伤,是报复的另一重大缺陷。

第三,以报复的手段执行正义,伤害了国际法的权威性。虽然普遍认为,报复是国际法执行的有效手段,它直接、迅捷,比繁琐的有组织的制裁效率高。但是,通过以上论述,我们发现,报复对于受害国来说,实际上是一种博弈"游戏"。当它的成本大于利益的时候,受害国放弃;当利益大于成本的时候,受害国采纳。放弃还是采纳取决于报复手段对于受害国来说是否获益充分。这对国际法的伤害体现在两个方面:其一,它破坏了法律的确定性。人们总是试图以有序化的方式生活。如博登海默指出,有序化的生活方式更有利于人类本身的存续。[①] 法所具备的确定性满足了人们的这一要求。法律所具有的稳定性、可预见

---

① [美] E.博登海默.法理学,法律哲学与法律方法[M].邓正来,译.北京:中国政法大学出版社,2004:560.

性和清晰性①使人们得以根据法律规则在社会生活中预测自己的行为产生的法律效果,计划和调整自己的行为并借此预期他人的行为。当此类预期没有实现的时候,法律还通过一定手段保障预期得以实现或者予以救济。②此种救济系通过司法和执法手段给予偏离规则的行为以惩罚加以实现,即违反法律,遭受惩罚;遵守法律,获得利益。这种围绕法律规则运转的奖惩机制将我们的行为规范在法律遵守的轨道上。与司法和执法相比,报复固然也是一种法律执行的手段,但如上文所述,它是一种极不稳定的法律执行手段。其不稳定性体现在,如果报复对于受害国获利高于成本,则采纳之,法律遂得以实现;如果报复对于受害国成本高于获益,则往往会被放弃,惩罚随之落空。也即,违反法律是否被追究不取决于法律,而取决于受害国能否得利。法律规则的确定性受到了受害国实力的影响。这种影响意味着违反法律并不必然导致惩罚。一旦法制的奖惩机制失灵,也破坏了人们通过法律获得稳定的行为预期之愿景。

  这随之产生了第二个问题:法律的公正性受到侵害。如前所述,在使用报复作为违法行为之对抗时,违法行为是否遭遇惩罚取决于施加惩罚是否使实施国充分获利。实力更加强大的国家更能从报复施加的惩罚当中获得足够的利益从而倾向于使用报复。实力弱小的国家往往无力支付报复实施所需要的巨大成本。具言之,违法者在面对更为强大的国家的时候才会遭受惩罚;在面对弱小的国家的时候,往往能够逃避惩罚。向违法者施加压力的往往不是规则,而是强者。这种情况在对 WTO 裁决的执行进行评估的时候受到了普遍批评。例如,有学者指出:"WTO 放弃了法律实现公平和正义的原则,接受实用主义的报复,承认经济大国利用自己的优势地位对经济上弱国单方面实施报

---

① 一般认为,法律的确定性是指,第一,法律具有可预见性;第二,法律具有稳定性;第三,法律规范力图清晰,避免规范之间的冲突;第四,为生活中的冲突提供合乎目的的解决方案。参见[美] E.博登海默.法理学,法律哲学与法律方法[M].邓正来,译.北京:中国政法大学出版社,2004:340.

② 李元磊.法律的确定性问题研究[D].长春:吉林大学,2008.

复的合法性,是解决争端机制法律问题政治化的表现,也使发展中国家利用报复制度的有效性大打折扣。"[1]"不发达的缔约国都总是执行了GATT的裁决,在WTO时期,它们表现同样出色。……强国拥有的压倒性的经济和国家实力使得弱小成员几乎不可能不执行WTO的建议或裁决。"[2]这使国际法丧失了不偏不倚的公正性。如在"欧盟香蕉案"以后,"DSB的权威受到了伤害。对于DSB的信任感正在丢失。……发达国家的不遵守将DSB置于饱受质疑的位置。大家批评DSB。所有的外交官都说,提交到DSB的案件不是'法律'问题,而是政治和经济事务的结果,是权力政治,是争端的政治化"。[3] 当然,并不能武断地说,国际争端解决的政治化皆应谴责。很多时候,政治性解决国际争端是一种高效且有效果的方式。但是,政治性地,或者说,依靠实力强弱解决问题,最大的欠缺在于公正性的丧失。单纯从国际社会生活有序化的角度看,构建秩序并不一定需要规则,权力和武力也能构建秩序。但是,只有所构建的秩序具备了公平和正义,才是社会更加文明和进步的标志,法律承担了这样的推进社会文明的职责。就如法学家们所强调,"法律是善和正义的艺术","秩序和正义是法律不可或缺的两翼"[4]。在促动法律遵守的过程中,报复的使用或许能高效地解决国际争端,但是由于其对强权的过于倚赖,损害了国际法的确定性和公正性,因此动摇了法律在国际社会的地位,并是国际社会尚处于野蛮时代的证明。

综上,报复的局限性表现在,它是一把双刃剑,在增加违法国压力的同时也会损害实施国的利益;它是一种私力救济和单边方法,因而在实力允许的情况下容易过当而成为恃强凌弱的凶器。由此,它破坏了

---

[1] 张军旗.论 WTO 争端解决机制中的报复制度[J].上海财经大学学报,2002,(2):42.
[2] R. Hudec. Enforcing International Trade Law. [M]. Salem, NH: Butterworth, 1991: 305.
[3] Daniel Wuger. The Never Ending Story: The Implementation Phase in the Dispute between the EC and the United States on Hormone-Treated Beef[J]. Law and Policy in International Business, Vol 33, Summer, 2002: 1013.
[4] 参见[美] E.博登海默.法理学,法律哲学与法律方法[M].邓正来,译.北京:中国政法大学出版社,2004:500-503.

国际法的权威性。这些局限性的源头在于报复的基础——"互惠"。它是一种"对等"措施,是平等者之间的"一报还一报"。当权力的强制和压力"平行"施加的时候,要么两败俱伤,要么仗势欺人,都是不可避免的。这是所有"以恶制恶"所面临的困境,体现在报复机制的运用中,即推进国际法遵守的同时也极易滑向国际法违反的深渊。但是,我们可以抛弃报复制度吗?在功利主义的视域下,如何实现自利者之间的合作与他利,一直是思想者的困惑和寻求解答的问题。霍布斯认为,需要一个"利维坦"促进人类的合作;卢梭认为,通过社会契约将人们团结起来。无论从哪个角度,一个凌驾于社会成员之上的外部权威的存在都是实现合作与规则遵守的必要条件。缺乏这样的外部权威的时候,如何在自利的理性的对利益锱铢必较的平等者之间实现合作?阿克塞罗德通过"一报还一报"的互动和互惠证明了这个问题。[①] 无疑,"报复"不是最好的,但它是在无权威状态下实现国际法遵守的有力武器。我们需要保留它,也需要改造和超越它,这是加强国际法遵守的必经之途。

第四节 报复的改进
——保留与超越

报复的作用机理是,通过向违法国施加足够的压力增加其违法成本直至超过违法获利从而迫使其放弃违法行为。但是由于报复的对等性和平行性,它是一种"反作用力"很大的国际法遵守机制,会给实施国带来巨大的成本和消耗。这导致很多受害国并不愿意或者不敢贸然采取报复手段。如果惩罚违法所得的利益小于违法致其所受的损害,受害国可能更愿意纵容违法,而不是承担执行正义的任务。就如古兹曼

---

① 黄真.从"互惠利他"到"强互惠":国际合作理论的发展与反思[J].国际关系学院学报,2009,(4):1-8.

指出,很多国家其实不愿意采取报复措施,它们宁可纵容违法。[1] 因此,欲减少纵容违法的现象,鼓励受害国(尤其是实力较弱的受害国)更有效地使用报复机制,关键在于降低报复成本。对此,功利主义的哲学家边沁认为,惩罚最广泛和最明确的目的是在可能和值得的范围内防止所有罪过,不管它们是什么。同时,惩罚还有一个目的,即不管它所防止的损害是什么,以尽可能小的代价防止之。[2] 我们可以从以下两个方面来说明这个问题。

一、从单独报复到集体报复

将报复成本由单个国家向多个国家分摊和转移,是减轻国际不法行为之受害国报复成本的直接办法。这点对于弱小的国家来说特别重要,他们往往因为无力承担报复的成本而无法使用这一国际法最为重要的自救方式和法律执行手段,由多个国家共同分摊报复成本就缓解了这一问题。

在饱受赞美和诟病的WTO报复制度的发展和成熟的过程中,对其弊端的认识和改革建议的提出也逐渐增多。在各种改革建议中,将单独报复变为集体报复是其中重要的一项。早在1965年,巴西和乌拉圭就曾向GATT提出修改报复制度的建议:当发达国家违反GATT义务,严重损害最不发达国家的进口能力的时候,后者在采取补偿措施或者报复还不足以弥补其经济状况的时候,有权求助于其他缔约国以获得额外补偿或其他类似补偿,也可以请求集体作出特别建议以恢复被损害的平衡。在1988年7月的乌拉圭回合货物贸易谈判小组中争端解决谈判小组会议上,发展中国家代表再次提出建立集体报复制度的可行性。在同时期的保障措施谈判小组的会议中,也有发展中国家代表提出,为了提高保障措施的效率,制裁应该包括集体报复行动。WTO成立之后,在2002年11月的贸易谈判委员会会议中,非洲小组

---

[1] Andrew T. Guzman. A Compliance-Based Theory of International Law [J]. California Law Review, Vol.90, No.6, December 2002: 240.

[2] [英]边沁.道德和立法原理导论[M].时殷弘,译.北京:商务印书馆,2000:228.

提出应该为受害国设置集体报复制度。赞比亚代表最不发达国家提议借鉴联合国的集体制裁机制,增设集体报复,促使WTO全体成员集体地具备执行DSB裁决和建议的责任。在2003年5月的贸易谈判委员会会议上,肯尼亚希望为了确保经济弱小国家更好地融入多边贸易体制,争端解决机构特别会议应该采取包括但不限于集体报复的更多措施。此后,发展中国家多次提出在发展中国家或者最不发达国家遭受违法行为损害的时候,应该允许他们诉诸集体报复,获取更为有效的救济。①

集体报复的提议主要基于以下两个认识:一是帮助弱小国家降低报复的成本;二是提高报复的水平,也即将集体报复与报复的"惩罚性"联系起来。但是,就目前来看,要在WTO内部设置集体报复,存在着两大障碍。

第一,强烈要求在多边贸易体制增设"集体报复"的主要是发展中国家和最不发达国家。它们需要设置集体报复制度增加自己的执法能力,但这并不是报复能力较强的发达国家关注的议题。就现今WTO的决策方式来看,某项议题欲纳入其体系,没有发达国家的推动和首肯是难以成行的。因此,集体报复措施短期内很难进入具备可行性的阶段。实际上,"分析各成员的DSU修改提案,集体报复措施的建议仅仅在部分不发达国家的提案中可以发现,占世界贸易绝大多数份额,谈判实力强劲的发达国家大都对此一字不提"。②

第二,没有受到违法行为侵害的其他国家有何动机参加集体报复?就如学者杨鸿认为,虽然大多数WTO成员方在贸易自由化的进程中受益,但是时刻存在的国内贸易保护主义的压力还是会让WTO成员

---

① 以上发展中国家的各类建议详见吴淑娟.建立WTO集体报复制度的可行性[J].对外经贸实务,2010,(12):44-47.

② 见 Doha Round Briefing Series. Review of the Dispute Settlement Understanding (TN/DS/W/17)[EB/OL].[2003-03-31]. www.wto.org/english/forums_e/ngo_e/iisd_disputesettlement_e.pdf.

方愿意加入集体报复以合法地中止减让或其他义务。① 但是,这种动机的应用很容易在 WTO 体制内导致贸易保护主义的蔓延。西方学者在评述 WTO 增设集体报复的时候曾指出,集体报复是为了平衡 WTO 执行机制内发达国家和发展中国家实力的不均衡而提出的,但它没有充分考虑这个建议的可行性。一旦实施下去,在非受害国的报复实施国内部,从贸易保护主义中受利的利益集团会鼓动政客们加入贸易报复的实施队伍来提高贸易壁垒。尽管提高贸易壁垒会伤害消费者利益,但更加在意自己选举胜算的政客们依然会支持贸易保护主义的利益集团之意见而操纵集体报复的这一改革措施,为违背 WTO 降低贸易壁垒之宗旨的其他利益服务。他们这么做的目的不是为了促使藐视法律的国家遵守法律(尽管名义上是这样),而是为了满足本国贸易保护主义的选民的需要,其结果是在 WTO 内部助长了贸易保护主义的蔓延。② 但是,如果没有实施贸易保护主义以满足自利的"引诱",很难想象国家会愿意承担贸易报复的成本,而去参加与自己毫无利害关系的集体强制行动。如果仅仅是为了实现国际法的权威,出于道义和正义的需要请求国家参加集体报复,显然有悖于国家本性。因此,这里存在一个矛盾,即如果要求非受害国为了推动国际法的遵守参加集体报复,缺乏现实性;非受害国可能会愿意为了自利的需要参加集体报复,但这又助长了贸易保护主义而应该禁止。

实际上,作为 WTO 集体报复之借鉴对象的联合国集体安全机制也有类似的问题。由集体力量来威慑和制止内部侵略者和侵略行为以保障每一国家之安全的联合国集体安全机制要发挥作用必须基于这样的认识,即集体内所有国家或至少绝大部分国家对侵略以及它们要保卫的安全具有共同利益、共同认识和共同行为,形成"我为人人,人人为

---

① 杨鸿.从集体报复措施的设想看 WTO 裁决的执行促进手段[J].世界贸易组织动态与研究,2007,(4):35-42.

② Jide Nzelibe. Symposium:Public International Law And Economics:The Case Against Reforming The WTO Enforcement Mechanism [J]. University of Illinois Law Review,Vol.319,2008:501.

我"的共识。① 在这样的共识指导下,对即使不是针对自己的侵略行为即刻作出反应,实施强制和惩罚。门洪华认为,这样的共识要在联合国的层面上达成,显然是有违常理的。② 因为很难认为国家会如此不理性,放弃私利的计较和成本的权衡,去为了与自己不相干的理念支付巨大的成本从事某项"敌对行动"。摩根索也认为,集体安全的机制设计要求参加国对于共同安全具有相同的认识,并能够使它们相互冲突的政治利益服从于维护和平的集体共同利益。这不啻在利己主义的国家之间进行一场虚幻的"道德革命"。因为,"集体安全可以只问'谁进行了侵略';外交政策却不能不问'我反对某个侵略者是否有利可图'"。③ 因此,要求万事皆为利行的国家自我牺牲,这本身就是一种"妄念和陷阱"。

在实践中,与WTO难以推动的集体报复之改革,以及联合国的集体安全机制在防止侵略和战争方面并不见好的效果相反,④地区层面的集体报复机制较为成功。究其原因,在于集体报复的成功取决于实施集体的成员方之间的共识和紧密团结,这种相互团结有助于将受害国和其他成员方置于同一立场之上,或者有助于推动它们形成一致立场。在共同合作实施报复的威力之下,能够以较低成本威慑违法国。而这种相互团结的紧密关系必须基于利益的相互联系,或基于意识形态的分享和文化的同源。显然,相比于全球层面的松散的国家关系和迥异的利益以及价值追求,地区层面的国家之间更易形成较为一致的立场和共识,从而实施有威力的集体报复行动。对于弱小的国家来说,将自己的报复成本转移给地区性同盟或者地区性的一体化组织,比转移给全球层面的集体报复体制,更具有可行性。

---

① 门洪华.集体安全辨析[J].欧洲,2001,(5):11-18.
② 同上引.18.
③ [美]汉斯·摩根索.国家间政治——权力斗争与和平[M].徐昕,译.北京:北京大学出版社,2006:463.
④ 根据2000—2005年的统计数据,联合国安理会在解决暴力冲突和预防暴力冲突方面的有效性比较差;而在冲突之后的和平建设和"全球性议题"方面的有效性较强。也就是说,以联合国安理会为核心的集体安全机制在实现其制止战争和侵略方面的功能尚未充分发挥。参见韩召颖,张蒂.联合国安理会制度的有效性考察[J].南开大学学报(哲学社会科学版),2008,(5):23-28.

二、从报复到报复威慑

只要报复的力度足够大,一定可以撬起违法国违反法律的利益博弈的天平,迫使其放弃违法行为。但是,报复过高的成本负担导致很多国家不愿或者不敢使用这一国际法遵守的武器。如果说从单独报复到集体报复,是将报复的成本在主体的层面上进行转移和分担;从报复到报复威慑则是在手段的层面上对其成本进行了弱化。

报复威慑是指"使对方因恐惧不堪设想的后果而不敢采取行动,是由于使对方受到确实存在的难以承受的报复行动的威胁所产生的一种心理状态"。[①] 由于这种恐惧的心理状态,报复威慑力图使违法方相信从事违法行为是损失大于利益的选择而放弃之。[②] 这种威慑信息的传递显然比报复的实际实施,成本大为降低了。我们可以通过 WTO 中的"2002 年美国钢铁保障措施案"来分析欧盟是如何有效利用报复威慑,在未将报复付诸实施的情况下迫使美国放弃违法行为的。

2002 年 3 月 5 日,美国宣布对 10 种进口钢材采取保障措施,在为期 3 年的时间里加征最高达 30% 的关税。这项措施影响了几十亿美元的国际贸易,被欧盟称为"经济上最具扰乱性的紧急保障措施"。多达 8 个 WTO 成员方声称受到侵害而将美国申诉至 DSB,成为 WTO 争端解决历史上原告最多的案件。在这个案件中,欧盟对美国的违法行为最快做出了反应并进行了有效的威慑行动。在美国钢铁保障措施生效两日之后,即 2002 年 3 月 22 日,欧盟就以美国的保障措施影响了欧盟超过 20 亿美元的出口利益为理由,制作了对超过 20 亿美元的美国出口产品实施报复性关税的清单,并在欧盟成员国之间传阅以作审

---

① 转引自夏立平.国际军备控制理论的演变与建立有中国特色的军控理论[J].国际政治研究,2002,(2):73-78.

② "威慑"作为外交政策和国际政治术语,原指通过威胁使用核武器以制止敌国发动的战争。20 世纪 60 年代以后,威慑理论对"威慑"和"威逼"进行了区分。前者指威胁使用武力使对方产生恐惧而不为某行为;后者指威胁使用武力迫使对方从事某行为。当然,在实践中,两者的界限并非如此清晰,经常混淆交叉,因此本书不作区分,统称之"威慑"。参见钱春泰.国际政治中武力的潜在运用:威逼与威慑[J].欧洲研究,2005,(4):53-60.

查。尽管这个清单没有正式公布,但是欧盟官员向美国政府透露:这些报复性关税所涉及的产品包括钢铁、纺织品和柑橘等。它们都是根据这些产品的政治影响力选定的。比如,柑橘的产地佛罗里达州就是2002年美国总统大选的"票箱",以此威胁美国政府重新考量自己的行为并且对美国国内的利益集团施加压力,迫使其游说政府取消违反WTO规定的行为。[①] 2002年4月11日到12日,欧盟与日本、中国、韩国、瑞士、挪威等与美国进行了紧急磋商。磋商未果后,2002年6月13日,欧盟公布了包括烟草、服装、柑橘、交通工具等在内的美国进口产品征收报复性关税的重新恢复减让平衡的清单,并扬言要在DSB作出裁决之前就予以实施。2002年5月15日,欧盟向DSB提交了两份报复清单:第一份是短期报复清单;第二份是更大规模的报复清单,准备在争端解决机制允许使用的时候使用。当然,这些报复清单并没有被公之于众。美国随后宣布,在争端解决程序完结之前使用单边报复是违反WTO规则的。然而,欧盟依然威胁,如果美国不同意对保障措施提供补偿,欧盟要立刻使用更多的短期报复,包括开征报复性关税。2002年6月13日,欧盟正式以"指令"的形式公布了这份报复性清单,报复性措施由之前的不公布状态变成"详细具体和真实可信的威慑"。2002年7月,DSB成立专家组,进入专家组程序。在此期间,一方面欧盟推迟了报复性关税的实际征收,在DSB争端解决程序彻底完结之前一直没有实际使用报复;另一方面,欧盟公布,只要WTO的裁定一旦确认美国的钢铁保障措施违法,将立刻采用报复性关税。此外,据称,除非华盛顿提供足够的损害补偿,欧盟还将推动其他国家共同对美国实施报复性措施。2003年7月11日,WTO正式宣布美国的钢铁保障措施没有遵守WTO规则。此时,欧盟依然没有实际采取报复。美国作出上诉,但是上诉机构在2003年11月10日宣布维持原判。

最终,2003年12月4日,布什政府宣布将终止保障措施。在解释

---

① Benjamin H. Liebman and Kasaundra M. Tomlin. Safeguards and Retaliatory Threats[J]. The Journal of Law & Economics, Vol.51, May 2008: 601.

原因的时候,布什政府强调,这么做并不是基于对美国产品出口实施报复的威胁,而是因为美国国内钢铁价格已经稳定,进口下降,出口达到预计的水平。并且实施保障措施期间,美国钢铁公司也进行了重组,砍掉没有效率的部分,降低了生产成本,提高了生产力。在保障措施期间,有些公司实现兼并,进一步提高了效率。由此,保障措施在欧盟报复性清单设定的最后期限,2003年12月15日之前的11天,被正式取消。[1]

在这个案件中,我们可以看到四个重要的报复威慑的步骤:第一,欧盟在美国保障措施生效之后,立刻宣布将对美国出口实施报复;第二,欧盟制作、公布并向DSB提供了针对美国特定产品的报复性清单;第三,WTO正式宣布美国保障措施违反WTO规则;第四,WTO上诉机构进一步确认美国保障措施违法。通过这四个措施,不管是欧盟还是WTO都步步紧逼,向美国传递这样的信息:如果不放弃违法行为,它将遭到有效的贸易报复。这样的信息传递相较于实施超过20亿美元的报复性贸易措施,成本显然低得多,但是效果良好,即美国最终放弃了违法行为。

通过此案,我们也可以看到传统的威慑理论之下有效威慑的三大要素:威慑的能力、使用该能力的决心和威慑信息的传递。[2]

第一,威慑的能力是指威慑实施方本身具有进行报复的物质基础,它能够对违法方进行有效打击和冲击的能力。在此案中,如果实施威慑的是同样受到美国保障措施侵害的韩国,而非欧盟,面对美国这样的经济巨人,报复威慑和严厉态度可能就起不到良好的威慑效果。

第二,使用威慑能力的决心。它是指在遭受威胁的时候立刻向违法方传递自己的愤怒和一定进行报复的决心。当然,这种表态只停留在抽象的语言层面是不够的,付诸实施的一定行动和具体的计划方案是必要的。比如在此案中,欧盟就认真拟订了报复清单并在成员国之

---

[1] Benjamin H. Liebman and Kasaundra M. Tomlin. Safeguards and Retaliatory Threats[J]. The Journal of Law & Economics, Vol.51, May 2008: 603.

[2] 转引自夏立平.国际军备控制理论的演变与建立有中国特色的军控理论[J].国际政治研究,2002,(2):73-78.

间讨论；向 WTO 提交了两份不同的报复清单并宣布，一旦履行期限到来就将实施这份清单。

第三，威慑信息的有效传递，即将自己的威慑能力和进行报复的决心通告违法国，对其形成强大的心理压力。如果违法方没有获得威慑信息或者获得威慑信息不准确，都无法产生有效的威慑效果。在此案中，欧盟和 WTO 相互配合，向美国政府特别是其国内相关的利益集团传递了继续实施保障措施之严重后果的信息。这使美国意识到，违法行为的后果是贸易报复。这是准确传递信息的结果。而在 1950 年朝鲜战争中，中国最终出兵朝鲜被有些学者认为是威慑信息传递失败的案例。在此次事件中，尚在百废待兴中的中方原意是通过威慑阻却美国介入而不欲动用武力。1950 年 6 月，美国派遣第七舰队进入台湾海峡之后，中国政府立刻表示"美国海军的行动是对中国领土的武装侵略，对《联合国宪章》的彻底破坏"。同年 9 月，美国为首的联合国军在仁川登陆，直接威胁中国东北。中国开始通过各种途径向美国传递这样的威慑信息：以"三八线"为中国进行直接军事干预的底线。1950 年 10 月，美军占领汉城以后，中国紧急约见印度驻华大使潘尼迦，请印度政府通过英国转告美国：美军企图越过"三八线"，中国意欲出兵。这些信息都没有为美国所接受。美国认为传递信息的使者潘尼迦是有反美倾向的"狂热，情绪不稳定的共产主义同情者"，不能将之视为一个"公正的观察家"而给予充分信任。由此，中国的威慑信息没有被美国接收而导致其继续北侵，最终迫使中国出兵朝鲜。从成功威慑所具备的条件看，威慑的失败与威慑信息传递的途径有关。由于传递通道的不被重视，中国公开或者通过第三方传递的威慑信息都没有被美国所接受。这导致杜鲁门政府对中国对美作战的能力和决心出现了误判。[①]

在朝鲜战争中，最终诉诸武力对于刚刚从内战中恢复过来的中国无疑是代价巨大而不欲为之的行动。如果可以通过威慑信息的准确传

---

① 方建新，李桂峰.失败的威慑：朝鲜战争初期中国对美政策分析[J].世界桥，2008，(4)：37-40.

递而让对方停止其行动,显然是成本更低且效果更好的办法。在越南战争升级之际,中国就吸取了朝鲜战争的教训,选择亲美的巴基斯坦作为威慑信息的传递者,保证了威慑信息的准确传递和被接受。

以上报复威慑成功的三大要素一般被称为:能力、决心和信息。在这三大要素中,能够给威慑国带来成本的只有信息的传递。威慑国可能需要采取一定的行动以传递"不守法,即遭报复"的准确信息。这种成本显然比报复的付诸执行要低。在上述"2002 年美国钢铁保障措施案"中,如果欧盟实际实施了这份超过 20 亿美元的报复性清单,自己也将遭受高达 20 亿美元的损失。即使欧盟具有承受这样巨大冲击的"报复能力",走到两败俱伤的地步,不论从经济利益还是政治关系上都是两大经济体所不愿意的。有效的报复威慑可以用较低的成本达到原本需要巨大代价才能达到的纠正国际不法行为的效果。

综上,与报复的实际实施相比,报复威慑在推动国际法遵守方面有几大优点。

其一,以较低的成本促使违法国纠正违法行为。报复威慑的成本低于报复,使其越来越多地成为纠正国际不法行为中国家意欲采取的手段。特别在国际和平与安全领域,由于战争作为纠正国际不法行为的手段受到禁止,在不违反《联合国宪章》第 2 条第 4 款规定的"不以武力相威胁"的前提下,战争威慑成为成本较低、有效且合法的阻止违法行为的手段。相比于攻城略地所需要的制造、购买大量先进武器装备,投入大规模人力物力,大量人员伤亡和设施毁损的巨大代价,军事演习,政治威慑,武力集结以及宣传攻势这样的威慑性手段,都在成本上大为降低了。谢林曾指出:"为了威慑,一方大挖战壕,又或是埋设雷区,然后静观其变,目的就在于避免采取行动。"[1]无疑,只要不采取行动,巨大成本就可以避免。

其二,促使成员方坐下来谈判。"尽管报复行为不会让敌人前来握

---

[1] 转引自胡欣.国际政治中的强制:定义、分类及分析模式[J].国际政治研究,2008,(2):85-87.

手言和,但至少能够迫使敌人放下武器,坦诚相对。"[1]只要报复威慑是有效的,慑于恐惧,违法国往往更愿意以温和而非直接对抗的方式来解决争端。比如,在"美日牛肉案"中,美国向 GATT 申诉日本在双边谈判失败以后继续对牛肉和柑橘产品实施配额限制。在美国政府诉求 GATT 解决的同时,佛罗里达州的柑橘行会根据"301 条款"提起了调查日本对柑橘进行配额限制的申诉。日本柑橘案的单边调查在 1988 年 5 月开始,持续不到半年就迫使日方重启与美国的双边谈判,并通过谈判解决了这一争端。"301 条款"的支持者认为,该条款的价值即在于加速了 GATT 项下的谈判并且有助于实现预期的成果。[2]

其三,有助于报复制度的放弃。报复的存在是历史的必然。在社会和法律发展的初期,私力救济是人类面对侵犯的本能反应,也是正义实现的最初形态。但是,抛弃报复又是历史进化的必然。依霍贝尔所见,法律演化的进程正是放弃报复而代之以更为集中的法律强制力形态的进程。[3] 在国际社会,集中化的国际法执行机制尚未出现,报复毫无疑问将一直存在。但是,报复的放弃是其作为法律执行手段的宿命。实际上,在国内社会,也走过了从报复到报复威慑的发展过程,"历史显示,(在报复发展的后期)追求功利最大化的人们缔结新的报复规则,努力以赔偿金的方式把受害者的报复权买断。最终,严厉的报复威慑使部落首脑们建立起了以赔偿金为基础而非暴力救济为基础的法律制度。"[4] 从报复到报复威慑,减少了对违法方和受害方同样造成伤害的强制性

---

[1] Marla Radinsky. Retaliation: The Genesis of a Law and The Evolution toward International Cooperation: an Application of Game Theory to Modern International Conflicts [J]. George Mason Law Review, Fall, Issue 2, 1994: 430.

[2] Fusae Nara. Note: A Shift toward Protectionism under § 301 of the 1974 Trade Act: Problems of Unilateral Trade Retaliation under International Law[J]. Hofstra Law Review, Vol.19, Fall, 1990: 1201.

[3] [美]霍贝尔.原始人的法:法律的动态比较研究[M].严存生,等译.北京:法律出版社,2006:296.

[4] Marla Radinsky. Retaliation: The Genesis of a Law and The Evolution toward International Cooperation: an Application of Game Theory to Modern International Conflicts [J]. George Mason Law Review, Fall, Issue 2, 1994: 434.

措施的实际使用,这对于克服报复的缺陷,诸如容易过当,过于倚赖单边实力以及对国际法权威的动摇,都具有重要意义。在 WTO 的"澳大利亚鲑鱼案"中,面对澳大利亚拒不履行撤销违反 WTO 协定的贸易措施的情势,加拿大向 DSB 提交了实施数额达到 4 500 万加元的报复请求。这立刻促使澳大利亚迅速提出了双方满意的执行方案解决冲突以避免受到报复。[①]

通过对报复作为国际法遵守机制的探讨,可以发现,利益与成本是推动国家行为的有力机制。在报复机制之下,"该机制的成功与否取决于对象国依据成本与收益进行的决策计算。当通过让步损失的利益小于抵抗所要付出的代价时,当通过继续抵抗而获取利益的可能性低于承受这些代价而获取利益的可能性时,对象国就会退却"[②]。以利益和成本为工具思考国家遵守法律的动机,使得国家行为的模式非常简练和易于推演,这得益于作为其哲学基础的功利主义的强大的理论解释能力。同时,报复机制在运作中表现出来的弊端也是功利主义分析方法在引导我们认识世界和进行制度设计的过程中,其局限性的反应。

第五节 功 利 主 义
——报复机制的哲学基础及局限性

功利主义是 18 世纪英国哲学对人类精神文明最伟大的贡献之一,它影响了现代立法和政治制度的各个方面,包括法律的制定方式和遵守机制。第一个将功利主义理论化和系统化的哲学家边沁认为,"功利的原则是按照势必增大或减少利益有关者之幸福的倾向,亦即促进或妨碍此种幸福的倾向来赞成或非难任何一项行为"[③];"功利的逻辑在

---

① 王军,栗撒.WTO争端解决机制中的救济体系框架及改革问题实证研究[J].当代法学,2014,(3):32.
② Robert Pape. Bombing to Win[M]. Ithaca: Cornell University Press, 1996:3.
③ [英]边沁.道德与立法原理导论[M].时殷弘,译.北京:商务印书馆,2000:58.

于在一切判断的过程中都坚定地从痛苦和快乐的计算和比较出发,以及不允许任何其他观念的干扰。"①利益与成本是引导人们行为的唯一指南;在国际关系中,它是决定国家行为的唯一标尺。其所体现的趋利避害的"理性"推动了国家的守法行为,也表现出以下的局限性:

一、功利主义立足于个体主义

首先,功利主义的立足点是个体主义。边沁认为,个体利益才是唯一真实的利益,社会只是个体组成的假想实体。只要每个个体充分地为自己的利益作考量和追求,就可以实现充分的社会利益。社会的利益就是个体利益的总和与相加。② 这种个体主义的立足点体现了18—19世纪自由资本主义蓬勃发展对个体自由和利益的重视和张扬。但是在实践中对这一理论进行检验,可以发现,个体利益的无限制追求并不必然导致社会利益的相应实现,后者并非前者的简单加总;甚至于在很多情况下个体利益的追求将导致社会利益的丧失和损耗。比如,在国际关系的现实主义者看来,国际法遵守只是国家政治利益追求道路上的一颗棋子。法律符合国家利益,遵守之;法律不符合国家自利的需要,则违反之。对于违反法律的行为,国家使用权力加以报复而纠正之。如此将法律的遵守完全置于自我利益版图之下,并完全维系于国家自力救济,能够导致国际法遵守整体情况的优化吗? 对此,马库斯·伯格斯泰勒指出,将国际法遵守与否维系于国家利益——成本计算的结果,其主要问题在于,到底什么是自我利益? 国家经常无法察觉并且其经常发生变动。那么是否国际法遵守也可以随之经常变动和摇摆。③ 摩根索也曾指出,如果把执行视为国际法得到遵守的保证,那么在权力政治之下,法律遵守的确保只能维系于违法国和受害国之间权力分配的变化。强国更有能力实施报复而自保;弱国更容易被置于危

---

① [英]边沁.立法理论[M].李贵方,等,译.北京:中国人民公安大学出版社,2004:3.
② 转引自周辅成.西方伦理学名著选辑(下卷)[M].北京:商务印书馆,1987:218.
③ Markus Burgstaller. Theories of Compliance with International Law[M]. London: Martinus Nijhoff Publishers,2004:109.

险的境地。为了保护自己的权利,弱国必须寻求更为强大的盟友之援助以抵制其他国家的侵害。其他强大的国家能否提供这样执法上的援助却不是国际法的问题,而是国家利益的问题。换言之,国际社会是否能够努力采取国际法的执行手段主要不是基于法律的考虑,也不取决于法律执行机关的公正,而是取决于政治考虑以及在特定条件下权力分配的实际情况。[①] 当保证法律遵守的执行机制取决于政治考虑和国家拳头大小的时候,法律的遵守已经背离了法的轨道,使用私力保证守法并没有实现国际法遵守整体利益的更大化。

同样以功利主义为基础的自由制度主义学者试图寻找通过个体利益的追求实现集体利益最大化的道路。他们认为,国家在持续交往和相互依赖中通过不断的重复博弈,将个体的短期利益"储蓄"至未来成为长期利益的预期,促使国家在计算守法和违法的利益与成本的时候将遵守法律的未来收益"贴现"至当下的计算之内,形成国际法的稳定遵守。[②] 但是,不是所有领域的国际关系都是频繁互动和持续博弈的;或者说,不是所有领域,国家都"能够"进行这样的贴现计算。正如上文所述,目前只有在经济贸易领域,国家之间形成了较为紧密的联系和充分的重复博弈,使得违法给国家带来的未来利益的损失可以左右国家当下的利益盘算。而在国家尚未形成频繁互动的大量国际生活的领域,违法并不会导致如此巨大的未来成本的支付,利益-成本机制的作用力就下降了。

事实上,功利主义自己也没法解决个体幸福和公共幸福之间的逻辑鸿沟,即个体幸福的追求过程中如何同时增加他人的幸福并实现公共幸福的最大化。这是功利主义的主要困境。要言之,个体利益与社会利益并不尽然是替代对等的关系,它们之间的冲突和紧张如何解决? 功利主义没有作出回答。

[①] [美]汉斯·摩根索.国家间政治:权力斗争与和平[M].徐昕,译.北京:北京大学出版社,2006:328.

[②] 见 Andrew T. Guzman. How International Law Works: A Rational Choice Theory [M]. New York: Oxford University Press, 2008: 10-21.

二、功利主义是结果决定论

其次,功利主义是结果决定论。它基于经验的观察,认为人们的所有行为都只取决于快乐和痛苦的比较;一切是非标准都应该依照行为获得利益多寡的效果加以衡量。① 如边沁指出,功利原则要求我们不应该考虑任何动机,而只应该考虑效果。能够给个人带来最大利益的就是正确;至于动机的道德与否并无所谓,那都是虚构和主观幻觉。② 不能否认,人类行为有相当大的部分是由结果决定的——收益多则应该为之,收益少则不应为之。但是,并非所有人类行为都由苦乐利害加以主宰。在国际关系中,不能否认,国家在相当多的领域都只依据自己的利益决定行为的选择,但不是所有领域都如此。在国际人权法领域,国家主要负担的就是各类国际法律"义务",而非权利。推动国家在其他领域遵守法律的利益-成本机制没有出现。海斯威指出,在人权领域的绝大部分,国际法其他领域促使遵守的主要发动机是缺失的。与国际金融法或者国际贸易法不同,不遵守法律导致的报复的压力非常小,几乎可以忽略不计。因为国家针对其人民的暴行并未直接侵害其他国家。③ 按照利益-成本的结果决定论,国际人权法本应该是一个国家完全没有守法动机的领域。但是,国际人权法的规则依然在不断产生和获得服从。海斯威通过考察国际人权法批准与遵守程度的关系,认为绝大部分批准了国际人权公约从而主动宣布承担保护人权之义务的国家,相比于不批准国际人权公约的国家拥有更好的人权纪录。可以认为,批准国际人权公约的行为代表了国家对相关国际人权法作为法律的认可和自己承担义务的确认。这种法律义务的确认完全不是基于自利,而是对人类某种既定价值的认可和信仰。而人们注意到,随着国际人权法的发展,国际社会对违反人权法的国家暴行也加强了制裁力度。

---

① [英]边沁.道德与立法原理导论[M].时殷弘,译.北京:商务印书馆,2000:56.
② 杨思斌.功利主义法学[M].北京:法律出版社,2006:46.
③ Oona A. Hathway. Do Human Rights Treaties Make a Difference? [J]. The Yale Law Journal, Vol.111, 2002:1910.

这些国际制裁行为对于制裁国其实无利可图,甚至会造成经济利益的损失。因此,它们的实施并非完全是利益——成本计算的结果。

三、功利主义是立法学说

最后,功利主义本质是一种立法学说。它认为促进人类的最大幸福需要从立法入手,通过制定法典"力图让普遍、完善的法律之眼洞察社会生活的每个角落"。① 只有以功利的方式,即向人们指明其行为的利益与祸害的方式表现出来的法律内容,才能实现法律的清晰和准确。② 为了实现法律的清晰和准确,边沁不厌其烦地设计衡量苦乐的方法;并且为了计算的方便将一切苦乐不论其来源,认定为性质完全一样而只有数量大小的区别。③ 将纯粹主观的体验客观化,将不同质的苦乐利弊认作同质,在立法阶段可以实现制度设计的准确,但是在遵守法律的环节,法律必须面对千差万别的个体对自身利益的感受和确认。对于个体来说,在此项法律的遵守中可以获利,可能在彼项法律的遵守中将有不利;在行为的这个阶段,守法是一种得利,在行为的下个阶段,守法就可能是一种不利。利益本身是多元和变动不居的,如果以利益的获取与否作为遵守法律的根据,将导致法律遵守的不稳定性。

当然,功利主义的立法学说认为,只要加大对违法的制裁,使违反法律的代价超过其收益,就可以将个体稳定在法律遵守的轨道上。既然人们总是在盘算个体收益以及得到量的多少并根据这种盘算决定自己的行为,那么"谨慎地重新调整惩罚以改变精明盘算的平衡",即足以维持法律的权威了。但是,即使在公共暴力机器极其强大和法律执行力集中的国内社会,研究者们也发现简单加大制裁力度不足以保证对法律的忠诚。比如,汤姆·泰勒在论述国内知识产权法的时候曾指出,

---

① [英]H. L. A.哈特.边沁论集:对法理学与政治理论的研究,转引自徐同远.边沁的功利主义理论与分析法学思想[J].比较法研究,2008,(6):119-121.
② [英]边沁.政府片论[M].沈叔平,等译.北京:商务印书馆,1997:116.
③ 边沁首先把苦乐分为简单和复杂两类。简单的快乐分为14种,简单的痛苦分为12种。为了达到数学上的精确,他还对这些不同单元的价值进行详细的比较和分类。详见杨思斌.功利主义法学[M].北京:法律出版社,2006:47-50.

为什么人们会违反法律？人们经常认为是法律对错行惩罚得不够。这种理性选择论或者威慑理论暗示了针对违法行为,比如盗版行为,需要提高逮捕和惩戒幅度的可能性。但是研究表明,威慑和严厉的惩罚对于改变与法律相关的行为几乎是无效的。[1] 在法律执行力分散和脆弱的国际社会,制裁的严厉性对于法律遵守的无效性更加受到学者们的强调。比如,国际关系的实践表明,国际法遵守的记录不可否认一直很好,但是法律执行对于实现如此良好的守法记录可以说作用微小。因此,保证法律遵守的绝对不是制裁和惩罚。强制不能推动国际法的服从,报复只会导致更多的不予合作。[2] 而高洪柱在"跨国法律过程说"的论证中也认为,国家对法律的内在认同而非简单的"执行"能够实现最佳的法律遵守状态,即对法的忠诚和信仰。[3]

功利主义的诞生是文艺复兴对个体情感和感官体验的重新认知在思想上的体现,反映在国际法遵守的引导上,对利益和幸福的追求永远是国家行为的重要路标。当然,利益与成本的计量并非国家遵守法律的唯一路标。虽然天下熙熙,皆为利来;天下攘攘,皆为利往,但是国际法崇高的地位也因为其他依据的支撑而获得。

---

[1] Tom R. Tyler. Compliance with Intellectual Property Laws: A Psychological Perspective[J]. New York University Journal of International Law and Politics, Vol.29, 1997: 544.

[2] George W. Downs, David M. Rocke, Peter N. Barsoom. Is the Good News about Compliance Good News about Cooperation? [J]. International Organization, Vol.55, 2001: 1120.

[3] Harold Hongju Koh. Why Do Nations Obey International Law? [J]. Yale Law Journal, June, Issue 106, 1997: 870.

第四章

"执行性"国际机制的运作及局限性

除了体现在国家间报复的执行性措施,"执行模式"在国际机制中的运行效果如何?① 丹尼尔·德瑞兹纳在《经济制裁的隐藏之手》中指出:即使将制裁作为实现外交政策的工具,决策者倚赖于制裁的想法也非常可疑,因为研究已经表明,制裁无法压迫目标方同意决策者的要求。断定"制裁无用"的著名学者的名字可以开列一张长长的清单。而且这种负面评价在冷战结束以后更加强化。② 安东尼奥·卡塞斯则在其所著的《国际法》中认为,经济制裁以及其他和平制裁的目的并非是为了在经济方面给不法行为国造成损害——国际关系的历史已经大量表明经济制裁在实践中不起作用。③ 研究联合国武器禁运的艾利克斯·维纳斯也称,虽然冷战结束以后,联合国安理会五个常任理事国关系的缓和促使它们共同批准的制裁增加,但

---

① "制裁"的效果是有关制裁常年争议的一大焦点。"在经过二十多年有关经济压力所致效果的争论以后,对于这个问题还是异见颇多。其中一个问题是如何衡量制裁'成功'的标准。"见 Nikolay Marinov. Do Economic Sanctions Destabilize Country Leaders? [J]. American Journal of Political Science, Vol.49, No.3(Jul., 2005): 564-576.出于国际法遵守的主题,本书所称的制裁"效果"仅指制裁在推动国家遵守国际法方面的效果。当然,制裁的效果是多方面的,包括威慑、遵守、破坏、惩戒、国际或者国内的宣示和表态。见 Adrian U-Jin Ang and Dursun Peksen. When Do Economic Sanctions Work? Asymmetric Perceptions, Issue Salience, and Outcomes[J]. Political Research Quarterly, Vol. 60, No.1(Mar., 2007): 135-145.

② Daniel W. Drezner. The Hidden Hand of Economic Coercion[J]. International Organization, Vol.57, No.3, (Summer, 2003): 643-659.

③ [意]安东尼奥·卡塞斯.国际法[M].蔡从燕,等译.北京:法律出版社,2009:411.

对这些制裁的学术评估表明,制裁的效果多为宣示性的,而非实际的。① 根据伊利沃特的统计,在1914—1998年的170多起国际经济制裁的案件中,有150多起发生在第二次世界大战之后,其中冷战结束的1990—1998年间就发生了50多起。与数量增加形成对比的事,经济制裁的成功率在下降。1938—1972年间,迫使对方做出行为改变,达到制裁目标的成功案件为67%,1973—1990年则下降到22%。②

这大概是"执行模式"在国际机制中运用始料未及的效果。按照它的设计,通过"执行性"的制裁增加违法国的行为成本直至超过违法收益,是可以促动他们放弃个体违法,解决国际法遵守中的"协作性博弈"之困境。"使用经济制裁的逻辑很好理解。目标国家遭受来自制裁实施国的不利益。由此造成的成本,或者对此成本的恐惧导致目标国按照制裁国的要求调整自己的行为。"③那么,为什么国际制裁在实际运用中并非如其设计的那样,强制越大,效果越大?"执行模式"是否能够有效解决国际法遵守中的"协作性博弈"?可以从国际制裁成功的三个决定性因素——制裁的程度、目标国承受制裁的能力以及制裁国施加制裁的意愿和能力出发,探讨执行模式的实际效果及机理。④

---

① Alex Vines. Can UN Arms Embargoes in Africa Be Effective? [J]. International Affairs,Vol.83,No.6,(Nov.,2007):1107-1121.

② K. A. Elliott, G. C. Hufbauer. Ineffectiveness of Economic Sanctions: Same Song, Same Refrain? Economic Sanctions in the 1990's[J]. The American Economic Review. Vol.89,May 1999:403.

③ Jaleh Dashti-Gibson, Patricia Davis and Benjamin Radcliff, On the Determinants of the Success of Economic Sanctions: An Empirical Analysis[J]. American Journal of Political Science,Vol.41,No.2(Apr.,1997):608-618.

④ 吉布森、帕特里夏·戴维斯和本杰明指出,"制裁成功的主要因素是目标国实际遭受的利益损失的程度。这反过来取决于制裁国施加制裁的意愿和能力,以及目标国避免或者承受此类制裁的能力"。见Jaleh Dashti-Gibson, Patricia Davis and Benjamin Radcliff. On the Determinants of the Success of Economic Sanctions: An Empirical Analysis[J]. American Journal of Political Science,Vol.41,No.2(Apr.,1997):608-618.

第一节 "目标国"承受制裁能力之偏差

目标国承受能力的偏差涉及两个问题——目标国的主体偏差，以及目标国承受制裁能力的偏差。

一、目标国的主体之偏差

执行模式运作的基本原理是向目标国施加足够高的制裁，使其违法成本超过违法收益，以迫使其改变行为。以经济制裁为例，其运作机理是对目标国形成经济压力（贸易禁运、经济封锁、金融冻结），迫使受困于经济负担的民众由基层向国家上层和决策者施加政治压力以迫使后者改变政策。[①] 这种由目标国民众向决策层传输制裁压力的"传导机制"（transmission mechanism），其成功取决于"下层"所承受之制裁的压力向"上层"的成功传送，即民众所遭受的经济困难能够转化为决策者的政治成本——后者将因为人民生活困苦而难以连任、背负本国人权状况恶化的恶名、在国际社会遭受其他国家排斥而举步维艰，最终被迫修正国家行为。这种机制设计的心理基础是目标国决策者对其政治收益和损失的成本-收益分析。只有"上层"决策者因为经济制裁压力"自下而上"的传导而承担了政治成本，才会启动国家行为的修正。但是，目标国国内各个阶层对于成本-收益指标的衡量不管在理论、实践还是伦理基础上都存在争议。[②] 不同阶层对于何为成本，何为收益的认知是不同的。例如，目标国政府可能不认为人民的生活困苦，甚而生命损害对它具有很大的价值，下层民众的坐困愁城也并非它政治上的灾难的成本支出，这种情况在非民选国家尤为严重。事实上，"执行模式"，不管是现代使用最为普遍的经济制裁，还是传统的武力制裁，对

[①] Arne Tostensen and Beate Bull. Are Smart Sanctions Feasible? [J]. World Politics, Vol.54，No.3(Apr.，2002)：373-403.

[②] Id. 403.

于目标国民众所遭受的伤害如何传导至上层决策者,触动哪个政治机关以转动目标国的国家机器修正违法行为是无解的。"就传导机制而言,要预测制裁机制在目标国所能够触动的国内政治动力是极其困难的。"① 它只是笼统地设想,对于目标国施加足够大的成本,使其人民受难,能够迫使政府停止违法行为。但在操作当中,这一设想带来了诸多技术性和政治性的困难,并很难通过相关措施加以改进。

(一)国际制裁"传导机制"的困境之研究

首先,"传导机制"造成了巨大的"人道主义成本"。不管国际制裁机制的目标如何,其运作首先触动了目标国普通民众。不论是野蛮的武力制裁,还是为了避免武力制裁之野蛮而代之以行的经济制裁,② 都极易使已经在国际冲突中遭受巨大损失的目标国民众遭受更大的损失。1997 年,联合国经济、社会、文化权利委员会在考察了 1996 年《经济、社会、文化权利国际公约》实施情况后认为,制裁"往往对食品、药品保健供应造成严重的破坏,损害食品质量,妨害获得洁净饮用水,严重干扰基础健康与教育设施的运转,并且损害了人们的工作权利"。特别是,经济制裁对儿童、老人、患者、妇女以及平民中的其他弱势成员的基本人权造成严重的影响与伤害。意识到这些后果之后,安理会在做出制裁决议之时特意规定了人道主义豁免,以便基于人道主义目的允许基本货物与服务的流动。但是,这些例外做法并没有取得预期的效果。③ 在联合国 2004 年对苏丹的制裁中,联合国安理会依据第 1564 号决议,要求苏丹政府"采取措施"改善达尔富尔地区的安全局势并就此与非洲联盟进行全面合作,否则安理会将考虑对苏丹石油工业、苏丹

---

① Benjamin H. Liebman and Kasaundra M. Tomlin. Safeguards and Retaliatory Threats[J]. The Journal of Law & Economics, Vol.51, May 2008: 400.

② 非武力制裁在现代国际法中越来越普遍采用的重要原因在于它"似乎提供了较之战争更为人道的替代方法。"见 Jack Patterson. The Sanctions Dilemma, Middle East Report, No.187/188[A]. Intervention and North-South Politics in the 90's (Mar.- Jun., 1994): 24-27.

③ [意]安东尼奥·卡塞斯.国际法[M].蔡从燕,等译.北京:法律出版社,2009:412.

政府或其成员采取制裁行动。苏丹人道主义事务国务部长优素福反应激烈并警告说,联合国就达尔富尔问题对苏丹实施制裁将导致整个苏丹社会"完全毁灭"——"对苏丹实施经济制裁,实际上意味着谴责整个社会,意味着这将要让整个社会走向完全毁灭。受到惩罚的是苏丹人民,而这不应该是联合国安理会的本意。"①实际上,在联合国安理会实施国际法制裁最为频繁的 20 世纪 90 年代,也是国际社会对国际制裁批评最为激烈的时期。② 尤其是安理会针对 1990 年伊拉克侵略科威特而实施的长达十年的制裁,作为联合国历时最长、范围最广的国际法执行,③给伊拉克带来的长达十年的人道主义危机,引发了广泛的质疑和批评。伊拉克政府称:"今天,伊拉克人民面临着跟大规模杀伤性武器一样严重的巨大伤害。这已经导致我们 100 万人民的死亡,其中近半是儿童。不管是战时还是平时,这种针对伊拉克人民的种族灭绝都是国际法下应受惩罚的罪行。贸易禁运在伊拉克造成了众多严重违反人权的灾难,并且完全违背了《联合国人权公约》第 1 条'任何民族不得被剥夺自我维持之生存必须'的规则。"④联合国前秘书长加利也承认:"制裁引起了道德方面的问题:将痛苦加诸目标国境内容易受害的群体。这是不是一种向政治领导人施加压力的合法手段,尤其是在这些领导人的行为不大可能受其百姓的苦难所影响的情况下?……制裁使

---

① 联合国制裁可能导致苏丹社会"完全毁灭"[EB/OL].[2004-09-20]. http://news.sina.com.cn/w/2004-09-20/10043715800s.shtml.

② 自联合国成立的 1945 年到 1990 年间,安理会只使用了两次多边制裁。一次是 1966 年对南罗德西亚白人政府的贸易禁运;另一次是 1977 年为抵制种族隔离对南非的武器禁运。冷战结束之后,联合国执行国际法的频率骤增。"冷战期间,联合国只实施过两次国际制裁,而在冷战结束之后的 20 年间,联合国安理会就动用了 20 次制裁机制",见刘筱萌.联合国制裁措施的国内执行研究[D].武汉:武汉大学,2012:22.

③ 1990 年 8 月 6 日,安理会通过第 661 号决议,对伊拉克实施贸易、武器、石油禁运和冻结资金等措施。1990 年 9 月 25 日,安理会通过第 670 号决议,对伊拉克追加实施空中禁运的措施。随后,在 1991 年安理会通过了著名的 687 号决议,要求伊拉克无条件接受在国际监督之下销毁、拆除所有生化武器以及射程超过 150 公里的弹道导弹;规定伊拉克不得拥有或研制核武器以及制造核武器所需的材料。有关安理会针对伊拉克侵略科威特通过的一系列制裁决议,详见李庆春.联合国安理会对伊决议回顾[EB/OL].[2003-01-31]. http://www.china.com.cn/chinese/2003/Jan/270714.htm.

④ Arne Tostensen and Beate Bull. Are Smart Sanctions Feasible? [J]. World Politics, Vol.54, No.3(Apr., 2002):400.

人道主义机构的工作更为困难,与联合国的发展目标相抵触,并使目标国的生产能力遭受了长期的损害。"[1]

其次,国际制裁对目标国引发的人道主义危机除了给其民众造成巨大灾难以外,对于国际法执行而言,也许更糟糕的在于,这样巨大的灾难和人道主义成本的产生并未使目标国决策者感受到痛苦而改变国家的违法行为。具言之,目标国普通民众遭受的经济痛苦甚至生命和健康损失不能通过执行模式的"传导机制"传导至决策者而致其付出代价。"没有传导机制真正将普通民众的痛苦转化为(制裁国的)政治收益。"[2]美国国家安全企业经理协会主席斯坦利·韦斯(Stanley Weiss)在评估美国对缅甸长达二十余年的制裁时就认为,美国长期推行的制裁和孤立政策,把苦难直接加诸缅甸民众,而对军政府影响很小,甚至使军政府更加自我封闭和拒绝改变。[3] 联合国前秘书长吴丹敏也指出,在遭受近二十年的贸易禁运和中止援助的经济制裁之后,缅甸将军的统治地位反而比以前任何时候都更为巩固。[4]

戴维·莱克特兹安在分析国际法执行失败的原因(包括它所造成的人道主义成本、与国际法遵守南辕北辙的效果)时认为,国际法制裁能否成功取决于承受制裁成本的到底是哪个群体? 即被制裁主体的问题。[5] 执行模式的运行只有准确打击到目标国的决策者,才能扭转国家的行为。而"传导机制"的失败之处在于它往往无法实现外部强制从平民至决策层自下而上的传导,经常出现被制裁对象的主体偏差。联合国前秘书长加利指出,制裁将痛苦加于目标国境内容易受害的群体,

---

[1] Supplement to an Agenda for Peace position paper of the Secretary-General on the occasion of the 50th anniversary of the United Nations, UN Doc. A/50/60(1995), January 25, 1995.

[2] J. Galtung. On the Effects of International Economic Sanctions, With Examples from Case of Rhodesia[J]. World Politics, Vol.19, 1967: 378-416.

[3] 胡水娟."制裁加接触":美国对缅政策的调整[J].外交评论(外交学院学报),2010,(2).

[4] 林锡星.美国参议员韦布访缅意味深长[EB/OL].[2009-08-17]. http://www.zaobao.com/forum/pages1/forum_lx090817d.shtml.

[5] David Lektzian, Mark Souva. An Institutional Theory of Sanctions Onset and Success[J]. The Journal of Conflict Resolution, Vol.51. No.6 (Dec., 2007): 847.

可能并非向政治领导人施加压力的合法手段,尤其在这些领导人行为不大可能受其百姓苦难所影响的情况下。① 强烈反对国际制裁的罗伯特·佩耶(Robert Payer)也认为,如果平民遭受的经济困难无法变成"选票","传导机制"根本不可能起作用。约翰·加尔通则称,国际制裁这种倚赖于成本-收益观念的机制"太幼稚了"。"它的传导机制根本不知道如何将民众的痛苦传导给决策者,将人民支付出去的成本转化为政治效益。"②"国际制裁经常失败。它的传导机制根本无法触及实质上左右目标国行为的决策者。"③而这一切,即"传导机制"容易出现主体偏差的原因,阿姆和比特·布尔认为——当然,约翰·加尔通也这么认为——是"执行模式"运行中"传导机制"本身的模糊性。"传导机制自己也很难预料将在目标国内引起怎样的政治效应。那些推崇国际制裁的人们也甚少研究制裁对目标国决策者的效果如何。"④这种模糊的设计,根据赫夫鲍尔、斯科特和艾略特的研究,不能说完全无效,大概 1/3 的经济制裁是成功的。但绝大部分经济制裁的研究表明,它对被制裁国家改变行为的效果几乎为零。⑤ 一种直接针对目标国平民的国际法执行方式,且不论人道主义成本巨大,也不论其引起的反效果,仅就效果的不稳定性,就足以使它成为国际社会所诟病的对国际违法行为力不从心的法律执行手段。

经历十年密集的国际制裁以后,自 20 世纪 90 年代后期以来,国际社会对国际法遵守"执行模式"的弊端开始广泛的讨论和反思。1998 年

---

① Supplement to an Agenda for Peace position paper of the Secretary-General on the occasion of the 50th anniversary of the United Nations, UN Doc. A/50/60(1995), January 25, 1995.

② J. Galtung. On the Effects of International Sanction: With Example from the Case of Rhodesia[J]. Worlds Politics, Vol.19, 1967: 389.

③ 这点在非民选国家可能更严重。强烈反对国际制裁的学者认为,如果普通民众的苦难无法变成"选票",传导机制根本不可能起作用。经济制裁在非民选国家的有效性是很成问题的。见 Robert A. Pape. Why Economic Sanctions Do Not Work[J]. International Security, 22 (Fall 1997): 440.

④ Arne Tostensen, Beate Bull. Are Smart Sanctions Feasible? [J]. World Politics, Vol.54, No.3 (Apr., 2002): 377.

⑤ David Lektzian, Mark Souva. An Institutional Theory of Sanctions Onset and Success[J]. The Journal of Conflict Resolution, Vol.51. No.6 (Dec., 2007): 847.

和1999年,瑞士联邦对外经济事务办公室在瑞士因特拉肯分别召开两次会议,研究金融制裁的针对性。1998年,英国国际发展部在伦敦召开会议,研究制裁机制的精确化。德国外交部在1999年和2000年召开了两次会议,讨论武器禁运和旅游制裁的针对性。2001年,美国布朗大学沃森国际研究中心在纽约召开研讨会,探讨金融制裁的针对性以及更佳的执行方案……大量的会议和研究在探讨制裁更加直接和更具针对性的可能性,并提出了改良方案——"为解决国际制裁的弊端,联合国对自己的机制安排进行了新的设计和详细的执行计划,是为'聪明制裁'。"[1]

(二)"聪明制裁"的有效性研究

"聪明制裁"针对传统国际制裁的两大弊端——人道主义危机和被制裁目标的偏差,进行了两个维度上的改良。第一,在制裁机制中为"人道主义例外"设置更好的认定标准。诸如食品、药品这样的特殊产品不列入禁运清单,以保护受制裁国的妇女、儿童和老人免受制裁的伤害。同时严格监督制裁中的人道主义问题。第二,制裁措施只针对做出违反国际法决策的权力高层及其支持者个人,而不再笼统地针对整个国家。此两项措施旨在向国际违法行为的实际决策者施加最大压力,同时将无辜人群的压力降至最低,实现"更为人道且富有成效的制裁"。这是聪明制裁的精华和特别之处,也是它与传统制裁最大的区别,即前者直接将法律强制指向了目标国上层,而不像传统的国际法执行那样,将强制措施指向目标国下层。对"执行模式"运行中"传导机制"的回避和绕行,使"聪明制裁"同时绕过了传统制裁的两大弊端。

那么,聪明制裁有效吗?

首先,"人道主义例外"能否有效实行?在聪明制裁中,"人道主义例外"一般包括:其一,特定机构的例外;其二,特定项目的例外。[2]

---

[1] Arne Tostensen, Beate Bull. Are Smart Sanctions Feasible? [J]. World Politics, Vol.54, No.3(Apr., 2002):376.

[2] Jack Patterson. The Sanctions Dilemma, Middle East Report, No.187/188[A]. Intervention and North-South Politics in the 90's (Mar.-Jun., 1994):26.

"特定机构的例外"是指经认定的特定国际人权机构——诸如红十字会、红新月会这样的非政府组织,或者联合国难民事务高级专员(UNHCR)被允许作为例外在被制裁国家进行货物进口和从事其职务范围内的活动。这些组织可以在被制裁国救助普通民众并向他们提供必要的食物和药品,可以为当地居民提供基本的健康和教育服务。"特定产品的例外"是指特定产品,比如食品(特别是提供给儿童和其他弱势群体的食品)、净水装备、药品(包括基本药品和疫苗)免于检查的例外。尽管各方试图制定一份普遍适用的产品例外清单,但对于什么产品能够列入这样一份权威性清单还是有很大的争议。比如,一些主要食品高度依赖进口的国家必须规定"特定食品的例外"作为"人道主义例外"的基本内容,在另一些国家可能就不需要这样做。

这种情况带来"人道主义例外"执行中的第一个问题,即确认"人道主义例外"清单过于灵活所导致的国际腐败问题。由于没有事先规定纳入"人道主义例外"清单的产品和机构的标准,每一次确认此类产品和机构都需要国际组织的"审批"。"除了食品、医疗用品和教育物质可以直接进入被制裁国家以外,其他列入人道主义例外的产品在进入被制裁国之前必须经过严格的批准。同时关于这些人道主义物资的进口、运输、保险、支付也需要经过批准。"[1]在各环节都需要行政官员逐项审批并缺乏第三方监督的情况下,"人道主义例外"的执行为持有审批权力的相关官员和人员进行权力寻租创造了条件。例如,在1990年开始的联合国针对伊拉克的国际制裁中,为了缓解制裁对该国造成的人道主义灾难,联合国启动了有史以来最大规模的人道主义援助计划——"石油换食品"计划。自1996年开始,联合国允许伊拉克出口价值470亿美元的石油以购买食品、药品等人道主义物质;但在实施中发现,伊拉克出口石油和进口人道主义物质的贸易中,联合国秘书长安南的儿子科乔·安南卷入受贿丑闻。他任职的瑞士一家名为"克泰科纳"

---

[1] 简基松.联合国经济制裁的"人道主义例外"法律机制初探[J].法学评论,2004,(3):230.

的石油公司,在联合国对伊拉克"石油换食品"计划开始之后通过科乔的关系,未经竞争获得了该计划一项合同,负责在伊拉克边境验收人道主义物资。科乔本人因此每个月从该公司获得 2 500 美元的利益,且在他离职公司之后继续支取。[1] 在 2004 年英美联军对伊拉克政府文件进行清理时发现,主管"石油换食品"计划的联合国副秘书长塞万与 270 名有权以低价交易伊拉克石油的外国官员达成了一系列私下付款方案。在联合国实施"石油换食品"计划的账面上有高达 100 亿美元不知去向,出现亏空。[2] 实际上,任何缺乏规则和标准,监督不够充分以及审批过多,透明度不够的组织内部——包括国际组织内部,都会产生腐败。[3] 而腐败的、不公正的人道主义救助侵蚀了"人道主义例外"救助被制裁国平民的目的。本应流入被制裁国家的物资和资金却流入人道主义救援者的私人账户或其他利害关系人之处,导致人道主义救助的失效。

"人道主义例外"执行的第二个问题是,用于减轻被制裁国家平民生活压力的物资和资金是否能够真正落实到民众身上? 在一些缺乏民主监督的被制裁国家,用于救助平民的物资和资金往往流入政府官员和特权阶层手中而未用于救助国际制裁的直接受害者。在联合国 1995 年 4 月针对伊拉克进行人道主义救援的 986 号决议中,安理会开宗明义称,用于人道主义救济的物品必须公平分配给伊拉克全境各阶层的人民。[4] 但是,伊拉克临管会顾问、英国商人汉基斯在 2001 年发现,萨达姆政权并未把出口石油换得的资金用于购买伊拉克人民急需的粮食和物品之上,而是用于贿赂有关国家的政界和商界要人之上。根据英国《金融时报》和意大利《二十四小时太阳报》在 2001 年进行的一项调查,虽然联合国 986 号决议要求伊拉克全部的石油收入必须经

---

[1] 安南为儿子卷入丑闻苦恼[EB/OL].[2004-12-02]. http://gb.cri.cn/3821/2004/12/02/145@378886.htm.
[2] 严恒元.联合国启动高官腐败调查[N].经济日报,2004-4-23.
[3] Jeff Everett, Dean Neu and Abu Shiraz Rahaman. The Global Fight against Corruption: A Foucaultian, Virtues-Ethics Framing[J]. Journal of Business Ethics, Vol.65, No.1 (Apr., 2006): 1-12.
[4] United Nations, Security Council, Resolution S/Res/986(1995).

过联合国秘书长代管的专门账户,该收入只能用于支付伊拉克进口的食品和药品。但萨达姆·侯赛因通过贿赂多国商界和政界要人,编织起复杂的国际人脉网络逃避联合国监管,将来自联合国"石油换食品"计划的数亿美元转用于其自己的目的——购买武器、贿赂国际组织的官员和维持奢侈的私人生活。"在石油配额分放和买卖中,通过转售、差价、回扣,少数享有特权的人从该项旨在减轻国际制裁对普通伊拉克人的影响的提案中赚取了数百万美元。"①而深陷贫困和缺医少药的伊拉克平民并未从中获得利益。按照联合国 986 号决议的规定,允许伊拉克每半年出口价值 20 亿美元的石油,全部石油收入存放联合国秘书长代管的国际账户。其中 30% 用于战争赔偿,5% 作为联合国在伊拉克的活动经费,15% 分配给北方的库尔德省份,伊拉克政府只得到其中的 23%,这部分资金不足以支付伊拉克人民急需的基本生活用品的价格。仅 1996 年底,伊拉克就需要 27 亿美元进口食品。② 在如此匮乏的情况下,被制裁国政府在石油和食品贸易中的贪腐以及国际机制执行过程中的诸多缺陷,加剧了被制裁国家受害者的窘况,也违背了人道主义救助的宗旨,以至于深谙"人道主义例外"运行之道的联合国秘书长安南的高级顾问爱德华·莫蒂默批评称:国际制裁是一种极其迟钝的工具,它具有伤害许多它本不想伤害的人,同时为精明人提供赚钱机会的倾向。③

不管是国际组织行政官员的腐败,还是被制裁国家决策层的贪污,都侵蚀了"人道主义例外"的效果——"人道主义援助应该不受任何政治倾向的影响,公正执行,唯一要考虑的只是受害者的需要和利益。"④如果"人道主义例外"清单中的物资与财产由于政治力量的左右无法到达受害者的手中,其抵消国际制裁伤及无辜者的宗旨即落空了。

其次,针对目标国政治精英的个人制裁是否有效?个人制裁作为"聪明制裁"中与"人道主义例外"相辅相成的两翼之一,是对违法国家形成强制力的关键所在,也是聪明制裁之为"制裁"的关键所在。在这

---

①③ 克劳迪奥·加蒂.石油换食品的猫腻[J].顾目,译.国外社会科学文献,2004,(7):140.
② 顾正龙."石油换食品"协议签字后的伊拉克[J].瞭望新闻周刊,1996,(25):230.
④ 王玉萍.欧共体人道主义援助[J].太原师范学院学报(社会科学版),2003,(4).

个部分,已经建立起三种类型的制裁——武器禁运、金融制裁、旅游制裁。① 它们都被认为可以增加制裁的有效性而不会引起不必要的人道主义成本。也就是说,它们都意在对目标国决策者个人形成强制力和压力,迫使他们改变国家决策,同时不伤及平民。对平民的人道主义"保护"和对国际违法行为决策者的"制裁"就这样"聪明"地统一在此制裁机制之下。这种"聪明"的设计中,通过对违法国决策者个人的强制以迫使违法国改变行为的机制隐含了这样一个前提,即国家是虚拟的实体,无伤痛感受,也无法感知压力。在国家做出行为的时候,决策者个人即代表了国家。他们的感受即国家的感受。那么,对决策者个人的制裁,也就是对国家的制裁,决策者对国际违法行为所造成成本和其利益的权衡,也即国家对违法行为成本和利益的权衡。当决策者意识到违法行为的成本超过违法收益的时候,将摆布国家改变违法行为。怎样令决策者感受到违法行为的成本?最直接的方法是令其个人利益受损,遭受个人痛苦和不利益。因此,聪明制裁成功的关键是能否对决策者个人形成有效压力。这是聪明制裁对传统制裁的改革,也即对传统制裁"传导机制"下"隔靴挠痒"的改革。但是,国际制裁能否对违法国的政治精英形成这种直接的、鲜明的强制力?这是目前对聪明制裁争议最大的地方——"在我们努力建设人道主义例外机制的同时,紧随而至的聪明制裁的争议焦点集中在政治精英们被命中目标的可行性。"②

1. 武器禁运

武器禁运大概是历史最为悠久的国际制裁方法之一,早在几千年前人们就知道剥夺违法国家的武器,以剥夺其伤害其他国家,特别是伤害平民的能力从而令其停止违法行为。武器禁运的种类很多,可以是完全的禁运、对武器生产和贸易的禁止、封锁军用物资或者对它们进行严苛的检查。武器禁运对于目标国政治精英有伤害吗?对此,科特莱

---

① Arne Tostensen, Beate Bull. Are Smart Sanctions Feasible? [J]. World Politics, Vol.54, No.3(Apr., 2002): 381.
② Id.

特和洛佩兹提出了否定。他们认为武器禁运是失败的制裁——因为它那么频繁地被使用却鲜有效果。至少有三个因素阻碍了联合国武器禁运的有效性：第一，过迟适用；第二，容易规避；第三，难以建立真正有效的武器禁运监管与核查体系。①

其一，武器禁运总是在冲突地区已经充斥各类武器和军火的时候姗姗来迟，对冲突中违法方的威慑力已经大大降低。在 1994 年的卢旺达案件中，1993 年联合国驻卢旺达维持和平部队的指挥官达莱尔就向联合国报告卢旺达国内局势恶化，武装冲突可能演化为大规模种族屠杀的情势，请求联合国干预；但直至 1994 年 5 月，在卢旺达国内的胡图族已经开始对图西族进行大规模屠杀和种族清洗持续一个多月以后，联合国才通过 918 号决议，对卢旺达实施武器禁运和增派维和部队。在 1998 年科索沃危机中，早在 1996 年，阿尔巴尼亚族人组建的"科索沃解放军"就开始与塞尔维亚族人组成的塞尔维亚军队和南联盟军队发生了严重武装冲突，且发生了塞尔维亚警察部队对科索沃平民的武装暴行；但直至 1998 年 3 月，联合国安理会才通过对南联盟实施武器禁运，"以抗议南联盟政府在科索沃所作所为"的 1160 号决议。不能否认，武器禁运或可阻却新武器在冲突地区的蔓延，使国际违法行为无以为继，然而，且不论黑市军火商是否能够被武器禁运的制裁令限制，对于国际违法行为已然造成的巨大灾难，滞后的武器禁运已经没有效果。②

---

① David Cortright, George A. Lopez. The Sanctions Decade: Assessing UN Strategies in the 1990s[M]. Boulder, Colo.: Lynne Rienner, 2000: 320 - 321.

② 1998 年 10 月 13 日，科索沃战争爆发，导火索是科索沃地区的阿尔巴尼亚族和塞尔维亚族积怨已久的民族矛盾。1994 年开始，阿尔巴尼亚族激进分子组成"科索沃解放军"发动暴力分离运动，要求脱离以塞尔维亚族为主的南斯拉夫联盟共和国。米洛舍维奇领导的南斯拉夫联盟共和国采取强硬镇压措施，派遣大批塞尔维亚族的军队和警察部队进驻科索沃地区，与"科索沃解放军"发生了武装冲突。力图控制巴尔干地区的北约出于地缘政治的考量，支持科索沃独立，并武力干预科索沃危机，使该地区的民族矛盾迅速演变成国际战争。1998 年 3 月 31 日，联合国安理会通过了对南斯拉夫联盟共和国实施武器禁运的 1160 号决议，中国投弃权票。时任中国常驻联合国代表秦华孙大使指出：科索沃地区的局势正趋于稳定，不存在大规模的武装冲突，更不存在冲突加剧的情况，中国不认为那里的局势对国际和平与安全构成威胁。国际社会应该实事求是地看待科索沃的形势，客观、公正地评价南联盟政府解决科索沃问题的积极努力。详见：1998 年 9 月 23 日 安理会通过科索沃问题决议.（转下页）

其二，武器禁运的执行要在漫长的边境线上进行，对此类贸易禁令的国际监督异常昂贵且期限很长。国际上流窜的军火走私商人可能对武器禁运大加欢迎，因为需要武器的被制裁方将通过各种渠道找到他们，并愿意出高价向他们私下购买军火。地下武器贸易大概与武器禁运的历史同样悠久，大量军火走私贩非法交易的经验丰富，且为了高额利润愿意与任何武器禁运的监督人员进行迂回和斗争。此外，武器禁运反而给地下武器贸易制造机会的一个地方是，安理会要求的武器禁运令必须特别指定被禁止进口的武器和军事装备。那些在战争中对平民最有杀伤力的轻小型武器就自动包含在安理会的武器禁运中，这导致大部分地下武器贸易都集中在轻小型武器和常规武器。① 2013年2月安理会通过的《国际武器贸易条约》所意欲约束的也是这部分，即约束常规武器的黑市贸易以加强武器禁运制度的有效性。但在安理会监管力量极其有限的情况下，《国际武器贸易条约》的实效性极其有限。它所禁止贸易的武器（主要是常规武器）依然通过黑市大量流入国际冲突的地区——尤其是非洲地区，继续给平民造成伤害，加剧武装冲突并抵消武器禁运的有效性。

其三，武器禁运往往不会对制裁国意欲针对的制裁对象形成有效的制裁力。很多武装冲突是政治关系的各方权力不平衡造成的。国际武器禁运由于必须适用于所有冲突各方，结果导致实际上对其中一方更为有利而加剧了原本已经失衡的权力关系的不平衡性。在武器禁运的国际监管尚不成熟的情况下，这种现象较为普遍，导致国际武器禁运对制裁目标的偏离。

2. 金融制裁

传统的经济制裁一般是指"一个或多个国家引发的对另一个国家

(接上页)[EB/OL].[2011-09-23].http://news.sohu.com/20110923/n320251132.shtml.事实证明，北约未获得联合国安理会授权的军事干预不仅违反国际法，也导致科索沃危机不断恶化。所谓"国际法制裁"成为侵略一个主权国家以实现霸权政治的借口。关于北约军事干预科索沃危机的背景和政治企图，详见：路辉.美国克林顿政府科索沃政策评析——兼评科索沃单方面宣布独立[D].北京：外交学院，2006：3-20.

① 戴香镜.打击非法武器交易，武器贸易条约能给力么？[N].南方日报，2013-4-15.

或其他国际集体的强迫性行为",①包括冻结和扣押被制裁国家在国外的资产、限制被制裁国外汇兑换,或者干扰其在国际金融市场的活动等金融性的制裁手段;也包括中止与被制裁国贸易条约,对被制裁国家的产品实施贸易限制等贸易性的制裁手段;还包括停止对被制裁国家财政援助、冻结对被制裁国提供的专项资金或贷款等财政性制裁手段。这些经济制裁针对"国家",意在遏制其经济发展,在整个社会范围之内造成经济问题而对被制裁国广大企业、各利益集团、平民,当然也包括决策者造成经济上的压力。这种制裁方式极易引发被制裁国家平民的经济困难,且对决策者无能为力,因而广受诟病而渐遭搁置。

相较于传统的经济制裁,"聪明"的金融制裁直接将矛头指向目标国决策者或者特定人员的私人财产,比如在2022年2月开始的俄罗斯与乌克兰军事冲突中,美国联合西方诸国绕过联合国安理会的国际法程序,直接针对俄罗斯采取了史无前例的大规模、高强度的单边金融制裁。美国针对俄罗斯的金融制裁主要包括以下六类:一是针对与军事行动直接相关的俄罗斯政要的个人财产;二是针对俄罗斯商业精英和企业家的个人财产;三是针对企业和组织的制裁,包括俄罗斯系统重要性银行、矿业集团、管道公司;四是针对高科技产品对俄出口的限制;五是针对俄罗斯能源行业,废止俄罗斯通往德国的"北溪二号"天然气管道;六是将俄罗斯排除出环球银行间金融通信协会(Society for Worldwide Interbank Financial Telecommunication,SWIFT)系统,使之成为"金融孤岛"。②这些制裁都具有典型的定向性,针对被制裁国家的特定人员或者企业和组织。其隐含的假设是,如果目标国的特定人员私人权益受到侵害,他们会更加愿意遵守"国际法规则"。但事实证明,针对决策者个人及其家庭和支持者财产的金融制裁,包括冻结其银行存款,扣押其私人地产和流动资产,阻断其私人投资以及拒绝贷款等措施,执行的效果并不

---

① Johan Galtang. On the Effect of International Sanction: With Examples from the Case of Rhodesia[J]. The World Politics. Vol.19, No.3(April, 1967):144.
② 沈伟,方荔.美俄金融制裁与反制裁之间的拉锯和对弈——理解金融反制裁的非对称性[J].经贸法律评论,2023,(2):2.

尽如人意。① 不论是追踪私人房产，查清私人账户，还是跟踪任何一个私人或其家庭的资金流动情况，在实践中都面临很多未知的问题，主要有以下两点：一是被制裁者个人的名单难以获得；二是在制裁决策和执行之间的时间差使得被制裁者有充分的时间未雨绸缪和自保。

第一，传统观点认为，国际组织作出的经济制裁针对的是"国家"。如此设计的弊端，如上所述，为容易造成目标国人道主义危机且容易导致与迫使违法国守法南辕北辙的反效果。但是，如此设计的利处在于，执行方便。国际经济制裁的执行只需要各成员国限制或断绝与被制裁"国家"的贸易往来，限制或断绝与被制裁"政府"的金融往来或者停止与其财政性合作。虽然直接承受经济压力的是被制裁国相关企业和平民，但强制力能迅速形成。而在"聪明制裁"之下，国际组织做出的经济制裁针对的是被制裁国决策者"个人"。国际组织如何确认个人所拥有的或直接间接控制的金融性财产？各国银行或金融性机构往往不愿意放弃保密性原则，向任何国际组织透露其客户信息；而在一些特别谨慎的离岸金融中心，比如开曼群岛和百慕大，很多国家的法律限制对私人房产进行调查。此外，客户使用冒名和假名进行银行业务以及中间人进行虚假操作，也使得确认银行户头的真正所有者以及确认资金的真实来源变得极其复杂和困难。即使是制裁国家"单边"实施针对被制裁国个人的定点性金融制裁，要确认其个人资产也非常困难，遑论在国际机制的层面确认和寻找被制裁者个人的财产。"聪明制裁"固然有"定向性"的优点，但此优点要表现出来，准确"定点"目标方其实非常困难。在20世纪90年代，为了防止个人对金融性制裁的规避，西方七国首脑会议和欧盟的15个国家建立了反洗钱金融行动特别工作组（Financial Action Task Force on Money Laundering，以下简称 FATF）以在国内和国际两个层面上与洗钱犯罪进行斗争。FATF 能够通过不定时发布洗钱调查中不予合作的国家名单，包括很多离岸金融中心的国家来对

---

① Kimberley A. Elliot. Analyzing the Effects of Targeted Financial Sanctions[A]. Paper Presented at the Second Interlaken Seminar on Targeting United Nations Financial Sanctions, March 29 – 31, 1999: 32.

相关国家形成舆论性压力以促使其与国际组织合作,共同追踪洗钱者的账户信息。但是那些离岸金融中心和避税天堂所在的国家依然不愿意提供定点金融制裁的私人账户信息。国际组织对国家"点名批评"的策略对于确认国际金融活动中个人的资产收效甚微。

第二,制裁的"决策"到制裁的"实施"有一时间间隔,很方便被制裁的决策者个人安排偷逃资产和规避制裁。在安理会针对制裁决定进行冗长辩论之时,被制裁者个人就有充分的时间进行资产转移和逃避制裁——他们的房产可以更名,流动资产可以移至异国,资金可以汇兑出境。即使定点金融性制裁是由国家"单边"做出的,无须经过安理会这样在多边层面公开辩论的复杂程序,在政府决策透明度日益提高和获取政府信息日益便捷的现代社会,被制裁者个人提前获知政府决策并迅速作出反应也是便捷的。实际上,在"组织"——不论是国际组织还是政府组织,针对"个人"的金融性制裁的关系中,个人相较于组织而言,反应将更为迅速和灵敏。阿姆和比特·布尔指出,为了推进金融性"聪明制裁"的执行力,联合国安理会应该制定更为规范化和有效率的程序——制定一整套执行性的术语、定义和步骤,要求会员国必须将这套术语、定义和步骤纳入本国行政系统和司法体系,配合安理会决策以缩短制裁决策到实际执行的时间差。[①] 但在决策透明度高,获取政府信息方便的现代社会,被制裁者个人依然可能先于国际制裁而动。除非"聪明制裁"在执行中能解决速度问题,表现出其不意的"聪明",否则无法解决时间差导致的制裁落空的问题。

3. 旅游制裁

一般认为旅游制裁有三种基本的形式:第一,旅游禁令——被制裁政权的领导人或其支持者被禁止进行国际交往和商务旅游;第二,空运禁令——限制或者禁止相关人员乘坐国际航班出入被制裁国家,并且禁止相关人员违反货物禁运,特别是武器禁运的规则;第三,一般性

---

① Arne Tostensen, Beate Bull. Are Smart Sanctions Feasible? [J]. World Politics, Vol.54, No.3(Apr., 2002):388.

过境制裁——不管使用何种交通方式（航空、海运、火车或者汽车），限制或者禁止相关人员从制裁执行国领土通过或者暂时进入其境内。①

旅游制裁经常与定点的金融制裁和武器制裁共同使用，打击违法国家的政治精英及其核心圈子。相比于金融制裁和武器禁运，旅游制裁可以说为"聪明制裁"量身定做，是典型的"聪明制裁"——它只针对制裁者个人，绝不引发人道主义问题。在2012年3月欧盟针对叙利亚的国际制裁中，对叙利亚总统阿萨德的家庭成员实施了旅游制裁，禁止他们进入欧盟并且冻结他们在欧盟的财产。② 2013年底开始的乌克兰危机中，欧美针对俄罗斯政要和特定企业实施了内容广泛的定点制裁，其中2014年2月欧盟宣布对俄罗斯和乌克兰亲俄的21位权贵实施了限制入境旅游以及从事交易的"禁游令"，美国开列的"禁游令"名单则有11位个人。在俄罗斯批准克里米亚并入俄罗斯之后，这份名单拉长了。这对于热衷于在巴黎、伦敦、纽约旅游购物和度假的俄罗斯富有阶层而言，如 BBC 评论的，"在俄罗斯尾巴上蜇了一下"。③

---

① Arne Tostensen, Beate Bull. Are Smart Sanctions Feasible? [J]. World Politics, Vol.54, No.3(Apr., 2002): 389.

② 2012年2月，联合国安理会就欧盟要求对叙利亚进行制裁的决议草案进行表决，因俄罗斯和中国投反对票而未能通过。因此，欧盟针对叙利亚实施的制裁，不管以何种形式出现，都是违反国际法的。本书旨在讨论欧盟针对叙利亚特定人员的"旅游制裁"，作为"聪明制裁"的典型形式，与传统国际制裁相比较，虽然在"目标国"的准确性、定点性方面作了改进以期增强制裁的效果，但未能如愿。"纵观欧盟对叙利亚的19轮制裁，其内容基本围绕金融制裁——冻结基金或经济资源、禁止金融交易、限制出口信贷或投资；贸易制裁——军火禁运、石油禁运；旅行制裁的范畴进行，制裁对象主要针对现任总统巴沙尔家族、叙政府高官和叙国内一些主要的经济实体。这些典型的'聪明制裁'或称'针对性制裁'，并未奏效。欧盟试图逼迫巴沙尔政权就范的目的没有达到。"因此，"聪明制裁"作为一种强制性手段，如果用于国际法的执行，有其效果不足的局限性。有关欧盟对叙利亚制裁行为的分析，详见郭振雪.欧盟在叙利亚危机中的制裁行为分析[J].和平与发展,2013,(1): 9.

③ 2014年3月，由于乌克兰克里米亚公投加入俄罗斯联邦，欧美国家未经联合国安理会批准，即针对俄罗斯和乌克兰的特定人员实施了复杂且严厉的"旅游制裁"，其内容详见郝倩.欧美制裁俄罗斯：禁止部分富人入境旅游[EB/OL].[2014-03-27]. http://finance.sina.com.cn/zl/international/20140327/102918631231.shtml.这项内容广泛、旷日持久的"聪明制裁"，并未实现欧美国家的外交目的，反而加剧了乌克兰危机,2014年3月，中国外交部发言人秦刚在解释中国就联合国安理会表决克里米亚公投问题决议草案投弃权票的时候，称："乌克兰局势有着复杂的历史经纬和现实因素，处理起来需要全面权衡和考量。中方不赞成采取对抗的做法。安理会在这个时候搞决议草案，只能造成各方对立，导致局势更加复杂，这不符合乌克兰人民和国际社会的共同利益。应该在尊重各国主权和领土完整的（转下页）

旅游制裁直接绕过"国家"和传统制裁的"传导机制",将不遵守国际法的负担加诸被制裁国政治精英。个人旅游和商务出行的限制掐断了被制裁决策者个人进行商业往来、维持对外联系以及博得外来支持和同情的可能性。针对被制裁者亲友适用的护照限制以及类似措施则不但打击被制裁者的内部圈子,也破坏其外围关系。旅游制裁这些鲜明的定向性特点,使被制裁者个人所承担的违法成本尽可能直接和具有针对性。如此,旅游制裁似乎集"聪明制裁"的优点于一身——具有很强的定点性,它们"能"且"只能"针对被制裁政权的相关个人;不会引发人道主义成本,它们除了被制裁政权的领导人个体,不波及被制裁国家的平民。但是与资产冻结这样的定点金融制裁一样,旅游制裁在国际层面也面临执行困难。首先,谁应该被禁止旅游?对于被制裁群体的范围大小一直未有确定的意见。安理会决议往往要求旅游制裁必须针对违法国家的领导群体或者某个高级官员(比如,军事领导人或者政府成员),或者要求旅游制裁必须针对违法国家的政府官员的亲友家庭的某些成人亲友,但对这些人员的确认标准和确认方法没有细则规定。比如,在对阿富汗的塔利班进行旅游制裁的过程中,制定计划的时候仅仅指明目标是"任何塔利班所有、租赁或者运行的航空器"。① 谁是塔

(接上页)前提下,保持冷静克制,尽快设立由有关各方组成的国际协调机制,探索政治解决乌克兰危机的途径。"详见"外交部发言人秦刚就安理会表决乌克兰克里米亚公投问题决议草案答记者问[EB/OL].[2014-03-16]. http://www.scio.gov.cn/ztk/xwfb/jjfyr/12/wqfbh/Document/1369549/1369549.htm.

① United Nations, Security Council, Resolution S/RES/1267, October 15, 1999:4. 1999年10月15日,联合国安理会通过1267号决议;2000年12月19日,联合国安理会通过1333号决议,决定对阿富汗塔利班、本·拉登及与其有关的个人和实体实施一系列定点制裁。中国政府遵照联合国安理会决议,在2001年10月17日发布了《关于执行安理会第1267和1333号决议对有关个人和实体实施金融制裁的通知》,规定"冻结1267号决议所设委员会指定的资金和其他财政资源,包括由塔利班或由塔利班拥有或直接间接控制的企业所拥有或直接间接控制的财产所衍生或产生的资金,并确保本国国民或本国境内的任何人均不为塔利班的利益或为塔利班拥有或直接间接控制的任何企业的利益提供这些资金和财政资源或如此指定的任何其他资金或财政资源,但委员会以人道主义需要为由而逐案核准者除外。"详见外交部.关于执行安理会1267和1333号决议对有关个人和实体实施金融制裁的通知[EB/OL].[2001-10-17]. https://www.gov.cn/gongbao/content/2002/content_61464.htm. 2021年8月15日,阿富汗塔利班进入阿富汗首都喀布尔,驱逐"阿富汗伊斯兰共和(转下页)

利班？这实际上是一个模糊不清的表述。由于塔利班没有明确的界限和公认的名单，大部分塔利班的人员从来没有拍照记录，身份也不为国际社会所知，联合国制裁委员会根据联合国安理会1999年的1267号决议、2000年的1333号决议、2002年的1390号决议，专门编制《基地组织制裁名单》以确认"塔利班"成员。它对各国应该执行的与基地组织相关联个人或实体所受个人资产冻结、履行禁令和武器禁运的名单详细列出，包括了213名个人和61个实体。联合国制裁委员会政治事务司称，相比于此前的决议，这份名单使联合国的决议表述更加清楚，也更具针对性。① 但这只是无数旅游制裁的案例中极少数明确被制裁个体名单的特例，并未在国际实践中形成常例或出台黑名单确认的统一标准。

其次，如何确认被制裁者身份？个人姓名和命名方法可以改动，同名、重名的情况非常普遍。在制裁国之间没有合作、相互提供被制裁者指纹或者相片的情况下，单单提交名单对于确认被制裁者身份是不够的。即使高调的被制裁领导人个人的真实信息可以获得，他们藏于幕后的家人信息的获取难度也非常大。即使被制裁者身份得以艰难确认，被定点制裁的个人还是有很多对策——持多份护照；使用伪装和假名；伪造护照和信用卡；逃避移民关卡；使用替身。制裁机构显然对被制裁者的真实下落以及他们的去向知之甚少。就算这样一张难以获取的具有可信性的黑名单最终准确获取，由于遍布全球的通信系统数不胜数而相关权威性机构往往效率低下，将其转达至适合的执行机构（比

(接上页)国"政府，宣布建立"阿富汗伊斯兰酋长国"；9月7日，阿富汗塔利班塔宣布成立阿富汗临时政府。2023年4月12日，中国外交部发布《关于阿富汗问题的中国立场》，提出"三个尊重"的国际法准则，强调"三个从不"的外交立场："中方尊重阿富汗独立、主权和领土完整，尊重阿富汗人民做出的自主选择，尊重阿富汗的宗教信仰和民族习惯。中方从不干涉阿富汗内政，从不在阿富汗谋求私利，从不寻求所谓势力范围。"本书旨在讨论联合国安理会针对塔利班的定点制裁，其在确定被制裁"目标方"的缺陷，导致定点制裁作为强制措施，在国际法执行机制中的效果不足和局限性。

① United Nations, Sanctions Secretariat, Department of Political Affairs. The Experience of the United Nations in Administering Arms Embargoes and Travel Sanctions. Paper presented at the First Expert Seminar: Smart Sanctions——The Next Step, Bonn, November 21-23, 1999: 4.

如,海关和移民机构)也会有一定难度。

再次,如何监管禁令之下的旅游者?世界各国除了航空客运的监管能力较强以外,海关和陆路运输系统都缺乏训练有素的监管人员和适当的跟踪、沟通设备。不管是空运禁令中的货物还是旅游禁令和一般性过境制裁中的人员,逃避粗疏的旅游监管网络非常容易。如果国际旅游制裁的执行任务被不恰当地分配到一些不发达国家,它们落后的技术能力和执行体制将加剧这些问题。此外,政治性因素也会影响旅游制裁的执行效率,比如对特定被制裁政府的同情会使制裁国家对禁令下的旅游者"放生";比如在腐败问题丛生的国家,使用贿赂往往可以成功逃避国际遵法机制要求的旅游禁令。

综上,武器禁运、金融制裁和旅游制裁作为聪明制裁的三种基本方式,各有其弊端——武器禁运往往滞后于武装冲突,会与其意欲制裁的目标群体"擦身而过",且在执行中对军火走私难以监管。金融制裁的缺陷则在于被制裁者名单难以确认,被制裁者易于逃避和适用对象有限。旅游制裁同样受困于被制裁者名单难以确认,被制裁者易于逃脱和各国监管能力不足的问题。在力图避免传统制裁人道主义成本大的弊端的同时,聪明制裁在执行方面又滋长新的弊端。作为定点打击目标国个人的制裁方式,聪明制裁始终要面对的是,当其更加"聪明",将制裁的目标精确化的同时,也意味着其在确认目标、追踪目标和将制裁落实到所指定个人等技术性问题上面临着更加繁重的工作和沉重的成本。

由此引发的另一个问题是,除了上述执行中产生的技术性困难——确认被制裁者名单、跟踪被制裁者行程、追究被制裁者资产的去向等,聪明制裁还需要处理诸多政治性困难——相较于传统制裁更加沉重的成本谁来承担?违法国家的被制裁者个人是否因为与制裁国家的良好关系得以免于制裁?联合国安理会的制裁决议是否触动某个成员国的利益而无法通行?这些在国际法执行的所有方式中都会出现的政治性困难,在聪明制裁中也会存在,并因为聪明制裁的精确性要求和对执法能力更加严苛的要求而更加突出。"聪明制裁最严重的问题不是来自建立和运行一个聪明制裁机制这样的技术性困难,而是来自这样做的政治性困难。尽管鉴于传统制裁的诸多失败经验,在聪明制裁到来的新时代,联合国在某种程度上已经攻克了这些难关。但聪明制裁有效执行所仰赖的执法能力和组织能力,负责执行的成员国依然缺乏。在这方面,尽管(传统制裁)已经有很多教训,但我们熟知的问题依然存在,并因为聪明制裁机制的存在而更加恶化。"①

在政治层面,聪明制裁至少面临着以下两大困难:联合国与成员国无力或不愿承担聪明制裁的成本,以及联合国体制的政治性导致聪明制裁的执行困难。

第一大困难是,聪明制裁"貌似"较之传统制裁更加便宜——它的范围较之传统制裁小得多。但更小的目标范围意味着"瞄准"的难度增加。不管在确认"人道主义例外"的名单,审核"人道主义例外"的资格,还是执行针对目标国被制裁个人的定点"射击",都需要大量执法能力的投入。"聪明的制裁机制要求更多的行政能力来监督其效果,也需要更多的管理能力和技巧来执行和实施不同的部分和要素。在这方面,聪明制裁原则上跟任何类型的制裁机制相类似。"②同时,因为制裁的"聪明性"提高了对执行灵敏性和精准性的要求,对执行能力的要求其实更为苛刻。比如,在定点的金融制裁中,各国银行对国际金融业务的熟知和强大的电脑操作能力对执行此类制裁就非常重要。这种专业性极高的国际法执行能力在国内法律体系之下尚且有待加强,国际机制一旦涉足这方面工作,只会困难更大。

除了金融制裁的执行受阻于专业技术性人才的缺乏之外,武器禁运和旅游制裁的执行还受阻于跟踪被制裁者所需的巨大成本。比如,在国际军火走私中,藏于暗处的军火贩子在追逐利润的途中不会理会任何法律的阻挡和禁令;而国际制裁机制和各国政府对军火走私商人的行踪难测都无能为力。类似的问题在旅游制裁中也很突出。比如,

---

① Arne Tostensen, Beate Bull. Are Smart Sanctions Feasible? [J]. World Politics, Vol.54, No.3(Apr., 2002): 395.
② Id. 400.

航空客运的旅游制裁,其被制裁者名单的核实相对方便,但旅游制裁的范围一旦超越航空客运,触及其他运输方式,执行的困难程度将直线上升,相关监管人员的配置难度和监管成本也会大幅上升;且不说核实某一运输线路上被制裁个人或者货物的名单非常困难,用于监控国际运输过程的相关设备——卫星和雷达监控室的建设,智能计算机数据,对空域、陆地、海洋范围更广的巡逻监测,在各类旅游线路上配置的监测人员,都将耗费大笔成本。

这么大笔成本谁来支付?由联合国自己承担是不现实的。联合国经费来源于会员国依据联合国大会分配的限额缴纳的会费、会员分摊的维持和平行动经费,以及会员国自愿捐助的资金。[①] 其资金主要依靠会员国的缴纳或捐助并依据会员国的强弱按比例分摊。这种经济大权掌握在旁人手里的窘境让联合国经常为钱"坐困愁城"。尤其是美国作为联合国应缴纳会费最多的国家,在 20 世纪 70 年代随着大量发展中国家加入联合国严重影响其发言权之后,美国对缴纳联合国会费的态度由此前的"积极派"转为"消极派"。20 世纪 80 年代开始,美国即以承担联合国会费比例过重等各种理由经常拖欠会费,导致联合国资金紧张。[②] 2013 年,联合国分管管理事务的副秘书长高须幸雄指出,联合国常规预算十分紧张,截至 2013 年 10 月 1 日,可用现金 550 万美元,处于低水平。2013 年,会员国拖欠常规会费达 9.45 亿美元,相当于联合国 26 亿美元常规预算的 36%。美国等 59 个国家拖欠大量会费。[③] 在这种情况下,要联合国为执行昂贵的聪明制裁支付额外的成本是不现实的。"联合国系统在财政上已经入不敷出。任何会增加其财政负担的建议都是幼稚或者不恰当的。"

第二大困难是,安理会作为联合国最重要的权力机构,同时也是各国权力斗争和政治博弈的舞台。在其作出制裁决议的过程中,充斥着

[①] 赵启荣.联合国会费分摊之争[J].当代世界,2007,(2):34.
[②] 联合国会费:美国拖欠中国多交值不值![EB/OL].[2013-07-25]. http://news.xinhuanet.com/book/2013-07/25/c_125062287.htm.
[③] 美国等 59 国拖欠联合国大量经费[EB/OL].[2013-10-11]. http://news.xinhuanet.com/world/2013-10/11/c_125511317.htm.

大量政治性操作和考量。可能在有些案件中,安理会成员国的分歧严重,导致一些成员国投票反对或者对某决议投弃权票;可能有些案件中,各国立场的差异化和多元化又会在谈判中得以加强。在这些情况下,安理会常任理事国倾向于实现各国意见的统一性以增强制裁的合法性,因而愿意与安理会其他理事国就制裁决议的措辞和条款相互妥协以达成最大范围的共识。在这样一种妥协的过程中,制裁条款和规则的明确和强制力往往要让步于各方都能接受的模棱两可和灵活性,最终达成的制裁决议往往水分很大,在词语的迷宫中充斥着含糊不清、无法执行的角落,其有效性自然也大打折扣。制裁决议理想的状态当然是含义清晰,用语明确,但其代价将是各理事国立场分歧导致的对其中若干条款的否决和退出,甚而导致决议无法达成。为了达成最终决议,将制裁付诸实现,深谙政治之道的各方牺牲了决议的明确性,同时也牺牲了制裁执行的清晰化和有效性。

导致制裁决议语焉不清的另一个重要原因,罗伯特·普特曼认为,是联合国成员国其实并非传统现实主义国际关系理论所假设的单一主体。其在安理会参与的决策程序应该视为一个"双层博弈"。任何代表成员国发言的政府必须同时考虑其立场在国内层面会引发的不同群体的选民的意见和反应。"在国内层面上,各个不同的利益群体为了实现自己的诉求,向政府施加压力以令其实施对自己更为有利的政策,政客在这些不同的群体之间纵横捭阖以彰显自己的权力。在国际层面上,各国政府各尽所能,既要安抚国内各利益群体的诉求和压力,又要遏制外交关系中的负面因素。明智的中立的决策者应该对这两个层面的诉求都不偏不倚,兼采并举。其不同寻常的复杂性在于同一个决策,于其中一个层面是明智的,可能于另一个层面就是失策的。[1] 这样一个跷跷板式的微妙的政治游戏中,为了响应国内选民的预期,政府代表在安理会中的立场往往要受制于国内民众的情绪,而非国际违法行为本身。

---

[1] Robert D. Putnam. Diplomacy and Domestic Politics: The Logic of Two-Level Games[J]. International Organization (Summer, 1988): 434.

这导致了一定程度上的国际民粹主义,即使采取制裁很明显是更为正确的决定,政府在安理会的立场也会显得拖泥带水。这样做的利益很大,特别在选举年,对于政府来说,赢得国内选举和选民的欢心要比政治上正确的有效的制裁机制更具吸引力。另一方面,在国际关系中的态度和立场也是不能疏忽的,决议依然应该达成。平衡两个层面关系的结果是在制裁决议的措辞上,各政府代表更愿意使用含糊其辞和不承担明确义务的语句——既不得罪国内利益群体,也不违背制裁的国际意愿,从而避开斩钉截铁的制裁国际违法行为的要求。

对于参与制裁决议制定的各国政府而言,不管是在国际层面与其他国家协调,还是在国内层面与各利益群体妥协,都将导致制裁决议的模糊性。这种模糊性极易被成员国所利用,在他们对制裁机制的执行意愿低的情况下,利用安理会决议的措辞不清回避责任,对执行制裁迂回躲闪,不予作为。

除了技术性问题,聪明制裁在执行过程中还需要应对成本负担者和国际政治的困扰。如阿姆和比特·布尔所称,政治性困难是传统制裁在当下国际政治格局中执行同样需要面对的,但是由于聪明制裁的特点,这些政治性问题会在聪明制裁执行中得到强化。"聪明制裁需要大量财政的、政治的支持。执行有效的制裁是一个非常复杂和昂贵的工程。"[1]

由此可见,在纠正传统制裁"目标国主体偏差"的问题的时候,聪明制裁进行了两翼的设计——"人道主义例外"和针对个人的定点制裁以增加国际法律制裁的有效性与合法性。但是如上所述,不管是"人道主义例外"还是针对个人的定点制裁,都面临技术性困难和政治性问题。技术性困难看似易于解决——建立更加细密和精确的监管系统,确定被制裁者个人名单并保证他们确实处于安理会制裁的网络之下。但是,执行所需要的巨大资金和对各成员国技术、情报支持的要求——比

---

[1] David Cortright, George A. Lopez. The Sanctions Decade: Assessing UN Strategies in the 1990's[M]. Boulder, Colo: Lynne Rienner, 2000: 67.

如必须提供被制裁者境外资产的情报,追踪军火走私商人的行踪,核定被禁止旅游的个人名单,在现有国际政治环境之下又是不可解决的。作为政治性国际组织的安理会没有如此强大的政治性或法律权威要求各成员国承担这方面的强制性义务,它依然要依靠各成员国的自愿合作——包括政治上的和财政上的合作来保证聪明制裁的有效执行。如果有一天,安理会有足够的权威命令其成员国提供足够的会费和信息;如果有一天,安理会有足够的权威摒绝政治游戏,达成清晰的制裁决议,聪明制裁的技术性困难和政治性困难将会得到很大的缓解,但这一切目前都是不可能完成的任务。技术性困难源于政治性困难,而政治性困难的无解又反过来导致了技术性困难的无解。阿姆和比特·布尔如此评论聪明制裁——"聪明制裁的实施情况并不尽如人意。它看似在逻辑上很合理,也具有政治上的吸引力,但由于大量内在的操作性问题和安理会政治程序的复杂性,这一机制其实很难建立和操作。"[1]

综上,依据"执行模式"的机理,向国际法的违法国施加制裁,令其实施违法行为的成本高于收益,改变"协作性博弈"的报偿结构,可以引导博弈者进入共同遵法的轨道。制裁运行所倚赖的"传导机制"自身设计的模糊性导致国际法强制往往偏离法律执行的"靶心"——应该为国际违法行为负责的目标国决策者往往"逍遥法外",而无辜的目标国民众实际上承受了外部强制。国际法执行中目标国的人道主义灾难和法律执行的无效性问题困扰传统的国际制裁机制。为了克服传统国际法制裁的缺陷,聪明制裁对这两个问题进行了有针对性的改革——绕过"传导机制",将目标国决策者直接作为强制对象,并实施更为明确的人道主义救助制度以减轻目标国民众可能遭受的压力。尽管聪明制裁在执行中亦有其技术性困难和政治性困难,导致效果不理想。"在联合国实施聪明制裁的案件中,除了利比亚以外,其他案件的效果都不尽如人

---

[1] Arne Tostensen, Beate Bull. Are Smart Sanctions Feasible? [J]. World Politics, Vol.54, No.3(Apr., 2002): 402.

意。"①但作为国际法执行手段的改进和新兴制度,其对"执行模式"在目标精确度方面的提高,依然意义重大。正如大卫·莱克特兹安所指出的,现阶段对"聪明制裁"的效果盖棺定论为时过早,鉴于"聪明制裁"目前的效果不佳就过早抛弃它也是不成熟的。② 更多的实践,更为成熟的配套机制建设,将有助于聪明制裁走得更远,也有助于国际法执行更加有效。

二、目标国承受制裁强度之偏差

对于执行模式的效果而言,除了制裁的目标方准确以外,目标方承受制裁的强度必须足够大,致使其违法成本超过违法收益,才能扭转"协作性博弈"的报偿结构,达到纠正违法行为的目的。但由于国际制裁的实施国和目标国是平等主体,目标国承受制裁的实际强度并非取决于制裁措施本身,而是取决于目标国与实施国之间的相互依赖程度。如果目标国对制裁实施国不存在依赖关系,或者虽然存在依赖关系以至于目标国将遭受国际制裁带来的损失,但它能够在与第三国的交往中抵消这种损失,那么国际制裁的实际强度会因为目标国的承受能力较强而发生效果上的偏差。

(一) 目标国的"敏感性"与"脆弱性"研究

国际法制裁的目的是通过向目标国施加足够强大的压力以迫使其放弃违法行为,此处的强大压力不仅仅,或者说,主要不是指制裁的绝对强度,而是指制裁的相对强度,也即制裁强度相对目标国的承受能力而言的高低大小。如果目标国对于制裁国的经济依赖程度很深,制裁国的贸易禁运或者经济封锁对其造成的痛苦和违法成本就高;反之,如果目标国与制裁国经济往来甚少,或者目标国的经济对制裁国依赖度

---

① Daniel. W. Drezner. How Smart are Smart Sanctions? [J]. International Studies Review, 2003, (5): 107-110.
② David Lektzian. Smart Sanction: Targeting Economic Statecraft[J]. Journal of Peace Research, Vol.41, No.5(Sep., 2004): 639.

低,那么制裁国即使施加数额巨大的经济打击,也不会对后者造成令其痛苦而欲改变行为的负担。"国际经济制裁的目的就是通过限制经济往来给对方造成经济痛苦。如果矛盾双方没有任何直接经济联系,则经济制裁很难给目标国造成经济困难,遑论达到令其改变政策的目的了。"[1]比如,在对缅甸的国际制裁中,由于缅甸基本上是自给自足的自然经济,与西方国家的经济交往规模甚小,使得该国在承受国际制裁的能力方面比一般发展中国家大得多。[2] 罗伯特·基欧汉和约瑟夫·奈把这种其他国家经济政策变化将导致该国付出巨大代价和遭受损失的状态,称为"敏感性"的相互依赖。[3] 对制裁国经济依赖较深,以至于制裁国一旦施加经济制裁就会遭受巨大损失的目标国,可以称之为在相互依赖中较为"敏感"的国家。他们承受之经济制裁的强度相对来说是比较大的,"执行模式"的效果也将更加明显。

另一方面,即使目标国承受经济制裁的敏感性较大,如果它们从第三国获得替代性经济资源的能力较强,其抵制经济制裁的能力也将大

---

[1] 阮建平.国际经济制裁:演化、效率及新特点[J].现代国际关系,2004,(4):67.本部分论证目标国承受制裁的能力,由于需要对比制裁的压力和目标国的承受能力,因而使用易于数量化和易于对比的"经济制裁"说明问题。虽然经济制裁只是制裁方式之一,但以它为例不会消减说明的普遍适用性。这主要是因为经济制裁具有很强的典型性,它是目前使用最为普遍和频繁的制裁方式。"国际关系中,经济制裁是使用最为普遍的形式。"载杜栎荣.国际制裁对解决朝核问题的影响[D].延边:延边大学,2012.经济制裁之所以使用得如此频繁,尼古拉·马林诺夫认为是因为它与传统的武力制裁相比,成本更低,效果更好——"既能够达到预期的目的又避免了军事干预的高昂成本";并且,经济制裁与其他非武力制裁相比,又更加有力和强硬。"其频繁的运用可以视为'高要求'和'可提供'之间平衡的结果。特别在国际体系内部相互依赖如此庞大和繁多的情况下,经济强制成为频繁使用的政策选择。"见 Nikolay Marinov. Do Economic Sanctions Destabilize Country Leaders? [J]. American Journal of Political Science, Vol.49, No.3(Jul., 2005):564-576.其他制裁方式,不论是武力制裁,还是除经济制裁以外的非武力制裁——包括政治性制裁(中止成员资格、限制成员权利、限制高层接触)、外交制裁(断绝外交关系、降低外交关系规格、退出或废除双边条约、驱逐外交官),都没有这样的可资频繁使用且效果显著的特点。有关国际制裁的各类形式,参见刘超杰.国际政治中的制裁研究[D].北京:中共中央党校,2006:14.

[2] 李晨阳.西方国家制裁缅甸的目的及其效用评析[J].国际关系学院学报,2009,(2):56.

[3] 在罗伯特基欧汉和约瑟夫奈的《权力与相互依赖》中,"相互依赖"是指国家与国家之间的相互交往导致对方付出代价(不一定对称)的一种状态。权力在相互依赖中的敏感性是指一国政策变化导致另一国发生有代价的变化的程度。参见[美]罗伯特·基欧汉,约瑟夫·奈.权力与相互依赖[M].门洪华,译.北京:北京大学出版社,2012:11-20.

为提高。基欧汉和约瑟夫·奈把这类受到其他国家政策变化影响，但能迅速调整或者为调整所付出代价较小的国家称为"非脆弱性"。[①] "非脆弱性"的国家，即使对经济制裁"敏感"，由于他们转而获得替代性资源的能力强，因而能够从第三国的经济往来中获得利益，用于弥补制裁国所造成的损失，抚平被施与的经济痛苦。这样"敏感"却"非脆弱"的国家承受经济制裁的强度相对来说是比较小的，经济制裁的效果也为目标国的"非脆弱性"所消减。1980年，卡特政府宣布对苏联实行粮食禁运作为对苏联侵略阿富汗的制裁。当时苏联正经历粮食减产，美国政府认为粮食禁运会对苏联形成有效的制裁。但是数字显示，虽然1980—1981年度美国对苏联的粮食出口比1979—1980年度下降了720万吨，但同时阿根廷和加拿大对苏联的粮食出口分别增加了610万吨和340万吨。美国的粮食禁运并没有收到明显效果。[②] 1995年，当克林顿政府中断所有美国公司及海外分公司与伊朗之石油交易的时候，伊朗政府并不畏惧，伊朗总统拉夫桑贾尼说，世界需要能源，美国根本不可能把伊朗撵出国际石油市场，最大的输家不会是伊朗，而是美国。[③] 石油投资很快被伊朗授予其他非美国公司的竞争者，[④]它从美国制裁中遭受的损失，很快从其他国家的经济往来中获得了弥补，美国制裁的效果被伊朗的"非脆弱性"抵消了。

从伊朗抵制美国制裁的案件中可以发现，如果经济制裁只针对目标国，而不针对第三国，即使目标国对制裁国的压力"敏感"，它依然可

[①] 除了敏感性，《权力与相互依赖》中为权力在相互依赖中的状态设置了另一个维度，即脆弱性。它是指国家因为外部事件，包括其他国家政策变化之后强加的代价而遭受损失的程度。每个国家在其他国家政策发生变化从而遭受冲击之时，都试图改变政策和自我调整以减少被迫付出的代价。这种为有效适应变化的环境而自我调整所支付的代价就是衡量一国"脆弱性"的标准。

[②] 周方银.国际关系中的经济制裁[J].现代国际关系,1997,(10):21.

[③] 美国为什么对伊朗实行贸易制裁[J].时事,1995,(1):34.

[④] 欧洲、加拿大等国就利用美国退出伊朗市场之机，大力发展与伊双边贸易和进行投资。德国巴斯夫公司，英国-荷兰壳牌石油公司等著名企业不断扩大在伊朗的投资，获得巨大利益。而美国在此新一轮制裁中损失将近20多亿美元。参见沈伟,阮国英.赫-伯法和达马托法的由来及其非法性[J].国际观察,1997,(2):32.阮建平.国际经济制裁：演化、效率及新特点[J].现代国际关系,2004,(4):32.

以从第三国的经济往来中获得利益补偿,抵消国际制裁剥夺其利益所造成的经济损失的效果。也就是说,国际制裁实际上并没有使目标国遭受利益的"丧失",而只是将目标国本欲从制裁国处获得利益,转而向第三国寻求。经济制裁在制裁国、目标国和第三国之间进行了利益的"转移",而非利益的"剥夺"。正如伊朗所说的,这种情况下,受损失的不会是目标国或第三国,而是制裁国。

经济制裁实际上在制裁国、目标国之间形成了利益的重新分配;也在制裁国、第三国之间进行了利益的重新分配。只有在两个维度的利益分配中都无法获得利益的目标国,才能真正受到经济制裁的打击和实现制裁的效果。概言之,在与制裁国的相互权力对比中,目标国必须同时"敏感"和"脆弱",既被剥夺制裁国而来的利益,又无法在第三国往来中获得补偿,才能真正丧失其国际经济往来中的利益,承受国际制裁所施加的损失和违法成本。

(二)"二级制裁"的运用及效果之研究

要解决目标国承受制裁之强度上的实际偏差,必须使目标国既"敏感",又"脆弱",即剥夺目标国从制裁国处获取收益,同时剥夺目标国从第三国处所获利益。这种制裁机制在相互联系频繁和相互依赖紧密的现代社会,几乎不可能实现。理查德·哈斯认为,全球化加剧了世界经济一体化的特征,这在更大程度和范围上对经济制裁的有效性产生了相当不利的影响。被制裁国拥有更多潜在的供应商和市场,他们对付和转嫁经济制裁危机的弹性大大提高了,获取商品供应的来源和出口商品的市场也历史性地扩大了。这种情况下,经济制裁是毫无实际意义的。[1] 跟基欧汉和约瑟夫·奈一样,理查德·哈斯也认为,在"脆弱性"相互依赖中,目标国对权力的运用要比在"敏感性"相互依赖中更加能够有力地抵制经济制裁的效果,甚至使其完全落空。[2] 学者李晨阳

---

[1] Richard N. Haass ed. Economic Sanctions and American Diplomacy[M]. New York: Council on Foreign Relations,1998:5-6.

[2] Id. 6.

指出,即使在缅甸这样较为封闭的国家,面对西方制裁的时候,也能很快找到其他合作伙伴。在美国制裁的2007—2008年度,其进出口贸易额达到创纪录的90亿美元,且有数十亿美元的顺差。它的贸易伙伴来自泰国、印度、新加坡和中国这些邻国,大大抵消了西方国家制裁造成的损失。① 如上文述,缅甸与西方国家经济往来甚少,对后者的贸易依赖度不高,其对西方制裁并"不敏感"。这样既"不敏感",也"不脆弱"的小国,抵御国际制裁的能力很强,也导致国际制裁的效果不佳。在经过长达14年制裁之后,2012年,美国终于成为最后一个解除对缅甸制裁的经济体。②

为了增加目标国在经济制裁中的"脆弱性",③一种办法是像美国这样频繁使用单边制裁的国家,为了避免制裁的效果被目标国与第三国的贸易往来"干扰",制定大量具有域外效力的制裁法令,将制裁的触角伸向第三国。例如,1996年2月,由于古巴空军击落两架美国入侵古巴领空进行挑衅行为且不听警告的飞机,导致机上四位美国人丧生,美国加大了对古巴的报复性制裁措施,此外,克林顿政府通过《赫尔姆斯伯顿法》,禁止其他国家在美国销售古巴产品,禁止向与古巴有贸易往来和投资活动的其他国家经理、股东及其家属发放入美签证,等等。④ 1996年7月,美国众议院又通过旨在加强对伊朗和利比亚制裁的《达马托法》,规定美国总统必须对在一年时间内投资4 000万美元

---

① 李晨阳.西方国家制裁缅甸的目的及其效用评析[J].国际关系学院学报,2009,(2):101.
② 同上引.100.
③ 目标国的"敏感性"和"脆弱性"对于国际法执行的效果都有影响,但"敏感性"为国际法执行的效果提供"前提条件","脆弱性"才决定其最终结果。目标国的"脆弱性"对于国际法执行的效果影响更大。因此,解决目标国的"脆弱性"问题对于增强国际法执行的效果具有更加重要的作用。详见阮建平.战后美国对外经济制裁[M].武汉:武汉大学出版社,2009:63-66.此外,基欧汉和奈也认为,就理解相互依赖关系的政治结构而言,脆弱性尤为重要。"在向行为体提供权力资源方面,脆弱性相互依赖的重要性大于敏感性相互依赖。"详见[美]罗伯特·基欧汉,约瑟夫·奈.权利与相互依赖[M].门洪华,译.北京:北京大学出版社,2002:17-19.
④ 《赫尔姆斯伯顿法》在1996年5月29日开始实施,其正式名称是《古巴自由与民主巩固法》,主要内容包括:(1)禁止第三国在美国销售古巴产品,包括含有古巴原材料的制成品;(2)不给古巴投资或进行贸易的外国公司经理、股东及其家属发放入美签证;(3)允许在古巴革命时期被没收财产的美国人向法院对在古巴利用其财产从事经营的外国公司和投资者进行起诉;(4)反对国际金融机构向古巴提供贷款或者接纳古巴加入。

以上开发伊朗和利比亚石油、天然气的外国公司或者违反联合国对利比亚实施禁运的公司实施六种制裁措施中的两项。这六种制裁措施包括：禁止此类公司向美国出口产品和参加项目投标、禁止美联邦政府部门向此类公司购买任何物品及提供任何服务、禁止任何美国金融公司向此类公司提供 1 000 万美元以上贷款、禁止美国协助出口银行向此类公司提供任何金融援助以及禁止其成为美国政府债券的交易商。这两部域外经济制裁的法令被认为是 20 世纪 90 年代以来美国域外经济制裁最为极端的表现,仅欧洲和美洲就有 1 000 多家公司受到影响,涉及范围之广,程度之深,前所未有。①

美国实施的类似《赫尔姆斯伯顿法》和《达马托法》等单边"二级制裁"(连锁制裁)措施,②虽然其冠冕堂皇的目的在于增强目标国的"脆弱性",阻止目标国将制裁中丧失的利益从第三国的贸易往来中获得补偿,从而增强国际制裁的效力。然而其实质是维护美国霸权地位的疯狂举动,是对现有国际法和国际秩序的严重破坏。《联合国宪章》将"各国主权平等"作为国际关系的第一准则,意味着任何一国都无权对其他国家实施管辖权和单边制裁,只有联合国安理会决议授权实施的多边制裁才是唯一合法的国际法制裁措施。为了认清美国的"二级制裁"的实质和危害以及其必将引发的政治问题和法律后果,有必要对"二级制裁"进行深入剖析。

第一,域外经济制裁的合法性问题。国际法规定的各国行使司法管辖权的基本原则是属地原则,即"各国对其领土以及境内一切人与物,有行使管辖之权",这是由国际法承认各国对本国领土之有效控制所决定的。基于对各国"国家身份"的承认,国际法也承认国家对具有

---

① 胡剑萍,阮建平.美国域外经济制裁及其冲突探析[J].世界经济与政治,2006,(5).
② "二级制裁"(Secondary Sanction)是指制裁国对目标国进行制裁之时,针对第三国的公司或个人进行的旨在阻止其与目标国进行金融、贸易往来的制裁活动。20 世纪 90 年代以来,"二级制裁"广泛运用于美国的单边经济制裁中。虽然"二级制裁"被认为违反了国际法基本准则,但美国依然在单边制裁中广泛使用这种手段,以迫使目标国以外的第三国加入其制裁阵营,达到事实上的多边制裁以增强其制裁效果。参见颜剑英,罗锦秀.冷战结束后美国对外经济制裁的新发展[J].世界经济与政治,2005,(2):23.有关《赫尔姆斯伯顿法》的具体措施,参见冯雪薇.美国《赫尔姆斯伯顿法》在国际法上的违法性剖析[J].国际经济法学刊,2004,(8):36.

本国国籍之公民的管辖权,即依据国籍行使的属人管辖权。属地原则和属人原则是国际法规定的国家行使管辖权的主要依据。① 虽然后来发展起保护性管辖权和普遍性管辖权,允许各国针对非本国公民在本国境外的行为行使一定的域外管辖,但是它们涉及的必须是"侵犯本国重大权利"的违法行为,或者国际法公认的犯罪行为,且不能与该行为发生地国家的属地管辖权相冲突。② 美国在二级制裁中针对第三国与目标国贸易往来而对第三国实施的制裁,在国际法上既不属于保护性管辖所要求的侵害美国重大利益,也不满足普遍性管辖所要求的属于国际法上公认的犯罪行为,是违反现有国际法的。以《赫尔姆斯伯顿法》为例,在它生效之后,美洲国家组织立刻公布了《美洲内务司法委员会审查〈赫尔姆斯伯顿法〉涉及国际法原则的意见》作为回应:国际法确立国内立法和司法管辖的基本前提根植于属地管辖原则之中。属地管辖原则的例外情况包括:(1)当某一境外发生的行为与一国主权权力之间存在重大联系的情况下,该国可以对其管辖;(2)当某一境外发生的行为能对一国境内产生直接、重大、可预见的后果时,该国可以合理方式管辖。《赫尔姆斯伯顿法》所涉及的第三国国民在境外的交易行为既不存在与美国主权权力之间的重大联系,也不会对美国境内产生直接和重大的后果,并未满足国际法所确立的域外管辖的原则。③ 美国本土学者费尔雷也认为,外国人在外国的交易行为与外国国家之间的联系较之与美国之间的联系更加紧密。像《赫尔姆斯伯顿法》规定,

---

① 包勇恩.论国际法中立法管辖与司法管辖——以管辖权依据多元化为视角[J].中南财经政法大学研究生学报,2010,(5):50.

② 保护性管辖权是指各国对非本国公民在国外实施侵害本国重大利益的行为(比如,伪造本国货币、危害本国领土安全)行使管辖。普遍性管辖是指各国根据国际法对某些特定的国际犯罪,比如海盗犯罪,奴役犯罪等,不论罪犯国籍如何,也不论发生地为何,都行使刑事管辖权。这两类域外管辖权的有效行使取决于有关国家是否具备可能与这种域外管辖权相互冲突或禁止这种管辖权的属地立法。如果域外管辖的行为为有关领土国立法所禁止,则不可在该外国领域内行使。参见包勇恩.论国际法中立法管辖与司法管辖——以管辖权依据多元化为视角[J].中南财经政法大学研究生学报,2010,(5):54.江国青.国际法中的立法管辖权与司法管辖权[J].比较法研究,1989,(1):34.

③ 转引自冯雪薇.美国《赫尔姆斯伯顿法》在国际法上的违法性剖析[J].国际经济法学刊,2004,(8):46.

当第三国公司在古巴投资的时候,如果动用了美籍古巴人在古巴革命之时被征收的财产,美籍古巴人或其他美国公民有权在美国法院起诉第三国公司。第三国公司在外国"交易"美国被征收财产对美国国内不会产生有直接因果关系的"后果",将司法权延伸至这类行为,"《赫尔姆斯伯顿法》对第三国国民在美国境外行为的管辖有根本性的法律缺陷"①。

第二,非法的单边"二级制裁"自然会引起目标国以外第三国的强烈反弹。在美国出台《赫尔姆斯伯顿法》后的不到三个月,1996年8月9日,加拿大立刻通过了《外国域外措施法案:为抵消美国〈赫尔姆斯伯顿法〉所作的修正案》,其中规定:加拿大反对抵触或削弱以属地原则为基础对同一行为行使管辖权的过程中制定法律或政策的做法。欧盟于1996年11月22日也通过了《防止第三国立法的域外效果及实施行为的法规》,其中规定:一个第三国制定的某些法律,旨在调整在欧盟成员国管辖范围内的自然人和法人的活动。这类法律法规的域外适用违反了国际法,并阻碍了自由贸易和资本自由流动的实现。禁止欧盟公民服从美国法院的各类传令,不承认美国法院的判决,如果适用美国法导致欧盟公民损失的,欧盟公民可以在欧盟成员国法院起诉索赔。② 在1982年美国对苏联天然气管道的制裁中,美国不仅禁止美国公司对苏联提供与管道建设相关的机械设备,还禁止获得美国技术许可的第三国公司参与该项目,甚至要求它们取消已经签署的合同。③

---

① W. Fletcher Fairey. The Helms-Burtons Act: The Effect of International Law on Domestic Implementation[J]. American University Law Review, Vol.46, 1997: 1411.

② 冯雪薇.美国《赫尔姆斯伯顿法》在国际法上的违法性剖析[J]. 国际经济法学刊, 2004, (8): 50.

③ 1981年底,由于波兰国内政治局势危急,以雅鲁泽尔斯基为首的波兰政府于1981年12月13日颁布国内军管法,并对造成当时紧张局势的团结工会及其领导人采取了一系列强制措施。美国认为波兰这一行为违反了《联合国宪章》和《赫尔辛基协议》保护人权的条约义务,并指责苏联在这一件事件中施加了影响,因此对波兰和苏联同时实施经济制裁。具体到苏联方面,1981年12月29日,美国商务部公布法规,禁止一切用于苏联的输送、提炼石油和天然气的设备及技术出口与再出口。1982年6月22日,美国商务部进一步将该禁令扩至制裁目标国以外的第三国,即适用于所有利用美国原材料或者技术说明书进行生产的外国公司,并规定,对于违反禁令的外国公司除了可以由美国法院追究法律责任以外,还可以采取诸如吊销使用美国原材料或者技术说明书的出口或再出口许可证,行政罚款等行政性制裁措施。参见江国青.国际法中的立法管辖权与司法管辖权[J]. 比较法研究, 1989, (1): 23.

这种做法遭到已经与苏联签订天然气合作的欧共体的强烈抗议,认为美国的单边制裁违反了国际法规定的司法管辖的基本原则属地原则。① 法国总理皮埃尔·莫鲁瓦(Pierre Mauroy)在1982年1月28日率先表态:在波兰事件中,美国没有权利要求西欧国家采取对于它们来说会带来严重社会和经济问题的制裁措施。1982年6月,欧共体外交部长委员会对美国立法提出抗议,认为这"违反了国际法基本原则","将不为共同体成员国法院所承认"。②

综上,从制裁对象的角度出发,"执行模式"的效果取决于制裁对象的准确性和制裁强度的充分性。传统的国际法执行在这两个问题上分别面临一些缺陷:一是在制裁对象的准确性方面。传统"执行模式"的"传导机制"往往失效致使制裁对象偏差,损耗了国际法制裁的效果。虽然"聪明制裁"力图在目标的准确性方面作出改良,但也面临由于其不够成熟而带来的技术性和政治性困难。二是在制裁强度的充分性方面。"执行模式"过去只针对国际违法行为的责任国实施制裁,其强度受制于目标国自身对制裁的"非敏感性",以及目标国在经济全球化的密切联系中寻找替代资源的"非脆弱性"。作为新型的国际执法措施,"聪明制裁"意图缩小制裁的目标范围,加大制裁的相对强度,更加注重国际法制裁的"压强",而非单纯增加国际法制裁的"压力",其最终目的都是更加有效地提高目标国的违法成本,扭转"协作性博弈"的报偿结构,解决国际法律遵守中个体利益与集体利益的冲突问题。而"二级制裁"冠冕堂皇的目的是通过扩大国际执法对象的范围而加强目标国的脆弱性以增强制裁的相对强度,但"二级制裁"作为单边执法措施是对现有国际法和国际秩序的严重破坏。近年来,美国等西方国家无视国际法原则,对"二级制裁"的滥用已经到了不择手段的地步,必须坚决反对。

---

① 胡剑萍,阮建平.美国域外经济制裁及其冲突探析[J].世界经济与政治,2006,(5):45.
② 江国青.国际法中的立法管辖权与司法管辖权[J].比较法研究,1989,(1):26.

第二节 "制裁国"的制裁意愿与能力之偏差

为增加经济制裁中目标国的"脆弱性"以加强国际法执行的效果，还可以由联合国安理会通过决议，授权实施多边制裁，即建立多边制裁的国际机制，将更多国家纳入"制裁国"的阵营，而非任其成为"第三国"——"对于经济制裁而言，参与制裁的国家数量越多，对目标国造成的压力和影响就越大。尤其是随着经济全球化的发展，被制裁国获得经济资源的替代来源不断拓展，国际合作的程度对国际经济制裁的影响更加凸显。"①布鲁金斯协会外交政策研究所所长理查德博士也认为，由于全球化在更大程度和范围对经济制裁的有效性产生了相当大的影响，制裁的目标国拥有了更多潜在的供应商和市场，对于制裁方而言，争取更多的制裁实体才能使制裁可能发生效力——"取得多边支持成为保证经济制裁有效性的关键。"②美国国际经济研究所主任助理提耶·李博士在考察美国单边制裁代价巨大却徒劳无功的现状以后指出："如果可以选择的话，所有人都认为多边制裁比单边制裁更为可取。取得多边支持是保证经济制裁有效的关键。我们应该使用每一种方法，包括通过世界贸易组织和联合国以说服其他国家共同参与制裁行动。"③国际机制的多边制裁将大量与目标国有经济往来的第三国纳入制裁国的行列，大大削减了目标国获得替代经济资源的机会，最终强化经济制裁的力度。但是，多边制裁的设想真的能够成行吗？

多边制裁本质上是制裁中的"国际合作"。前文所述的国际合作和共同遵守国际法的"协作性博弈"在多边制裁中同样存在。虽然所有参

---

① 蒋珊珊.国际机制对经济制裁有效性的影响[J].理论观察，2012，(5)：13.
② 肖刚，黄国华.冷战后美国经济外交中的单边经济制裁[J].国际经贸探索，2006，(5)：20.
③ Thea Lee. Assistant Direct for International Economics, Public Policy Department, AFL - CIO[Z] A Speech before the Senate Task Force on Economic Sanctions, September 8, 1998.

与制裁的国家都认同共同合作针对目标国进行制裁能够提高制裁的效力,但"'惩罚者'需要支付惩罚成本,在生存优势上将弱于不参与惩罚的'合作者',这就形成了新的'搭便车'现象。那些不参与惩罚的'合作者'会逐渐将'惩罚者'排挤出去,使得'欺骗者'获得发展机会,最终进入一个新的非合作性均衡"[1]。这又促使各国选择自己利益最大化的背弃策略,不参加多边制裁。多边制裁的国际合作欲成功需要满足两个条件:第一,各参与者对制裁有统一意愿;第二,制裁者集体有能力对违法者实施惩罚。

一、制裁国的制裁意愿之研究

是否所有制裁国家都有参与国际法执行的意愿? 理查德·哈斯博士认为,全球化和日益发展的经济一体化对于经济制裁的效果来说是一个坏消息。不但制裁的目标国在紧密依赖和广泛的国际市场中寻求可替代资源的能力大增,脆弱性极低,而且在经济利益至上的现代社会,越来越多的国家将经济利益置于国家利益和安全的首要地位。即使制裁国振臂高呼,也很少有第三国愿意放弃自己与目标国经济往来的利益而加入多边制裁的行列。[2] 比如,美国制裁伊拉克的行动虽然获得了联合国的授权,但并未获得广大盟友的支持。有些国家不但坚决反对,甚至利用美国和伊拉克关系交恶之机,大力发展与伊拉克的经贸关系,挤占美国在伊拉克原来的利益版图和市场份额。在西方国家对缅甸的经济制裁中,虽然美国和欧盟极力争取亚洲国家的支持,但是泰国作为缅甸最大的外资来源和最大出口国,没有参加美国与欧盟的行动。新加坡作为缅甸主要公司金融服务的提供国,以及需要缅甸在能源安全方面给予支持的印度,都没有附和美国与欧盟,而是继续保持与缅甸的经贸往来和外交关系。而日本作为美欧的西方盟友,在对缅甸的立场上也与美欧有一定距离,它一直与缅甸保持积极的经济往来,

---

[1] 黄璜.合作进化模型综述[J].北京大学学报(自然科学版),2010,(2):32.
[2] Richard N. Haass ed. Economic Sanctions and American Diplomacy[M]. New York: Council on Foreign Relations,1998:5-6.

是缅甸最大的经济援助国,同时反对美国将缅甸问题提交联合国讨论。①

除了经济利益的考量,"第三国"还会因为政治原因不愿意加入多边制裁的行列。比如,美国和欧盟在1988—2012年间长达14年对缅甸制裁的过程中,意欲获得亚洲各国的支持,但是东盟并未加入对缅甸的国际制裁,甚至在1997年顶住美国和欧盟的压力,接纳缅甸为其成员国。除了顾及缅甸特殊的地理位置和保持地区整体性的需要,东盟在顺利推进东盟三个共同体建设的目标之下始终拒绝加入国际制裁;东盟还考虑到,国际社会的共同制裁固然可以促使缅甸军政府下台,但在其他政治力量无力取代军人掌控国内局势的情况下,军政府的垮台反而会使缅甸陷入四分五裂的内战局面,这是东盟不愿意看到的。为了防止这个有10个民族、100多个方言群的复杂国家变成亚洲的"前南斯拉夫",东盟对国际制裁持反对态度,而愿意保持缅甸的军政府执政的状态。

除了经济和政治的顾虑致使第三国不愿意加入多边制裁的行列,在有的情况之下,第三国甚至会站在被制裁国家的阵营,与后者共同抵制多边制裁。在联合国2004年对苏丹达尔富尔地区的武器禁运中,其本意要在苏丹全境之内进行全面武器禁运,但由于俄罗斯的强烈反对,导致最后通过的1556号决议只在金戈威德的民兵组织和反政府武装之间适用武器禁运。② 这个禁运范围过于狭小,苏丹政府及其军队一

---

① 参见李晨阳.西方国家制裁缅甸的目的及其效用评析[J].国际关系学院学报,2009,(2):67.

② 联合国安理会1556号决议是2004年7月30日联合国安理会第5015次会议通过的一项决议,要求苏丹政府解除该国达尔富尔地区阿拉伯"金戈威德"民兵组织的武装,否则国际社会将考虑对苏丹政府采取包括经济制裁在内的进一步行动。苏丹达尔富尔危机始于2003年2月,该地区的黑人村民组成"苏丹人民解放军",以苏丹政府未能保护他们免遭阿拉伯民兵袭击为由,大肆展开反政府活动,并要求实行该地区自治。另外,该地区阿拉伯人组成被称为"金戈威德"的民兵武装组织,与上述反政府武装形成对抗。双方矛盾不断激化,互相多次发生军事冲突,造成重大人道主义危机。美国政府称,苏丹政府为了镇压达尔富尔地区的反政府武装,向"金戈威德"民兵组织提供武器和资金,因此应该承担制止达尔富尔危机的责任,也因此策动联合国安理会通过了1556号决议,以经济制裁为手段要求苏丹政府解散"金戈威德"民兵组织并收缴其武器。对此决议,中国和巴基斯坦投了弃权票。中国时任常驻联合国代表王光亚称:"达尔富尔地区的人道主义状况正在改善。国际社会推动达尔富尔(转下页)

直在对金戈威德人和其他民兵组织提供武器和物流支援。尽管2005年3月29日安理会通过的1591号决议谴责了苏丹政府的这种行为，并成立监督武器禁运的委员会，要求"没有安理会达尔富尔委员会的事先批准，苏丹政府禁止向达尔富尔地区运送军事设备和物资"。但是，2007年，该委员会的专家小组继续发现，武器和弹药以及相关设施违反联合国制裁源源不断地输入达尔富尔。除了苏丹政府自己继续违法行为以外，联合国的数据显示，自2005年，俄罗斯政府就一直向苏丹出口价值2 100万美元的航空器和其他零件。虽然联合国专家组反复强调，联合国武器禁运必须强化，曾经遭到安理会否定的禁运必须扩及整个苏丹，但是由于"目标方的力量非常强大，并且至少受到两个安理会常任理事国的支持"，这些吁求，包括美国和英国积极倡导的石油禁运和禁飞区也由于支持者极其有限而被束之高阁。①

除了第三国由于各种原因背弃多边制裁的合作，即使是国际违法行为的受害国——它们本应是倡导多边执法行为较为积极的主体，也会因为各种自私的利益考量而背弃多边制裁。在1996年联合国针对苏丹的制裁中，联合国安理会对苏丹的制裁被批评为"雷声大，雨点小"，对苏丹进行外交制裁的1054号决议虽然规定了对苏丹进行航空制裁，却没有设定该措施的具体生效时间，导致其形同虚设；而经济制

(接上页)问题的解决，关键是怎样做更为有效。一味只对苏丹政府实施制裁，不利于问题的妥善解决。这就如同医生给病人看病，不同的医生开出的处方不相同，有的能帮助病人消除病患、恢复健康，但有的也可能会导致病情加重，甚至危及病人的生命。如何处理达尔富尔问题，关键是要对症下药。显然，美国开出的药方是很难实现上述目标的。所以我们投了弃权票。……原案文暗含自动对苏丹实施制裁的内容，中国、俄罗斯、巴基斯坦、阿尔及利亚等国对此提出强烈质疑。安南秘书长也不赞成。达尔富尔问题产生的原因十分复杂，核心是缓解人道危机。只有通过政治谈判达成全面协议，才能在达尔富尔地区实现持久和平与安宁。对苏丹实施制裁无助于问题的解决，只会增加苏丹人民的苦难，甚至可能使局势进一步复杂化。因此，中国政府坚决反对对苏丹实施经济制裁。"本书旨在讨论即使在联合国安理会决议的框架之内，由于制裁国之间的意愿不一，其在迫使被制裁国就范方面，具有巨大的局限性。关于中国政府就苏丹达尔富尔问题的外交立场，详见"中国常驻联合国代表王光亚谈安理会关于苏丹达尔富尔问题新决议"[EB/OL].[2004-09-20]. http://un.china-mission.gov.cn/chn/hyyfy/200409/t20040920 8285717.htm.

① Alex Vines. Can UN Arms Embargoes in Africa Be Effective? [J]. International Affairs，Vol.83, No.6, Africa and Security (Nov., 2007): 1108.

裁和武器禁运的决议最终遭弃,除了俄罗斯反对以外,直接受害国埃及的强烈反对是重要原因。埃及作为受害国只希望通过制裁决议向苏丹施加国际舆论压力,而不想真正使其承受痛苦。其中的主要原因在于,作为接壤国,极其依赖尼罗河水资源的埃及不想跟位于尼罗河上游的苏丹关系交恶,也由于埃及惧怕武器禁运反而会导致苏丹内战的交战双方进一步激化而给自己带来沉重的难民负担。因此,即使遭到美国的强烈批评,"软弱"的埃及还是坚持对苏丹只进行象征性的外交制裁,而非实质性的经济制裁和武器禁运。① 对于国际违法行为,"有的国家希望对违法国家严厉一些,有的国家则希望只是形式上予以惩戒,这些因素都导致了国际制裁的掺水和削弱"②。这是阿姆和比特·布尔在评价联合国安理会制裁时候的评语。虽然安理会根据《联合国宪章》第39—42条的制裁是国际法执行的重要形式,但对国际违法行为(对和平与安全的伤害和威胁)的裁决及其执行过程充斥着政治谈判和相互冲突以及不同的权力之间复杂的利益关系,它们导致制裁的标准经常模糊不清,而制裁的执行也趋向宽松或者半途而废。无怪乎艾利克斯·瓦因斯指出:"联合国制裁成功的关键是联合国安理会的成员执行和监督制裁的政治意愿。"③而这种齐心协力在229个各怀心思的成员国之间要实现显然不够现实。

多边制裁中"协作性博弈"的最终结果就是国际制裁决议的形同虚设和多边制裁效果的削弱。"由于制裁对目标国以外的第三国有很强的'溢出效应',这导致它们实际上很不愿意加入对目标国的集体制裁,即使在多边制裁中,也不大愿意对目标国实际上实施强制行动。给第三国造成的经济成本越高,制裁实施的'溢出'的可能性就越大。这导

---

① 杨祥银.联合国为何解除对苏丹的制裁[J].西南非洲,2002,(1):45.
② Arne Tostensen, Beate Bull. Are Smart Sanctions Feasible? [J]. World Politics, Vol.54, No.3 (Apr. 2002): 374 – 400.
③ Alex Vines. Can UN Arms Embargoes in Africa Be Effective? [J]. International Affairs, Vol.83, No.6, Africa and Security (Nov. 2007): 1110.

致目标国有充分的机会迂回逃避制裁,最终削弱制裁方给它造成的压力。"[1]实际上,只要国际制裁的实施成本最终落在单个国家肩上,是否参与多边制裁对于国家来说就是类似"囚徒困境"的利益——成本的衡量。在这里,共同执行国际法给国家带来的利益,如果与国家个体的其他利益相冲突,国家将自然放弃共同执法而选择个体利益。对于联合国来说,召唤成员国共同执行某项国际法律制裁与其说要"吹响正义的号角",不如说要对多边制裁中各国"参与"国际法执行与"不参与"国际法执行的各种利益与成本进行小心的平衡与斡旋。

二、多边制裁机制的制裁能力之研究

即使所有成员国都愿意参与多边制裁机制,在目前国际制裁必须倚赖于强国的情势之下,多边制裁机制的制裁能力仍然取决于作为制裁领导者之强国的意愿。不能否认,在目前的国际法发展阶段,国际法的司法权力出现了集中的趋势,但国际法执行所需要的强制性权力依然分散在各国手中。多边制裁并非由某一中央权威机构代表各国行使权力,而是各国分别共同针对违法国实施执法权。那么,拥有更大执法能力的强国,在多边制裁中毫无疑问拥有更大发言权和更高的地位。多边制裁机制的成功必须倚赖于强国的支持。但是,当强国成为多边制裁之成本的主要承担者,其对多边制裁当中所获利益的考量就必然侵蚀维护法律和正义的考量,使得多边制裁成为某些霸权主义国家实现自身政治目的、侵略其他国家、武装干涉其他国家主权独立和领土完整的幌子!例如,在应对伊拉克侵略科威特的国际违法行为中,美国的反应迅速而有力,并在多边制裁中当仁不让地承担起领导角色,但美国也借助伊拉克问题广泛介入中东地区的地缘政治,强硬干涉中东国家的经济、内政、文化,加剧了中东乱局和不稳定因素。国际法的执行,如果过于依赖强国的支持和制裁能力,也必然受制于强国采取行动的成

---

[1] Arne Tostensen, Beate Bull. Are Smart Sanctions Feasible? [J]. World Politics, Vol.54, No.3 (Apr. 2002): 400.

本和利益的考量，成为霸权国家实现政治利益、军事利益的工具，这不仅极大削弱了法律的稳定性和权威地位，也加剧了国际政治的动荡，反而成为国际社会"法治化"不足的表现。

　　当然，随着法律文明的进步，即使那些在国际共同执法中举足轻重的国家，也越来越愿意在多边机制的框架之内实施制裁。例如，在1991年对伊拉克的战争中，美国对伊拉克入侵科威特行为的制裁，包括贸易禁运、海上封锁和武力使用都经过联合国安理会明确授权，而非单边行动。为了获得其他安理会成员国的支持，美国也做出了让步——伊拉克拒不执行安理会678号决议的情况下，美国本欲立刻使用武力，但在其他安理会成员国的压力之下，美国同意将678号决议的履行期限延长至1991年1月15日，在1991年1月17日才发动"沙漠行动"。在多次针对国际违法行为的武力和非武力制裁中，联合国安理会都为美国的行动提供了"合法性"支持并敦促其他盟友支持它。

　　即便如此，多边制裁必须依靠强者的格局并未改变。美国这样的强国的支持依然是国际执法机制成功最为关键的因素。这意味着，那些美国不愿意制裁的违法国家可能逍遥法外，而与美国有重大利益冲突的违法国家又可能受到过于严厉的惩罚。这种"选择性执法"导致的国际执法机制的合法性缺陷，遭到"执行模式"的反对者的强烈批评。蔡斯说："国际制裁的使用对于制裁者来说，成本太高——包括政治的、经济的、军事的成本——特别是它将导致严重的合法性问题。这是国际生活的体制性特点不管从实践中还是规则上所赋予的局限性。"[①]

　　综上，多边制裁在其生效的两个层面——各国参与制裁的意愿和集体执行制裁的能力，都存在一定的偏差。在各国参与国际执法机制的意愿方面，"集体行动的困境"导致各国心猿意马，所有国家共同参与国际法执行的情况较少。在多边制裁机制的制裁能力方面，多边制裁

---

　　① Abram Chayes, Antonia Handler Chayes. The New Sovereignty, Compliance with International Regulatory Agreements[M]. Boston: Harvard University Press, 1998: 300.

过于仰赖个别强国导致了国际法的"选择性"执行,这对国际法执行的合法性造成很大的伤害。这两个层面上的偏差,其根源都在于国际执法机制中制裁权力的分散性分布。如果制裁权力垄断于某一权威性机构——比如安理会,由其代表各会员国统一表达国际制裁的意愿,也代表各会员国统一执行国际法,就不会出现多边制裁机制因为各方意愿不一导致执行力度受损,不会出现多边制裁过于倚重个别国家带来的"选择性"执法。那么,国际制裁机制就真正实现了"集中"制裁,而非目前所见的是"国家集中,权力不集中";"事务集中,执行不集中"。而这种权力"集中"的状态,在目前"平行结构"的国际社会的发展阶段无法实现。正如蔡斯所指出的,国际生活的体制性特点所赋予的局限性导致了"执行模式"的根本性缺陷。

第三节 国际制裁的强度偏差

在没有国际机制约束和参与的时代,由国家自助执行国际法,通过国家间报复实现法律正义,在效果方面容易"强度失当"。在受害国是弱国的情况下,其执行国际法的能力弱,对违法国家的执法往往强度不够而无力迫使其"知痛而改"。如果受害国是强国,由于其执行国际法的能力强,又容易出现执法强度过当,令国际法执行转变为私情或私利的张扬。这尤其受到不断步入文明时代的国际社会所警惕和遏止。需要注意的是,允许国家间报复作为法律执行的手段本身是"以恶制恶"的危险方法,受害国家的报复行为也是一种"恶",只是由先前的国际违法行为的存在消减了其恶性与违法性。如果国家自助执法强度过当而在阻却国际违法行为之外对违法国家施加额外的强制和无理压迫,其合法性即告丧失,形成新的恶行。"以恶制恶"的合法性与违法性仅有一线之隔,即是否在阻却国际违法行为的"必要性"和"相称性"的限度之内。这在无"法官"监督,而由各国自行为执法者的时代,尤难实现。罗尔斯(John Bordley Rawls)批评第二次世界大战中英美联合轰炸德国城市德累斯顿①的时候说,只有确定轰炸能够带来实质"善"的时候,这样的行为才能允许。如果英国孤军作战而再无其他手段击败德国的优势兵力,轰炸德国城市或许能够证明其为正确。而1945年,苏联已经击退了纳粹德国的进攻,并且这一优势将延续下去。这个时期对德累斯顿进行轰炸超越了阻却违法的目的。即使在1942年夏秋或者1943年2月斯大林格勒保卫战彻底胜利之前采取这一行动都能够获得合理性。因为这个时期,维护国际法权威和正义的盟军方并未取得绝对优势和能够成功迫令德国停止罪恶。② 丘吉尔也把轰炸德累斯顿称为判断失误,是对冲突的强烈激情造成的。③ 针对战败的违法国家的充满强烈情绪的过激行为是国家缺乏约束的自助执法时代普遍的现象。联合国种族灭绝观察组织的负责人格瑞格雷·H. 斯坦顿(Gregory H. Stanton)博士就指出:"纳粹大屠杀固然是历史上最邪恶的种族灭绝行为之一。但盟军在德累斯顿掷燃烧弹,在广岛和长崎投放原子弹同样也是战争罪行。"④

在国际机制参与国际法执行,对国家自助执法予以控制和约束以后,不管对国际执法的条件还是程度,都进行了严格限制。如上文所述,在执行模式的国际机制之下,国际组织和机构承当"法官"之职,它们决定是否应该对某一被诉之违法国家实施制裁并对执法过程进行监督。其中对国家执法过程的监督体现在国家报复强度的受限。其基本

---

① 德累斯顿是德国东部著名的文化古城,也是第二次世界大战期间德国军工产业的重要基地。1945年1月,随着反法西斯同盟在东西两线的胜利,欧洲的制空权已经为盟军所掌握。为了支援苏联在东线的战场,英美盟军选取这一城市进行了报复性空袭。1945年2月13日至16日的三轮猛烈轰炸,对德累斯顿的城市面貌造成毁灭性破坏。80%的房屋毁坏,文化古迹几乎夷为平地,估算死亡人数高达30万人,绝大多数都是平民。这场毁灭性的轰炸争议很大。根据英国记者马克斯·黑斯廷斯1945年2月的报道,德国诸城市的空袭已变得与战争结果无甚关联。特别对于德累斯顿这样的文化名城的毁坏是"绝对带有惩戒意味的悲剧"。详见维基百科:"德累斯顿大轰炸"[EB/OL].[2015 − 01 − 20]. http://zh.wikipedia.org/wiki.
② [美]约翰·罗尔斯.万民法[M].张晓辉,等译.长春:吉林人民出版社,2001:105.
③ Martin Gilbert, Winston Churchill. Never Despair[C]. Vol. 8, Boston: Houghton Mifflin, 1988:259.
④ [英]弗雷德里克·泰勒.柏林墙[M].刘强,译.重庆:重庆出版社,2009:450.

原则是国家报复必须符合"相称性"(proportionality)原则,即报复国实施的损害程度不得超过违法国造成的损害程度。有关"相称性"的含义,传统国际法一般认为,"相称性"必须展示国际执法行为与国际不法行为之间"镜面反射式"的对等性——"报复权的范围应当与受到损害的权利范围一致"①;报复"不得与对方的不法行为有显著的不相称"②。这在国际司法实践中也多有说明,例如1929年"瑙利罗案"的仲裁裁决就在国际社会首次就报复的要件进行总结,其中之一即是:与不法行为相比,报复行为不得过度,需符合"相称性"原则,即报复的水平应与非违法国受到的损害相当(equivalent)。③

国际法要求国家执法的强度不得超过违法行为造成损失的额度,须与受害国之损失"相称"。此原则暗含了这样的前提,即国际法执行的主体和违法国地位平等,作为"平等者之间无管辖权"原则的延伸,针对违法国家的执法强度与受害国家的损失应该保持"平衡"。超过受害国所受损失的执法具有对违法国实施"惩罚"的色彩,应该由凌驾于所有国家之上的威权机构做出。这种威权机构恰恰是国际社会所缺乏的。也就是说,国际法执行作为平等者之间的"执法"应该具有"民事性",而不应具有居高临下惩戒违法国的"公法性"。这带来两个问题。

第一,国际法执行的"民事性"意味着其强度有限。如上所述,国际法执行的强度不得超过违法行为造成损失的额度,最多只能与其相等。但迫令违法国遵守法律的"执行模式"的运行机理是向违法国家施加强制,增加其违法行为的成本直至超过违法利益,使其经过利益——成本计算后发现违法行为得不偿失从而停止违法,也即针对违法国的法律制裁的强度必须超过其违法利益。如果国际法执行的强度与违法行为造成的损失相当,却未超过违法收益,违法国家的理性选择将是接受制裁,但不放弃违法行为。比如,朱迪斯·贝洛(Judith Hippler Bello)在

---

① [德]沃尔夫刚·格拉夫·魏智通.国际法[M].吴越,毛晓飞,译.北京:法律出版社,2002:782.
② [奥]阿·菲德罗斯.国际法[M].李浩培,译.北京:商务印书馆,1981:506.
③ 转引自秦建荣.世界贸易组织报复制度研究[D].桂林:广西师范大学,2002:15.

分析遵守与违反WTO裁决的问题时认为,在WTO裁决的遵守过程中,只要政治有此需要或者应经济变动的要求,WTO成员就可以采取违反WTO协议的行动,只要它愿意补偿受损害的贸易伙伴或者愿意接受抵消性报复。① 这种只要接受制裁就可以违法的政治功利主义的方针使得继续国际不法行为获得某种正当性——只要为违法行为支付足够的价码,接受足够的制裁,就"有权"继续违法。同样,国际法的权威也随之成为可资交易的货品——只要接受足够的制裁,支付相当于违法行为所造成损失的补偿,就可以"购买"到国际法规则的统一性和纪律的严肃性。WTO学者约翰·杰克逊对此有挑衅国际法权威之嫌的观点提出批评——贸易报复作为执行WTO法的手段,必须保证败诉方回到遵守规则的轨道上。如果败诉方可以根据利益所在自由选择执行或者不执行WTO的裁决,甚至宁可忍受报复而无须撤销违法行为,那么WTO如何获得其合法性?WTO法的稳定性和可预见性又如何实现?② 但是,执行模式的机制在运转中所能提供之国际制裁,其强度足以大到维护诸如WTO法律这样的国际法律权威吗?就目前来看,国际社会的平行性结构所决定的国际法执行"民事性"和"相称性"原则使国际制裁的强度并非以"纠正违法国行为"为目标,而是以"补偿受害国损失"为目标,它往往对违法行为无能为力而不足以维护国际法权威。

国际法执行的"民事性"带来的第二个问题是,国际法责任的"民事性"决定了国际法执行的着眼点在于对"受害国"的补偿,而非"违法国"的行为矫正。"民事责任的目的在于赔偿受害人所受的损失,力图恢复受害人的原有状态。只有公法责任的目的才在于惩罚,教化加害人,阻却、预防违法以及维持社会秩序。"③惩罚,教化"违法者"具有很强的公法色彩,必须由凌驾于所有社会成员之上的威权机构执行。这种威权

---

① 转引自张军旗.WTO监督机制的法律与实践[M].北京:人民法院出版社,2002:207.
② 转引自傅星国.WTO争端解决中的报复问题[J].国际经济合作,2009,(5):56.
③ 曾世雄.损害赔偿原理[M].北京:中国政法大学出版社,2001:15.

机构在国际社会政治结构中的缺失导致国际遵法机制的"执行模式"没有针对"违法国"使用惩罚性制裁的合法权力,只要"受害国"的损失得到补偿,"执行模式"的国际机制即停止运转。至于加害国是否放弃违法行为,回到法律遵守的轨道上并非执行模式关注的焦点,或者说,是执行模式所无法关注的。所有形式的国际法执行,不论是国家单边执行还是国际机制的多边执行,其目的都在于恢复受害国和加害国之间因为违法行为被打破的平衡关系和平等地位,易言之,国际执法的目的在于恢复国际社会的平行结构。如果加害国停止违法行为能够恢复此种平行结构,其受到国际遵法机制的欢迎和落实自不待言;但如果维持国际不法行为的同时能够通过其他方式恢复此种平衡,要求加害国停止违法就不是国际法执行机制必须完成的任务了。也就是说,国际法执行的着眼点不是"加害国"或者"违法行为",而是如何达成双方都满意的、双方都认可国际关系已然恢复平衡的争端解决方案。余敏友先生在论证 WTO 强制执行措施的进步时指出:GATT 时期的强制执行措施,其目的主要旨在维护 GATT 内部缔约方之间经过谈判达成的利益平衡。GATT 之下贸易争端的申诉方通过撤销先前对应诉方的贸易减让或承诺,恢复了应诉方违反 GATT 规则之前所存在的双边平衡,这种以建立"再平衡"而实现的"恢复平衡"被称为"恢复平衡模式"。① 在此模式之下,令受害国获得与所受损失"相当"的补偿,是恢复利益平衡快速有效的方式,也是国际法执行的基本方法;而令违法国家必须矫正行为,从而维护国际法自身的权威反而不是国际法执行的应有之义。如上所述,只要争端双方(特别是受害国)都满意解决方案,国际关系得以恢复平衡,国际法执行机制就告停止。在该情势之下,只要国际关系的平衡状态不被打破,违法国仍得以继续违法行为。

综上,国际法执行必然具有的"民事性"导致两个问题:第一,国际执法的"相称性"要求将导致其强度不够;第二,国际执法的着眼点在于

---

① 余敏友.论世贸组织争端解决机制的强制执法措施[J].暨南大学学报(哲学社会科学版),2008,(1):120.

"受害国"的损失补偿,而非"违法国"的行为纠正。这两个问题其实是一个硬币的两个面,即执行模式的国际机制在运行中必须面对国际社会的"平行结构"和国际法责任的"民事性"这样的障碍。执行模式所蕴含的增加国际违法行为的成本、最终矫正违法国家的有效性要求,在运行中往往要在这样的障碍面前戛然而止,无法达到其作为国际遵法机制的目的。而这道障碍目前是无法逾越的,因而导致了执行模式根本性的缺陷。

执行模式有效性的关键在于制裁的目标国实际负担成本的大小和所承受不利的程度,这取决于其一,目标国承受制裁的能力;其二,制裁国实施制裁的意愿和能力;其三,制裁本身的强度。在执行模式的国际机制实际运作的过程中,这三方面都存在一定缺陷。首先,制裁针对的目标国经常发生主体偏差,实际承受国际制裁的主体不是国际违法行为的决策者,导致制裁效果的落空;同时,由于目标国在国际关系中的"非敏感性"和"非脆弱性"——这点在现代国际社会更加明显,国际制裁对其造成的损失很容易在与其他国家的往来中得到补偿,从而抵消国际制裁的效果。其次,制裁国之间在进行国际合作的时候也有"集体行动的困境",不同国家对于是否加入共同制裁需要考量各种复杂的利益,导致合作制裁的意愿经常不统一,降低了国际制裁的力度;并且,多边制裁的落实必须依赖于强大国家的支持,导致其合法性存在重大缺陷。最后,"执行模式"的有效性所要求的足够的制裁强度,在实施过程中受制于国际法执行的"民事性"而很可能出现强度不足。

这些问题在执行模式的不断发展和进化中,有的可以得到改善——比如制裁目标可能出现的主体偏差,可以通过"聪明制裁"得以缓解;比如目标国面对国际制裁的"非脆弱性"可以通过多边制裁得以缓解[①];比如制裁国参与多边制裁的意愿不统一,可以通过建立更加顺

---

① 多边制裁不是法律概念,作为国际政治概念,它指两个或两个以上国家共同对其他国家采取限制其经济、军事、文化、政治等的强制性措施。一般而言,多边制裁有两种形式。一种是国家集团对其他国家的制裁;一种是国际组织对某国实施的制裁。如上所述,多边制裁有合法的,也有违法的;有正义的,也有非正义的。但无论哪种,都会加重受制裁国的经济困难和人民的痛苦,加剧受制裁国的政治动荡。

畅的信息沟通机制得以缓解。但有的问题是无法解决的——国际执法机制必须倚赖于强国的支持所引起的合法性缺陷，国际执法的强度受限于国际法责任的"民事性"而出现的强度不足，这类问题的无解源于国家权力的分散和国际社会所有成员平等的政治结构，是执行模式的国际机制在运作中的内生性缺陷。此等可以改善和无法解决的问题对"执行模式"运行机理的消减和对其实际效果的伤害，正是诸多学者对执行模式之效果提出质疑的根据，也是重新考量其作为强制性方法在国际遵法机制中的地位的根据。

第五章

管理模式在国际法遵守机制中的机理与效果

　　法律实证主义曾经长期占据国内法研究的主流,这种观点亦影响国际法研究的法律观。从法律实证主义的视角出发,法律作为权威者的命令,"执法"所体现的外在强制性是法律的本质属性和法律得以遵守最重要的保障。国际法由于缺少类似国内法那样的权威机构发布法律和执行法律,导致"执行"成为国际法遵守中最为人诟病和质疑的问题:一方面,如上文所述,强制执行对法律遵守的效用并非如预期那么大;另一方面,必须注意到,认为执行是国际法遵守的主要方式的观点其实蕴涵了这样一种观念,即认为国际法遵守都是类似"囚徒困境"那样的集体行动模式,每一个国家都有欺诈或违反法律的动机。这才使得强制性的执行对于遵守而言变得如此重要。但是,在很多国际法遵守的领域,事项本身的特点并没有为各国的欺诈提供这样的诱惑。在环境保护法的遵守、人权法的遵守、国际空中交通权的分配以及范围广大的通信领域的国际合作中,人们发现,执行性手段没有必要或者收效甚微。对法律的遵守并非来自强制手段对欺诈动机的阻却,国家对这类法律规则根本没有违法动机。只要充分理解法律规则的条款,具备遵守法律的能力,国家普遍愿意,也能够很好地遵守这类法律规则。从这类国际法规则的遵守现象出发,以蔡斯为代表的"管理理论"的学者对传统的认为执行手段为国际法遵守主要方式的观点提出了批评和相反的政策建议。管理理论强调国家"出于利益、有效性和规则效力的考量愿意遵守国际法的普遍性意愿,不遵法并非违反条约之故意造成的,而是自身遵法的能力不足和规则模糊的结果"①。因此,不遵法的最佳纠正办法并非强制性的执行,而是"帮助"违法国解决遵法过程中出现的困难——加强遵法能力的建设,提高规则解释的清晰度和增加透明度等。② 那么,管理理论在何种国际法遵守领域适用,其适用需要什么条件,以及效果如何? 应予以进一步探讨。

第一节 "协调性博弈"与管理模式

执行模式所适用的"协作性博弈"本质上是一种非合作性博弈,在集体行动中个体理性与集体理性相互对抗,形成"个体理性造就集体非理性"的悖论性后果。这是集体行动的一种博弈模式。与非合作性博弈相对应的是另一种情况,即在集体行动中,个体行动与集体行动没有显著的冲突,或者说个体理性与集体理性保持了一致性,博弈方的自利行为同时也是实现集体利益的他利行为。在这种合作性博弈的模式下,博弈方不存在背弃集体利益的欺诈性动机,因而也不存在对它们施加外部强制的需要。在国际法遵守中,有大量国际法事项属于此类"协调性博弈"的事项,需要通过管理模式予以处理和促进法律的遵守。

一、"协调性博弈"的特点

"协作性博弈"的基本特点反映在博弈矩阵中,是帕累托最优之结果与纳什均衡点在不同象限中,博弈方的自利行为往往背离集体利益的最大化。而"协调性博弈"的基本特点反映在博弈矩阵中,是帕累托

---

① Young, Oran R. The Effectiveness of International Institutions: Hard Case and Critical Variables[M]//In Governance without Government: Order and Change in World Politics. edited by James N. Rosenau and Ernst-Otto Czempiel, Cambridge: Cambridge University Press, 1992: 160.

② See Abram Chayes, Antonia Handler Chayes. The New Sovereignty, Compliance with International Regulatory Agreements[M]. New York: Harvard University Press, 1998: 401.

最优和纳什均衡在同一象限,即个体追求个体利益最大化的行为同时能够获得集体利益最大化,自利行为与他利行为并不存在对立和冲突。可以典型的合作性博弈——性别战博弈为例说明这种一致性。假设有一对夫妻,丈夫爱看足球赛,妻子爱看芭蕾,双方都想一起度过周末之夜,于是产生了去哪里为好的矛盾。如果妻子顺从丈夫,双方都看足球赛,则丈夫既看了最爱的足球赛,又有爱人陪伴,可得利益2;妻子虽然放弃了最爱的芭蕾,但有爱人陪伴,得到利益1。如果丈夫顺从妻子,双方都看芭蕾,则妻子既看了最爱的芭蕾,又有爱人陪伴,可得利益2;丈夫虽然放弃了最爱的足球赛,但有爱人陪伴,可得到利益1。如果双方无法相互妥协,冷战收场,则各自都只能得到利益0。博弈矩阵如表4所示:

表4 性别战博弈矩阵

	足球赛	芭 蕾
足球赛	(2, 1)	(0, 0)
芭 蕾	(0, 0)	(1, 2)

在这个博弈矩阵中,可以发现纳什均衡落在(2, 1)和(1, 2)这两个象限中,作为想要互相陪伴的两个人,要么同去看足球赛,要么同看芭蕾都是双方愿意采取的策略;而这两个象限恰是帕累托最优的状态,也就是集体利益最大的状态。在这种博弈形式中,个体利益和集体利益并无明显的冲突,根据其他个体的策略,不管个体选择何种策略都是符合其自身利益,也是符合群体利益的。"在这种合作性博弈中,纳什均衡的结果让所有参与方满意。由于各个参与者的利益相互和谐和协调,因而没有冲突。个体从独立决策中就可以实现双方都认为最佳的博弈结果。"①双方需要解决的问题是,到底共同去看足球还是共同看

---

① Jon Elster. Ulysses and Sirens: Studies in Rationality and Irrationality [M]. Cambridge: Cambridge Press, 1979: 21.

芭蕾？只要充分沟通和相互协商，达成一致意见，不论选择哪一象限的均衡状态，都是帕累托最优，因而该协议也是可以自我执行的，尽管它没有强制性。

在以性别战为典型例子建立起来的协调性博弈中，各方相互合作，建立机制的目的在于信息的沟通和相互传递，而非通过强制手段避免任一方的欺诈。"性别战博弈描述的是存在多个纳什均衡而需要每个局中人做同样选择的博弈。其分析过程表明，此类博弈中的局中人需要进行先期交流，即要求局中人采取合作的行为，才能实现有效的博弈结果。"①

在协作性博弈中，我们将参与方共同面临的困境称为"共同利益的困境"，即所有参与方都力图实现共同利益的最大化，但如果各方独立决策，实现的纳什均衡是帕累托无效率的。为了改进帕累托效率，促进共同福利的增进，各参与方建立相互协作的机制，共同制定制裁性规则对意图欺诈的一方施加惩罚以防止各方选择次优的决策。"在共同利益的困境中，单独个体自愿走到一起同意惩罚对方以保证相互合作能够实现最优的结果。换言之，各参与方同意相互制裁以确保没有个体能够利用其他人的合作以搭便车和满足私利。"②而在协调性博弈中，并不存在纳什均衡和帕累托最优相异的状态，各参与方的独立决策就可以实现共同利益的最大化，因为所有参与者的共同利益是共通的，但正如表4所示，两个决策者的博弈会出现两个均衡点，多个决策者的协调性博弈会出现多个均衡点。除非各方能在充分沟通的条件下共同选择同一个决策，才能避免"各行其是"的帕累托无效率的状态。与"共同利益的困境"相反，在协调性博弈的各参与方面临的困境是共同"避免"某一特定的结果，而非共同"达到"某一特定的结果，这类困境又被称为"共同背弃的困境"。③ 例如，在性别战博弈中，无论选择共同看球赛还

---

① 李海波,郭耀煌,陈蛇.四种经典博弈模型及其启示分析[J].数量经济技术经济研究,2002,(11):61.

② Jon Elster. Logic and Society: Contradictions and Possible Worlds[M]. New York: Wiley, 1978: 122.

③ Arthur A. Stein. Coordination and Collaboration: Regimes in an Anarchic World[J]. International Organization, Vol.36, No.2, International Regimes (Spring, 1982): 299-324.

是共同看芭蕾都是帕累托最优的,双方相互协商和博弈的目的是避免各行其是。只要共同行动,就能获得共同的最大利益。这类博弈会出现多个均衡,各方相互协调的目的是避免各方最不愿意面对的结果。因此,在"共同背弃的困境"中,各国相互合作,直至建立机制的目的是避免单独决策造成的"各行其是"。

兹用一个更加简单的博弈矩阵说明"共同背弃的困境"所在:

表5 "共同背弃的困境"博弈矩阵

	乙$_1$	乙$_2$
甲$_1$	(1, 1)	(0, 0)
甲$_2$	(0, 0)	(1, 1)

在这个博弈矩阵中,任何一参与方都无主导战略,也无单独的最优战略。相反,有两个利益相同的象限,且有两个双方都须避免的结果。对于参与者而言,这类博弈有两个纳什均衡点:甲$_1$乙$_1$和甲$_2$乙$_2$。由于参与方的决策具有偶然性,如果没有信息互换,他们其实都不确定在独立和自发决策的情况下是否能够共同选择纳什均衡的决策。没有相互协调,他们很可能会选择任何一方都不愿意看到的结果,即甲$_1$乙$_2$或者甲$_2$乙$_1$。比如,在独木桥上两辆车的狭路相逢,双方司机的个人利益和共同利益是共通的,即避免两车相撞,因此不论甲车先行、乙车等待,抑或乙车先行、甲车等待都是双方可以接受的结果。双方面临的困境是避免各自选择己方车辆先行导致的碰撞或者选择对方车辆先行导致的面面相觑。相互的沟通和协调,建立清晰的规则就可以解决这样的困境。

同样,国际法的共同遵守中,很多领域的法律遵守也面临类似两车狭路相逢这样的"共同背弃的困境",比如交通类的国际公约就是典型的解决协调性博弈的国际机制。在国际民航组织的规则中,每一航线控制中心都必须拥有足够的会说英文的工作人员当值,以引导所有飞行器飞经该国但不会说当地语言的飞行员过境。地面与空中的沟通可以使用任何对双方都便利的语言,不管是英语或者其他语言,但必须保证这种沟通是可能的，要确定使用匹配的语言。因此，英语作为空中交通管制最为通用的语言得到适用。如果飞行员从不离开法国，最安全的办法是使用法语；如果是墨西哥航空公司的飞行员，当然希望在马德里上空能够说西班牙语。但如果地面的控制人员不说这种语言，就会发生严重的空中航行事故。这种共同背弃的局面是所有成员方都必须避免的，经过相互沟通的结果是避免鸡同鸭讲的"共同背弃困境"，而共同选择安全的均衡状态，即英语交谈，并建立相关协调机制管理各国的遵守。

解决"协调性博弈"，更多需要采取"管理性"的方法保证遵守，比如帮助参与方更好地理解法律要求，帮助他们获得调整自己行为以满足法律要求的能力，而非采用"强制性"的方法。很多国际法遵守过程的欠缺，并非非黑即白的有意"违反"法律，偏离国际法规则要求的行为在很多时候并非出于故意。由于这类国际法规则涉及的事项并没有提供足够的违法动机的诱惑，把这些问题看作协调性问题，通过管理性的手段加以矫正，要比通过强硬的制裁行为加以遏阻更加有效。有学者将这种与传统执行手段不同的，主要使用非竞争性、非司法性和劝导性方法引导国际法遵守的手段称为"软执行"或者"软遵守"。它是解决"共同背弃困境"更为有效的方法。

二、管理模式的特点

如上所述，对于"协调性博弈"的国际法遵守事项，使用引导性和辅助性的管理模式较之使用司法性和强制性的执行模式更加有效。通过以上对协调性博弈的描述，可以将管理模式的特点总结如下。

第一，管理模式解决的是"协调性博弈"的问题。与"协作性博弈"不同，"协调性博弈"中个体利益与集体利益并未冲突。"（在'协调性博弈'中）个体理性与集体理性之间不存在分歧，没有集体行动的困境问题。它仅仅是要求博弈各方相互沟通以获得个体与集体都认为最佳的决策。"[1]

---

[1] Duncan Snidal. Coordination versus Prisoners' Dilemma: Implications for International Cooperation and Regimes[J]. The American Political Science Review, Vol. 79, No. 4 (Dec., 1985): 930.

在表4的性别战博弈中,不管是看球还是看芭蕾都是帕累托最优的,双方并无协作性博弈之下利益的冲突。但由于协调性博弈之中存在多个纳什均衡点,各方还是需要相互协调以避免各行其是。只要在充分的沟通之后,双方选择任一均衡点,不管是(1,2)抑或(2,1)的象限,它同时就是帕累托最优的,此后的遵守将是自觉自愿,不存在试图"搭便车"的机会主义倾向。

第二,由于协调性博弈中,纳什均衡和帕累托最优并无冲突,在国际法共同遵守中,为解决协调性博弈的法律规则的违反往往不是出于国家的欺诈动机。管理模式更愿意把国家视为具有遵守法律的内生倾向的"好人",而非怀抱机会主义、时刻意图背弃集体利益而追求自我利益最大化的潜在欺诈者。"尽管行为体的不遵守行径遭到有些人的严厉批评,但这些人还是相信,许多不遵守的情况应该被理解和看成某种'善意'的不遵守,或者说并非有意违反规定清楚、所有有关成员都已完全了解的规则。"[1]与执行模式的方式不同,管理模式强调了国家出于效率、利益和规则等因素愿意遵守国际法规则的普遍倾向。不遵守并非出于故意决策,而是能力缺乏和规则模糊造成的。[2]

第三,在违法发生的原因上,管理模式认为不遵约并非出于违法国作为"坏人"的机会主义,而主要是由于法律规则条款不清,国家遵法能力欠缺这样的外在因素造成的。这里的"遵法能力欠缺"包括某一条约缔约方欠缺遵守国际法的行政能力,比如执政政府对条约批准之后,下级行政机构的配合以及履行条约所必需的人员配置和行政机构的欠缺;包括某一条约缔约方遵守国际法的经济能力的欠缺,特别在一些履行条约的成本极其高昂的国际法领域,比如国际环境法和国际人权法领域,对缔约方履行条约所需要的资金储备要求都较为严格,容易发生履约经费的欠缺。违法原因中的"规则条款不清"主要指大量国际条约

---

[1] [美]奥兰·扬.世界事务中的治理[M].陈玉刚,薄燕,译.上海:上海人民出版社,2007:87.

[2] Abram Chayes, Antonia Handler Chayes. The New Sovereignty, Compliance with International Regulatory Agreements[M]. Boston:Harvard University Press,1998:120.

出于多种原因往往措辞不清晰和不准确,导致国家在解释条约上的误读从而影响遵约的水平。"通常情况下,缔约方会在大量不同的条件下接受对相关条约语言站在不同角度所给予的解释。"①要提高国际机制的有效性和国际法遵守的水平,相较于采用强制性的执行措施,更好的方法是提高缔约方的遵约能力,厘清规则条款,为遵约方提供更好的法规透明度。"与执行模式相反,管理过程理论优先考虑能力建设、规则的解释和透明度作为解决不遵约问题的首要方法。"②"不遵约问题的最好纠正方法是以能力建设、规则解释和增加透明度为内容的'问题解决式'的战略,而非通过强制性执行。"③

第四,面对"共同背弃的困境",由于个体利益和集体利益具有一致性,博弈方所要避免的只是各自为政,只要获得其他博弈方的决策信息,博弈各方就倾向于采取一致的共同行动。因此,建立"协调性博弈"的国际机制,其主要功能是为各方交换信息和进行充分沟通提供平台。"为了解决'协作性博弈'中的共同利益困境,机制的功能必须包括能够及时发现欺诈和阻遏欺诈;而为了解决'协调性博弈'中的共同背离困境,机制需要提供的是充分沟通和便利性协助。"④

当然,实际操作中,没有任何倾向性的协调机制是很难实现的,尽管博弈各方并不希望分道扬镳,但他们在选择共同的均衡点时依然会出现分歧。彼此利益冲突越大,越难以协调行动。不管选择任何一个均衡状态,只要共同做出选择,汇聚各方预期的决策将自动执行,而不需要强制性的执行手段迫使各方遵守。因为在纳什均衡点与帕累托最优点落在同一象限的情况下,任何试图欺诈其他国家的成员方伤害的也是自己的利益。当然,协调性博弈当中也可能存在欺诈;斯坦认为,

---

① Abram Chayes, Antonia Handler Chayes. The New Sovereignty, Compliance with International Regulatory Agreements[M]. New York: Harvard University Press, 1998: 11.

② Jonas Tallberg. Paths to Compliance: Enforcement, Management, and the European Union[J]. International Organization, Vol.56, No.3 (Summer. 2002): 610.

③ Abram Chayes, Antonia Handler Chayes. The New Sovereignty, Compliance with International Regulatory Agreements[M]. Boston: Harvard University Press, 1998: 23.

④ [美]大卫·A.鲍德温.新现实主义和新自由主义[M].肖欢容,译.杭州:浙江人民出版社,2001: 71.

协调性博弈中出现的欺诈并非真正意义上的心怀叵测的背叛,而是公然的挑衅,意图威胁其他成员方接受他所中意的均衡结果。① 这种对机制的背离显然与协作性博弈下的背离具有根本性的区别。

"协调性博弈"难题的解决关键是参与方意见的沟通与协调,这意味着在这部分国际法规则的遵守机制中,各成员方的违法动机很小,存在违法主要是各方对法律条款理解的出入或者各方遵守法律的资源配置不够齐全造成的,遵法机制的重点不是制裁和强制,而是遵法能力和物质资源的配置以及各方对法律条款理解的统一,比如发展中国家履行其保护臭氧层或者生物多样性方面的义务时,并不存在欺诈的动机,问题的核心是获得资金、技术和人员方面的支援。"人们已经普遍相信,如果没有大量的援助,东欧诸国等国家要遵守国际环境保护方面的规则基本是不可能的。"②例如,在《蒙特利尔议定书》中首先出现的不遵守程序(Noncompliance Procedures,NCPs),它不同于传统的争端解决程序在一方正式指控另一方不遵守的条件之下立刻启动,而意在确定双方的分歧所在,尤其是协助双方厘清法律规则的含义。"不遵约程序的发明主要用于解决成员国在规则条款上存在的合法分歧,而不是抓住并惩罚犯了错误的成员国。"③它不像传统的执行模式直接将一方置于被告席之上,具有强烈的对抗性和将一方置于可谴责和具有欺诈动机的位置,而是假设所有成员,包括被指控违法的这一方都是善意和愿意遵守法律的。违法行为来自规则的歧义,因此寻求双方都能接受的解释就是矫正违法行为的一种有效手段。这些遵法机制要求对法律遵守各个环节的介入和对违法国家不能遵守法律的情由的探知和协助,蔡斯将其称为"管理模式"的遵法机制,并认为由于国际法的结构性

① Arthur A. Stein. Coordination and Collaboration: Regimes in an Anarchic World[J]. International Organization,Vol.36, No.2, International Regimes(Spring, 1982):314.

② Andrew Jordan, Jacob Werksman. Financing Global Environmental Protection [M]//Cameron, Werksman and Roderick, Improving Compliance. Werksman & Peter Roderick Publisher, 1996:247.

③ Edward A. Parson, Owen Greene. The Complex Chemistry of the International Ozone Agreements[C]//Environment Science & Policy for Sustainable DevelopmentEnvironment. 1995:16.

特点,管理模式相较于执行模式更加有利于国际法的遵守。

不管是协助遵法国家增加遵守法律的能力和资金,还是通过各类条约管理程序厘清国际法条款,都是对遵法过程的管理,而非针对违法者的事后制裁,它们针对的都是"善意的不遵守"和"讨价还价的不遵守",而非恶意的违反。它们不足以抓住蓄意的违反者,不足以要求这些对法律规定很熟悉但决心通过欺骗实现自身利益的国家履行法律,但它确实希望能够大量处理各国对法律要求有合法分歧或者对法律规则如何适应实际情况的变动有不同看法的情形。① 也可以说,这些对遵守过程的管理——帮助国家厘清规则要求,帮助各国改善自身的遵守条件,处理的不是个体利益与集体利益存在实质性冲突的协作性博弈问题,而是各国利益与共同利益相互一致的协调性博弈问题。

我们往往认为,强制执行是国际法遵守的主要动力,这种观点来自我们将国际法遵守与国内法遵守类比混同的认知。在国内法的实施过程中,强大的国家执法机构的存在使我们直观地认为某一权威机构的强制力的施加是法律得以遵守的主要动力。实际上,法律社会学的大量研究表明,国家强制力在促进法律遵守的效果并不理想。社会成员主要不是出自畏惧法律的制裁,而是出自行为习惯和对法律的认同而遵守法律。但不能否认的是,国内法执行机制的如此强大会使我们忽略在社会生活中推动人们守法的"随风潜入夜"一般的行为管理的地位。而在国际法中,由于执行机制的不稳定和脆弱性,反而使我们更加重视和易于发现执行机制以外的促进国际法遵守的更加丰富和多样的动力。

第二节 国际环境条约的"遵守管理"

20世纪80年代以来,国际环境立法呈现蓬勃发展之势,大量国际

---

① 参见[美]奥兰·扬.世界事务中的治理[M].陈玉刚,薄燕,译.上海:上海人民出版社,2007:95-96.

环境条约出现，意图促进国际环境保护的国际合作。与此同时，如何提高国际环境法的有效性和促进各国对国际环境法的共同遵守成为国际法和国际关系共同关注的问题。传统的国际法和国际关系理论认为，与国内法的遵守机制类似，国际法的遵守主要依靠针对违法行为的制裁和惩罚实现。强制性措施能够有效提高违法行为的成本，在违法成本超越违法收益的条件之下，违法国将因为违法"得不偿失"而终止行为。这种依赖于制裁违法国而引导其守法的国际法遵守方式以国家作为"理性人"的假设为基础，强调法律执行——包括符合国际法规则的报复、反措施以及国际制裁对违法行为成本和收益结构的改变，从而改变国家的动机结构并促成国家对国际法的遵守。国际法学界将这种通过法律强制执行以实现国际法遵守的模式称为"执行模式"，并在传统观点中认为执行模式作为对抗性和司法性较强的守法模式是促进国际法遵守的有效方式。"（执行模式的拥趸认为）武力制裁对于国际法遵守是必需的。国际法遵守的失败在于未能对先前违法者施加足够的制裁和惩罚。"①但是，这种类似国内法遵守机制的国际法遵守方式在国际环境法的遵守中却收效甚微。"国际法的突出特点之一是没有权威的中央机构来负责国际法的强制实施，国家只采取统一认可的措施来执行国际法。这些传统方法包括国家责任、传统的争端解决机制，以及报复、制裁等措施。然而，事实证明，这些方法对国际环境条约的实施所起的作用并不大。"②

造成执行模式在国际环境法的遵守中作用甚微的原因是多方面的：首先，国际环境法的条款具有较强的技术性，这些技术性条款要转化为可以强制执行的制裁性措施存在诸多疑点和困难。此外，由于国际环境保护手段和观念发展极快，对国际环境法条款的解释也随着科技发现和新技术发展有较大的变动性。这导致条约遵守在不同事项和领域的差异较大，很难依据统一的规范性条款加以责难和施加强

---

① William Bradford. In the Minds of Men: A Theory of Compliance with the Laws of War[J]. Arizona State Law Journal, 2004: 430.
② 王晓丽.国际环境条约遵约机制研究[D].北京：中国政法大学,2007: 45.

制性措施。

其次,由于国际环境法的技术性较强,其遵守和履行确实要求更高的技术和更多的资金储备。很多违反国际环境法的国家,特别是发展中国家并非出于故意,而是缺乏遵守国际环境法必需的技术性手段和足够的资金。"在国际环境法领域,起诉国家责任是不恰当的反应,因为相当部分的不遵守是国家缺乏能力造成的,而非无视和蔑视国家义务的结果。"①再次,更为本质的是,国际环境条约的共同遵守是一类"协调性博弈",在这类集体行动的博弈模式中,背弃并无明显的利益,也即缺乏明确的背弃动机,因而缺乏明确的背弃者和违法者。"在国际环境法中加害国和受害国对立关系的缺失使传统的遵守策略无法工作。例如,为了保护环境而中止履行某多边条约,作为针对违法缔约方的合法制裁手段在国际环境法遵守中就收效甚微,甚至会引发反作用。从国际法关于国家责任的传统视角出发,不遵守多边条约义务的情势在受害国和违法国之间自然形成明确的双边法律关系,这是国际法院实践中认定'受害国'的过程中所特别强调的。"②

此外,违反国际环境法造成的污染或者环境破坏大多是多种原因造成的,并在较长时间内形成,认定法律执行对象的时候难以将某一破坏性行为准确地归因于特定的"违法国"。受害国和违法国都难以认定的情势使国际环境法的强制执行缺乏"执行模式"中强制性手段得以适用的违法国和受害国相互对抗的关系基础。因此,"执行模式"被认为在国际环境法遵守中适用性较低,"国际环境公约的执行通常都不是强制性的。成员方极少有'搭便车'的意愿"③。

综上,由于国际环境法事项"协调性博弈"的特点,使用协助缔约方在履行条约过程中更好地遵守条约以解决遵守问题的事前机制和管理性方法更加有效和恰当。"国际环境法被普遍认为是高度依赖'问题解

---

① 王晓丽.国际环境条约遵约机制研究[D].北京:中国政法大学,2007:60.
② 同上引.67.
③ 祖垒,张锦,李自然,等.国际环境公约有效性研究:引入监督机构的方法[J].系统工程理论与实践,2011,(12):2316.

决'模式的,它们普遍建立了行之有效的遵法管理的基本机制。"①"大部分可能违法或者实际上违法的案件都能够通过协商和谈判加以'管理'……国际环境法机制在其内部实现了范围广泛的相互合作。"②

一、制度研究：国际环境条约的履约管理

自1987年《蒙特利尔破坏臭氧层物质管制议定书》(以下简称《蒙特利尔议定书》)建立关于限期淘汰消耗臭氧层物质的"不遵约程序"以来,大量遵约管理机制在国际环境法的遵守机制中建立起来。这种遵约管理机制在国际环境法的大量建立成为20世纪90年代国际法遵守实践中引人注目的现象。一般认为,国际环境条约的遵守管理制度包括以下几个部分。

(一) 遵约审查制度

国际环境条约中的履约审查义务主要包括三项基本义务：国家报告、第三方核查或者第三方监督。提供和获取缔约方遵约的信息是国际环境条约遵约管理中确认各方是否遵约最为基本的配置。③ 这种义务贯穿于整个国际环境条约的各个阶段,比如履约启动阶段作为基本义务的国家间信息交换,比如作为获得技术性援助条件的信息提交。准确的信息对于国际环境条约这类技术性较强的条约的运行具有关键性的作用,往往决定了遵守的准确和恰当。

1. 国家报告

国家报告的义务要求缔约方就自己履约绩效提交报告并向秘书处

---

① Jonas Tallberg. Paths to Compliance: Enforcement, Management, and the European Union[J]. International Organization, Vol.56, No.3(Summer. 2002): 610.

② Raustiala, Kal, David G. Victor. In the Implementation and Effectiveness of International Environmental Commitments: Theory and Evidence[C]. Edited by David G. Victor, Kal Raustiala, and Eugene B. Skolnikoff, Cambridge, Mass: MIT Press, 1998: 659-707.

③ UNEP Division of Environmental Law and Conventions, Compliance Mechanisms under Selected Multilateral Environmental Agreements, p.104.

或者遵约委员会提交一系列相关的数据信息。大部分国际环境条约都要求缔约方必须向秘书处提供履约的年度报告。① 这类报告一般都要求国家提供本国环境计划、环境政策和措施的发展细节。尤其是《联合国防治荒漠化公约》和《关于持久性有机污染物的斯德哥尔摩公约》，其特别要求缔约方必须就本国履行公约的计划提供尤为详尽的细节。有一些公约要求缔约方向秘书处提交更进一步的科学、技术和贸易数据。比如，《濒危野生动植物种国际贸易公约》要求缔约方必须提供年度进出口的数据，《联合国鱼群协定》和《捕鲸公约》要求缔约方提交年度捕捞数量和许可证方面的数据。《控制危险废料越境转移及其处置的巴塞尔公约》要求缔约方必须每年提供其进口、出口和废水以及其他废料处置情况的详细信息。《迁徙物种公约》要求缔约方必须提供迁徙物种跨越他们各自管辖权范围之数量的信息。《蒙特利尔议定书》《京都议定书》和《联合国气候变化框架公约》都要求缔约方提供公约所列举污染物的初始基准水平和年度排放量数据。②

一般而言，各国际环境条约的网站或其秘书处网站都有国家报告提交的标准格式和特定的内容要求。有些秘书处网站还会提供报告的模板供缔约方参考。大部分的国际环境条约的网站都会加贴国家报告的编辑指南，对所要求的信息类型和数据类型做出详细要求。比如，《世界人类遗产公约》就有专门的指南对定期报告的目的、形式和一般性要求作出特别规定。③

2. 第三方核查

核查是检查所提供履约信息是否准确的程序，一般通过现场检查进行。部分国际环境条约有核查要求，比如《联合国气候变化框架公

---

① 比如《濒危野生动植物种国际贸易公约》《国际湿地公约》《联合国鱼群协定》《捕鲸公约》《控制危险废料越境转移及其处置的巴塞尔公约》《保护臭氧层维也纳公约》《蒙特利尔议定书》《联合国气候变化框架公约》和《京都议定书》等重要的国际环境条约都有设置国家报告的条款。

② UNEP Division of Environmental Law and Conventions. Compliance Mechanisms Under Selected Multilateral Environmental Agreements, p.200.

③ World Heritage[EB/OL].[2023-05-25]. http://whc.unesco.org/reporting/prexpl.htm.

约》和《京都议定书》的秘书处进行现场核查来获取缔约方的履约信息。《捕鲸公约》也在设计一种新的核查程序,即由第三方,比如非政府组织或者由秘书处与该公约其他缔约方联合起来获取缔约方的履约信息。例如,在中国普遍建立的碳排放权交易第三方核查机构,主要是对重点排污单位,如热力生产供应、火力发电、水泥制造、石化生产等领域的企业,为申请碳排放配额而提交的碳排放报告和报告数据进行审查以确保排污企业报告数据的真实性。

这类第三方核查机构遵循独立原则,不受任何排污单位影响和其他行政机关的干涉,客观中立地对碳排放报告的真实性、准确性予以核查。其核查程序主要包括:第一,与委托核查企业订立核查协议之前,对核查工作的可行性进行评估;第二,组织核查组对排污单位进行核查;第三,评审排污单位向核查机构提供的相应材料;第四,现场访问,核实报告数据,询问工作人员,测量设备和排污设备使用;第五,编制核查报告。①

3. 第三方监督

与国家报告不同,第三方监督履约是敦请非缔约方就缔约方履行国际环境条约的情况提交报告。与第三方核查不同,第三方监督要求缔约方建立专门的体系履行国际环境条约,但不包括特定信息精确度的检验。第三方履约监督并不常见,可能是因为它要求资源比较集中。在《濒危野生动植物种国际贸易公约》中,第三方——世界自然基金会的附属 NGO——国际野生物种贸易研究组织就有监督缔约方遵约的功能。《国际湿地公约》也引入第三方监督机制作为履行保护濒危湿地义务中的违法应对机制。《捕鲸公约》也正在建立新的第三方监督机制作为其遵约的管理机制。

国际环境法遵守管理最普遍的制度是履约审查制度。有关环境情况和变化的科学和技术数据都可以在履约审查制度中获取,但它自身

---

① 朱玲,刘冰冰.第三方核查机构为碳排放权初始分配"保驾护航"[J].常州大学学报(社会科学版),2014,(2):48-50.

并不评估国家对国际义务的反应。履约审查的信息基本上来自国家的自我报告,少数国际环境条约允许第三方对缔约方遵守条约的情况进行审查或者监督。几乎所有国际环境法条约都要求国家对自身履行条约的情况进行自我报告。大部分条约还会为达成此目的提供指南或者模板。少于三分之一的国际环境条约为国家报告或者国家报告制度的第三方监督提供审查和确认的数据。

除了国家自身提供国家报告或者由第三方实施的监督与核查以外,很多国际环境条约要求其成员方相互交换各自一定的环境信息作为参加该项条约基本的义务。例如,缔约方会被要求提供并非履约信息的环境上敏感(如珍稀动植物的进出口)的跨境贸易的信息,或者环境上敏感的工业发展的情况,或者被要求提供环境技术的信息。就履约本身而言,缔约方经常被要求提交他们已经采取措施履行国际环境条约的报告,这种每年提交的国家报告必须反映缔约方与环境保护有关,或者履行国际环境条约的法律或者政策性措施。有的国际环境条约授权第三方,比如秘书处监督或者核查缔约方的履约情况。实际上,环境信息和履约信息往往是相互联系的,条约要求的相互交换环境信息往往就在履约审查中得到体现和提交。

另一种履约审查是机制审查,它涉及对机制整体履约情况的审查,而不是单个缔约方的履行情况。比如,包括缔约方环境信息交换和履约信息的所有相关数据提交,以帮助秘书处和缔约方会议评估履约目标是否达到,并确认未来的优先目标。"国际环境条约的履约审查对于确认缔约方遵守条约的情况非常必要。因此,在核查遵守的过程中,不管是国家报告还是第三方报告都会重点提供履约审查信息。"[1]

(二) 不遵约程序

不遵约程序是国际环境法遵守机制中最为常见的配置。大部分国

---

[1] United Nations Environmental Programme: Compliance Mechanisms under Selected Multilateral Environmental Agreements[Z]. produced by the UNEP Division of Environmental Law and Conventions, 2013.

际环境条约都规定了正式的、独立的不遵约程序以管理国际环境法的遵守。《濒危野生动植物种国际贸易公约》《生物安全议定书》《巴塞尔公约》《蒙特利尔议定书》和《联合国气候变化框架公约》《京都议定书》都有这类专门的委员会。已有 13 个国际环境条约建立或者正在建立不遵约程序用以处理明显的不遵约行为。[①]

不遵约程序一般由缔约方会议选举产生的"履约委员会"或者"遵约委员会"专属管理。被诉不遵约的缔约方（或者自我报告无力遵约的缔约方）会被提交该委员会加以审查，然后由该委员会向缔约方会议提交该事项的建议性报告，最后由缔约方会议决定如何处置。这样一个程序的目的是"确认"遵约的困难所在并以非对抗的方式帮助缔约方更好地遵守国际环境条约。这种国际环境法的遵守方式必须与传统的争端解决程序区分开来。后者只有在法律冲突已经发生并造成足够损害的情况下才会发生。以国际环境法第一个规定"不遵约程序"的《蒙特利尔议定书》为例，它的遵约委员会由"缔约方会议"选举 10 名委员组成，代表缔约方会议监督和协助缔约方更好地遵守议定书，在缔约方会议提交给遵约委员会的关于不遵约行为的应对措施清单中特别强调，清单是"协助"缔约方遵守议定书的引导性措施的纲要，具体细节留待缔约方会议制定。"所有缔约国同意该清单不应包括任何制裁或者惩罚性措施，而是强调鼓励遵约的咨询、建议的重要性。"[②]1997 年缔约方会议最后确认的"应对不遵约情事之措施清单"包括三类措施：第一，向被指控方提供履约帮助，如协助其搜集和汇报相关消耗臭氧层物质的生产和进出口数据，提供技术援助、技术转让和资金帮助，进行人员培训。第二，缔约国授权缔约方会议对不遵约国家提出警告。第三，缔约方会议根据国际法中关于国际条约义务中止的规定，中止不遵约国家依据议定书享有的一些权利，如生产、消费、贸易、技术转让、资金取

[①] UNEP Division of Environmental Law and Conventions. Compliance Mechanisms Under Selected Multilateral Environmental Agreements. p.111.

[②] Robin Churchill and Geir Ulfstein. Autonomous Institutional Agreement in Multilateral Environmental Agreements: A Little-Noticed Phenomenon in International Law [J]. American Journal of International Law，2001：623.

得和机构安排。这些措施都被要求是暂时性的,不遵约国家根据议定书所享有的权利只是被暂停而非终结。一旦其恢复遵约行为以后,依旧会享有这些权利。

  遵约委员会在执行这三类措施中履行的主要职能包括:其一,接受和报告缔约方或者秘书处提出的关于缔约方遵守议定书的信息。这些信息来自遵约机制启动过程中缔约方或者秘书处提供的遵约调查报告;来自秘书处接到或者提交的有关议定书遵守的"任何其他信息";或者由遵约委员会主动收集缔约方不遵约情事的信息。其二,遵约委员会受指控方邀请有权在被指控国家境内"现场检查"不遵约情事以更好地履行其职能。这种现场检查权和国家的自我报告制度相互配合,可以大大提高不遵约情事认定的准确性和真实性。此外,遵约委员会还有权与多边基金执行委员会进行信息交流以更好地向发展中国家进行资金援助和技术转让。"帮助性措施是遵约机制的首要选择",①遵约委员会的首要任务是处理相关信息和研究调查报告,《蒙特利尔议定书》特别强调了遵约委员会对不遵约情事的"妥善处置"(amicable solution),这种"妥善处置"的含义广泛,但主要是指"判断"不遵约情势的存在以及对回到遵约轨道上的行动计划的"建议"。这类建议要提交缔约方大会通过,当然,后者会毫无例外地通过这类"判断"和"建议"。

  不遵守国际环境条约下的国家报告义务意味着很多国家遵约信息的匮乏,这会掩饰可能出现的国家违法情势。因此,不遵守履约审查义务在国际环境条约中是严重的违法行为,将触动国际环境条约的不遵约程序。比如,《濒危野生动植物种国际贸易公约》《蒙特利尔议定书》和《京都议定书》都规定,一旦进入不遵约程序,不遵约方将被加诸更加沉重的、额外的履约信息的提交义务。不遵约程序所要求的信息与履约中所要求的信息相比可以是额外的其他内容,也可以仅仅要求不遵约方补充提供履约基本信息作为额外措施的组成内容。比如,《生物安

---

① Robin Churchill, Geir Ulfstein. Autonomous Institutional Agreement in Multilateral Environmental Agreements: A Little-Noticed Phenomenon in International Law [J]. American Journal of International Law, 2001: 623.

全议定书》与《京都议定书》要求不遵约方提交遵约行动计划,就设定的期限内如何完成遵约行为列举具体的行动计划。《巴塞尔公约》要求其遵约委员会面对不遵约情势必须详细列举自愿遵约行动计划并检验其履行情况,这类计划对不遵约方往往规定了更加严苛的履行报告的提交义务。《濒危野生动植物种国际贸易公约》的秘书处则会在不缔约程序中实施特别的核查任务以评估非缔约方对其义务的遵守水平。不管是规定更加严格的报告义务,还是实施特别核查任务,其原则仍然是就不遵约情势与被指控国家进行充分的协商和沟通,或者劝导以及帮助被指控国家重新遵守议定书的规则。

这种国际法遵守的获得是通过合作,而非对抗的方式获得,它相比于执行模式的司法性、强制性和滞后性,更加有利于促进国际环境条约的遵守。"不遵约程序的主要优势在于,它使缔约方会议能够很好地'微调'国际环境条约不同规则标准的'执行'。促进国际环境法规范的软化,同时保持机制整体的完整性。"①"不遵约程序的着眼点不是缔约方'背弃了义务',或者对过去的违法施加制裁抑或提供补救,它的着眼点在于'帮助'违法国遵守条约,保护法律机制未来的完整性使其免遭可能的破坏。不遵约程序因而是'事前'机制,而非'事后'机制。它包括缔约方之间一整套相互配合的措施,而不是传统的对抗制——在违法国和直接受害国之间建立某种联系。"②正如《蒙特利尔议定书》的缔约方所共同认可的原则:该议定书的遵约机制应当是避免复杂化、非对抗性,是透明、灵活和简单的。在如何对待不遵约当事方的问题上,应当是建议性而非强制性措施。③ 这种促进遵守的方法在国际环境法中非常典型。

据不遵约程序确认存在实质性不遵约情势之后,就有必要在多边层面上作出应对措施。不遵约情势经常是人才、物质、资金以及遵约意

---

① Gunther Handl. Controlling Implementation of and Compliance with International Environmental Commitments: The Rocky Road from Rio [J]. Colorado Journal of International Environment Law & Policy, 1994:305.
② 王晓丽.国际环境条约遵约机制研究[D].北京:中国政法大学,2007:70.
③ 同上引.79.

愿缺乏造成的。应对措施因而可以分为两类：激励性措施——技术性和资金援助以有助于目标国更好地遵约；惩罚性措施——诸如更加严格的履行审查要求。这些措施可以称作"胡萝卜和大棒"。其中担当"胡萝卜"的激励性措施一般指"遵约协助"，担当"大棒"的惩罚性措施一般指"不遵约的处罚"。

1. 遵约协助

遵约协助主要是指与不遵约方进行更深入的国际合作以支持其更好地履约，比如提供技术性或者资金性援助。遵约委员会优先将资金和技术援助给予不遵约方；这类援助也能是以缔约方接受诸如国家履约行动这样的计划为前提的。不管是优先的还是有条件的援助，都是专门针对"不遵约"的应对性援助。

遵约协助的形式是提供信息、技术支持和资金支持。技术支持的范围非常广泛，包括能力建设、人员培训、科技产业合作与研究或者技术转让。

遵约协助一般在履行过程的早期阶段就会出现，这个阶段的遵约协助是基本的遵约协助而非不遵约的应对措施。几乎所有的国际环境条约都会在履约的早期向缔约方提供一些基本的遵约协助。一旦认定不遵约情势的存在，针对不遵约方的定点遵约协助就会优先启动并在一定条件之下实施。不遵约的应对措施的主要目的是"帮助"不遵约方履行其提交遵约信息的义务。

技术性援助主要是以培训和研讨会形式出现的能力建设机制，其专门处理人力资源缺乏所导致的不遵约情势；技术转让和信息交换机制则专门处理物质缺乏相关的不遵约事项。此外还有资金援助机制以解决资源性问题。资金性援助经常以信托基金的形式出现或者建立一个由缔约方资助的财政性机制来为相关的项目提供资金支持。[1] 其中

---

[1] Montini, M. Improving Compliance with Environmental Agreements through Positive Measures: The Case of the Kyoto Protocol on Climate Change[A]. in Kiss, A, Shelton, D and Ishibashi, K(ed.). Economic Globalization and Compliance with International Environmental Agreements[C]. Kluwer Law International, The Hague, 2003: 159-203.

最为著名的财政性机制是全球环境基金(GEF),它于1991年建立,为生物多样性、气候变化、国际水源、臭氧层损耗、土壤退化和持久性有机污染物等相关领域的环境项目提供资金支持。当技术和资金性援助根据不遵约程序得以启动,缔约方必须证明自己的不遵约来自善意和无过错。

2. 不遵约处罚

在某些案件中也可以采取针对不遵约的惩罚性措施。比如,不遵约委员会可以额外要求不遵约方履行更加严格的信息提交义务,并要求该信息必须经过额外的审查和确认。额外的信息可以称为"应对不遵约的信息"。其他惩罚性措施还包括警告和惩罚,其中惩罚可以包括额外的义务或者特权的中止,比如警告不遵约方其在国际环境条约中的权利将会中止。这种权利的中止包括诸如《联合国气候变化框架公约》《京都议定书》和《蒙特利尔议定书》中实施的有限贸易制裁。

国际环境条约当中规定的不遵约程序也经常针对不遵约方采取处罚。根据不遵约程序实施的处罚可以分为四类:警告、中止特权、贸易制裁和国家责任。

警告是处罚手段的第一阶段,如果警告无效,部分国际环境条约会规定中止缔约方权利和特权,特别是投票权或者参与遵约委员会的权利。贸易制裁则包括中止贸易权利和其他国际环境条约规定的经济权利。最后,国家责任的实施要求不遵约方就其不遵约行为进行补偿。国家责任可以采取两种形式:更加沉重的国际环境条约的义务(比如,《京都议定书》)或者补偿任何其造成的损害。补偿受害方损害的国家责任实际上并非不遵约程序的一部分,它往往是争端解决程序的结果,而非不遵约程序的结果。因为不遵约的应对措施是典型的"协调性"措施,它们主要是对履约过程进行管理和协助,而非令不遵约方承担外在强制。但是,在国际环境条约的遵约过程中,国家责任不具有独立的效力。如果没有警告、中止特权和贸易性权利的剥夺等管理性措施的先行,国家责任的承担在国际环境条约的运行中往往起不到促进遵守的效果。"中止特权、警告这类由缔约方大会实施的协调性措施加强了处罚的威慑力。因此,对于国际环境条约的遵守管理而言,应该把所有不遵约的应对措施视为一个整体。"①

(三) 争端解决程序

国际环境条约的争端解决机制一般分为三类程序——谈判、调解和仲裁。首先要求争端当事方必须进行谈判以解决争端。如果谈判未果,方进入调解。在调解程序中,一般要求缔约方必须首先进行谈判或者使用其他和平手段。如果争端无法在规定时间内(一般 12 个月)解决,缔约方必须根据条约条款或者遵约委员会决议提交调解程序。调解程序不是自动启动的,因此一旦规定的时间到期,缔约方一方必须提交申请。缔约方也可以绕过调解程序直接进入国际法院的仲裁程序或者根据公约规定或遵约委员会决议进行仲裁程序。仲裁不是强制性的且必须根据双方合意和共同申请。不同于调解,仲裁决议是有约束力的。与前述效力较弱的争端解决程序相比,它们都尽量避免强制性的、有约束力的决议。然而,一般而言,只有在争端无法通过谈判解决的时候才会提交仲裁。调解是谈判失败的一种选择,但只有在一方提交申请而另一方接受邀请的条件下才会启动。

不同国际环境条约的争端解决程序在复杂程度上变化很大,有的争端解决程序非常简单,只要求当事缔约方之间进行双边和平谈判;有的争端解决程序复杂,比如《联合国海洋法公约》的争端解决程序甚至对第三方有强制力。一般认为,国际环境条约的争端解决程序由三部分组成:谈判、调解和仲裁。有些国际环境条约,比如《濒危野生动植物种国际贸易公约》和《保护迁徙野生动物物种公约》,其争端解决条款规定,争端发生时缔约方必须首先进行谈判。如果谈判失败,当事方可以主动将争议提交常设的仲裁庭仲裁;他们并无提交仲裁的义务。而有些国际环境条约,比如联合国海洋法会议则针对特定争端规定了强

---

① UNEP Division of Environmental Law and Conventions. Compliance Mechanisms Under Selected Multilateral Environmental Agreements. p.120.

制性的仲裁程序。一般而言，如果当事方无法通过谈判解决争端，仲裁程序即得启动。调解只是谈判失效时的一种选择，它只有在某一缔约方单方面请求、而另一缔约方同意该请求的时候方得启动。

对于国际环境条约的强制性仲裁条款，尽管它有助于增强国际法的强制性，被有的学者认为是国际法效力得以加强的表现。但是，在国际环境条约的遵守中，强制性遵守机制的效果往往不如管理性的遵守机制。"强制性仲裁程序的结果往往缺少可预见性并且成本非常高昂。因此，国际环境条约的强制性争端解决程序倾向于弱化和宽容。"[1]国家一般不愿意承担国际环境条约要求他们将环境争端提交强制性争端解决程序的义务。甚至，具有处罚色彩的争端解决程序也被各国避免采用，而更多地使用以协助、劝导、协调为内容的"管理"色彩更加浓厚的不遵约程序。"国际环境法发展的新趋势聚焦在越来越频繁地使用不遵约程序，而非争端解决程序，这种管理政治关系的方法更加有利于维持国际环境条约的有效性和完整性。"[2]"除了联合国海洋法公约和鱼群协定，国际环境条约的争端解决程序效力较弱并趋向于引导缔约方采取自愿而非对抗性的谈判和调解处理不遵约问题。"[3]

二、实证研究：国际环境条约的履约管理

以下可以从实证层面，以若干国际环境条约的四个机制为例具体探讨国际环境条约之遵守管理机制的运行。

(一)《濒危野生动植物种国际贸易公约》

《濒危野生动植物种国际贸易公约》(以下简称 CITES)在 1975 年 7 月 1 日生效。它建立了一个许可证制度来控制野生动物和植物的进出口。CITES 在三份附件中列举了受到控制的野生动物和植物名单。

---

[1] UNEP Division of Environmental Law and Conventions, Compliance Mechanisms Under Selected Multilateral Environmental Agreements. p.120.
[2] Id. 201.
[3] Id. 122.

附件1涵盖所有受到贸易影响的珍稀濒危物种。这些物种的商业贸易尤其受到禁止,只有在极其严格的例外条件之下才被允许交易。附件2涵盖目前尚未濒危的珍稀物种,这类物种的交易必须受到公约的严格限制否则也将濒临灭绝。附件3涵盖的是缔约方确认的根据国内法予以保护或者限制开发的物种,缔约方也可以根据该附件的要求与其他缔约方合作,共同就某些物种限制贸易往来。公约要求缔约方建立国家科学委员会,就本国野生动物和植物物种的濒危情势作出建议和评估,并要求各国建立管理委员会规范这些物种的贸易。CITES的遵约管理制度如下。

1. 遵约审查制度

根据CITES第6条第6款的规定,每一缔约方必须保留附件1、附件2和附件3中列举的物种贸易的记录,该记录必须涵盖进出口动植物的名称和地点;所发放许可证和证明书的数量和类型;此类贸易的伙伴国家名单;进出口物种的类型和数量;附件1、附件2和附件3所涵盖物种的名称;以及如有可能,涵盖所涉及物种的性别和体积。此外,各缔约方还必须准备他们履行公约的定期报告;包括公约第7条所要求信息的年度报告,该报告必须提交秘书处;以及关于执行公约条款的国内法律措施、规范和行政措施的两年一度的报告。

年度报告必须在每年的10月31日以前就前一贸易年度的贸易情况进行陈述。而两年一度的报告制度大部分没有执行,尽管遵约委员会曾经呼吁缔约方遵守这一要求。各缔约方的科学委员会有义务监督本国依据附件2的要求获取相关物种的出口许可证,监督本国提交该物种的年度出口报告。此外,各缔约方,类似TRAFFIC这样的非政府组织和世界海关组织这样的国际组织也履行监督职能,并要向秘书处报告违反公约的情况。当然,秘书处也履行特别核查权以评估缔约方对公约的履行情况。

2. 不遵约程序

根据CITES第53条的规定,如果秘书处认为附件1或者附件2中的任何物种受到不利影响或者公约没有得到有效履行,将就该事项与相关缔约方的管理委员会沟通。该缔约方则必须采取救济行动。遵约委员会建立了正式的不遵约程序，当缔约方没有达到自己应该提交的报告的要求以及没有履行信托基金项下的义务，该程序就可以启动。根据公约的设计，如果某一主要的履约问题受到秘书处的关注，它将与不遵约方相互合作，共同解决该不遵约问题。秘书处依据不遵约方的要求提交技术性援助的建议。如果某一解决办法无法成行，秘书处就必须将此事项提请常务委员会关注，后者将进一步与不遵约方寻求解决的办法。秘书处必须敦促所有缔约方及时报告履约问题以及相关的解决措施。如果各缔约方不能在当年10月30日提交前一年度的贸易状况，将构成重要的问题，秘书处必须将该问题提交常务委员会解决。

遵约委员会实施的不遵约的应对措施包括：要求秘书处发布许可证和证明书的安全报告（比如，有水印确认和其他可资确认的真实性）以减少伪造和确认许可证依然在有效期；遵约委员会公布正式的警告；秘书处中止与不遵约方的合作；秘书处前往现场予以确认；常务委员会建议与不遵约方中止CITES所列举物种的贸易，并在不遵约方达到要求之前不予撤销该项贸易限制。

3. 不遵约的应对机制

在CITES常务委员会第46次会议上，秘书处向委员会提交了应对不遵约情势的一系列可能的措施。该系列包括：提供建议；非正式警告；额外的国家报告义务；对不遵约情势的公开告示；现场确认；行动计划；中止法律权利与特权（比如，中止CITES列举的某项或者全部物种的贸易、投票权限制、常务委员会成员资格和参加委员会以及工作小组资格的剥夺；获得会议文件资格的剥夺）；财政性的惩罚。[1] 直至CITES常务委员会第50次会议上，一个开放式的短期工作小组得以成立以发布更加全面的遵守公约指南。该指南认为，一般性的不遵约的应对措施包括：第一，技术性援助。常务委员会鼓励缔约方将技术

---

[1] Reeves, R. Policing International Trade in Endangered Species: the CITES Treaty and Compliance[M]. London: Earthscan Publications, 2002: 157.

性援助纳入双边和多边援助项目。此外,缔约方可以根据 CITES 第 12 条第二款确认相关物种之后得到技术性援助,秘书处应该定期向缔约方公布和颁发附件 1、附件 2 和附件 3 的当前版本以及任何便于确认这些附件中所列举物种的信息。为此目的,秘书处和出口委员会已经编辑出版了识别手册以帮助缔约方更好地确认各项物种,更好地遵守公约的贸易要求。[1]

第二,为管理委员会人员和执行官员召开能力建设研讨会,同时根据国家法制计划训练相应的执法官员。后者的目的是帮助缔约方起草恰当的法律和政策以更好地履行公约。

第三,资金援助。CITES 没有专门的资金援助机制来协助遵守。起初,联合国环境规划署曾向秘书处提供资助,但在 1979 年通过的公约第 11 条的"波恩修正案"中,将财政性权力授予遵约委员会,联合国环境规划署的资助就逐渐淡出。尤其是后来根据各缔约方财政捐助的一定份额建立了信托基金来为缔约方提供技术性援助,就更加没有建立专门的财政援助机制。当然,缔约方还是可以根据遵约委员会的程序和指南请求获得额外的资助计划。[2]

4. 争端解决程序

一旦出现公约条款的解释或者适用方面的争议,缔约方可以选择谈判。如果双方同意,他们也可以将争端提交常设仲裁庭进行仲裁。

(二)《联合国气候变化框架公约》

《联合国气候变化框架公约》(UNFCCC)在 1994 年 3 月 21 日生效。其目标是建立温室气体排放标准,以防止对气候系统的人为伤害。这样一个标准应该实现"在充裕的时间期限之内允许生态系统自然适应气候变化,保证粮食生产不会受到威胁并保证经济的可持续性发

---

[1] Reeves, R. Policing International Trade in Endangered Species: the CITES Treaty and Compliance[M]. London: Earthscan Publications, 2002: 238.

[2] CITES Resolution 12.2.

展。"①为此,所有缔约方都有义务建立国内或者区域性的项目和措施缓解气候变化;在相关技术的扩散、发展和应用方面相互合作;控制、减少或者阻止《蒙特利尔议定书》规定范围之外的温室气体的有害排放;促进《蒙特利尔议定书》范围之外所有温室气体沉降和储存技术的提高;以及在适应气候变化的准备工作方面相互合作并促进科学和技术的国际合作。

公约要求发达国家采取政策和措施以限制有害的温室气体的排放,在缓解气候变化方面承担主要责任。根据公约第4条第2款,这些政策和措施应该"意识到"在2000年回到"早期排放水平"将"有助于"调整长期气候变化的趋势。2000年,没有任何一个缔约方达到了公约设定的目标。

公约第3条规定了履约的主要法律原则:代际公平;发达国家和发展中国家共同但有差别的责任;预防性原则;可持续性发展;开放的国际经济体系。在这些原则中,UNFCCC表达最为清晰的是差别性责任。发达国家的差别性责任体现在两类事项上。他们承担的特别责任包括:第一,根据第4条第2款采取"政策和措施"减少温室气体排放;第二,根据第4条第3款向发展中国家提供"新的额外的资金援助"。附件1涵盖了包括大部分西方国家在内的发达国家名单。附件2列举了附件1的发达国家中应该提供资金和技术援助的发达国家名单。

1. 履约审查制度

公约第12条要求所有缔约方提交——所有使用合规方法产生的温室气体的有害排放的国家清单;对他们履行公约目标所采取步骤的一般性描述;任何其他信息。不管发达国家还是发展中国家都有义务提交该国家报告,但发达国家应该协助发展中国家达到他们提交清单的义务。发达国家缔约方还必须提供他们根据第4条第2款已经采取的履行其义务的政策和措施的详细陈述,特别是附件2的国家必须提供他们根据第4条第3款、第4款和第5款的协助义务已经采取的措施的信息。在1999年第五次缔约方大会上,公约还成立了一个专家顾

---

① UNFCCC, Article 2.

问团,协助发展中国家完成他们的报告义务。①

发达国家还必须每年报告一次温室气体排放和消除的信息。最不发达国家根据他们的需要和适应气候变化的优先性提交"国家适应行动计划"。缔约方大会充分意识到最不发达国家对资金和技术转让需求的特别情况,成立了最不发达国家专家小组为他们的"国家适应行动计划"的准备和运行提供指导和建议。

2. 不遵约程序

公约第 13 条规定缔约方大会应该斟酌建立多边咨询程序以解决履约相关的问题。第四次缔约方大会建立了以多边咨询委员会为形式的多边咨询程序。缔约方可以向咨询委员会提交有关他们自己或者其他缔约方履约方面的问题,咨询委员会则为解决缔约方技术性和资金性的履约困难的解决提供建议、意见,或者就信息的编写和沟通提供建议。最终的结论和建议书必须提交相关缔约方批准,不具有强制效力。

3. 不遵约的应对措施

多边咨询委员会建议采用的技术性援助和资金性援助机制在《联合国气候变化框架公约》之下运行良好。首先,技术援助方面,在 2001 年 10 月举行的第七次缔约方大会(COP7)上,作为《马拉喀什协定》的一部分,缔约方同意共同合作建立一整套技术转让机制。这些技术转让行为包括五项主题:技术需求与需求评估、技术信息、可行性条件、能力建设和技术转让机制。②《马拉喀什协定》也建立了技术转让专家小组以方便技术转让机制的运行。秘书处还进一步建立了情报交换平台机制以方便转让和发展安全技术方面信息的流动和获取。

其次,资金援助方面,发达国家特别是附件 2 列举的发达国家必须额外向发展中国家提供"新的额外的资金援助"以支付公约要求的所有履约成本。这些措施涉及相关的清单和发展中国家针对温室气体排放

---

① UNFCCC, Decision 8/CP.5.

② Wang, X and Wiser, G. The Implementation and Compliance Regimes under the Climate Change Convention and its Kyoto Protocol[J]. Review of European Community and International Environmental Law, 2002, (11): 187.

的所有自愿措施。并且,这些发达国家还必须采取一切实际可行的步骤发展、协助和资助环境上安全的技术和诀窍向其他缔约方的流动和他们的获取,特别是协助发展中国家提高履行公约条款的能力。公约第 11 条建立了一个财政机制以在自愿的基础上向发展中国家提供包括技术转让的资金援助。由缔约方大会授权和委托该财政机制的运行。该条款同时规定发达国家还可以通过双边、区域性和其他多边渠道向发展中国家提供公约履行相关的资金援助。

4. 争端解决程序

缔约方必须通过谈判或者其他和平方法解决公约解释或者适用方面的争端。他们可以书面表示接受缔约方大会规定的仲裁程序,也可以把争端提交国际法院司法解决。否则,争端在一方向另一方宣示他们之间存在争端的 12 个月之后就将提交自愿调解程序。一个调解委员会将成立以为争端双方提供"最终的建议性判决,缔约方对该建议应该诚信遵守"[①]。

从国际环境法遵守的几类主要程序可以发现,国际环境法遵约机制的特点主要包括:

第一,预防性。与传统的执行模式针对已然发生的违法行为作出事后反应相比,国际环境法的遵守机制更加强调在国际环境法履行的全过程进行每个环节的事前介入。不管是国家报告和机构审查,都着重于遵约过程的"管理",即使在不遵约情事程序中,只要存在不遵约的可能性和情事,都重在协助缔约方避免和预防履约中的失误。

第二,非对抗性。传统的执行模式更加注重针对违法国家的制裁和对受害国的补偿,这意味着必须在国家之间建立加害方和受害方的对立关系,从而解决法律的遵守问题。国际环境法遵守的管理过程中则注意到环境法往往缺乏明确的受害者的特点,摒弃了针对违法者的制裁和惩戒这类意在提高行为成本和违法国负担的强制性措施,而强调通过劝导和激励的软性措施——缔约国的主动报告、申诉、调查、知

---

① Kyoto Protocol, Article 11.

情、公告违约情况等来积极消解潜在的对立和冲突。

　　国际环境法遵约机制预防性和非对抗性的特点,体现了管理模式不同于执行模式在促进国际法得以遵守方面的新机制和新理念。如前文所述,以强制性、对抗性为特点的执行模式在推动国际法遵守中所起的作用远远低于其所设计的"理想"效果。特别在国际社会缺乏凌驾于社会之上的公权力机关的"平行结构"之下,倚赖于强制力的执行模式极端危险和不稳定。实际上,通过对国际法事项的分析和分类,可以发现,除了极少数事项需要外在强制力驱使国家基于"畏惧"违法成本的不断攀升而"被迫"遵守法律以外,绝大部分国际法事项的遵守都属于"协调性博弈"。使用柔性的类似"软法治理"的管理模式,能够更好地强化国际法遵守的效果和促进国际合作的实现。

第六章

执行与管理的相辅相成

——以欧盟法[①]遵守机制为例

尽管国际法共同遵守中的个体利益与集体利益相互冲突的"协作性博弈"倚赖强制性的执行模式,个体利益与集体利益相互一致的"协调性博弈"倚赖引导性的管理模式,两种促进国际法遵守的方法分别应对不同类型的国际法遵守问题。但是复杂的国际法遵守现象并非严格区分"协作性博弈"问题或者"协调性博弈"问题。在实际运用中,将两类促进国际法遵守的模式相互结合以共同促进法律遵守,而非将它们相互割裂,是最为有效的法律遵守机制。"执行模式与管理模式只有在相互结

[①] 欧盟法,指以建立欧盟、规制欧盟各国的国际条约为核心而建立起来的,包括欧盟自己为实施条约而制定的各项条例、指令、决定和判例以及欧盟各国的相关国内法,是旨在调整欧盟各国对内和对外关系的国际法和国内法规范的总称。作为"区域法律一体化"的典型代表,尽管欧盟法富有特色的遵法机制对国际法遵守机制的完善具有借鉴意义。但应该注意的是,欧盟法的适用与其成员国的国内法和国际法之间存在效力冲突、执行冲突等一系列问题,引起巨大的争议。比如 2001 年的"卡迪案",在这个案例中,根据 1999 年安理会第 1267 号决议,阿富汗塔利班组织的官员卡迪在联合国安理会的"定点制裁"名单上,欧盟理事会遂依据安理会 1267 号决议冻结了其在欧洲的财产。该官员向欧洲初审法院申请废止这一措施,理由是该措施侵害了其公平听证权、财产权及有效司法审查权。2005 年,初审法院驳回申请人的诉求,理由是法院认为自己无权对安理会作出制裁决议的事实和证据是否支持欧盟实施措施进行审查。该官员继续向欧洲法院提出上诉。2008 年,欧洲法院做出了不同于初审法院的判决,认为《联合国宪章》和安理会决议对欧盟不具有法律约束力,即使是履行安理会制裁决议的措施,也没有理由免受欧盟法院的司法审查。这遭到了国际法学者的强烈批评。我们认为,《联合国宪章》的义务优先原则是国际法的基本原则。各国履行《联合国宪章》必须优先于其他任何国际协议,是国际法维持其权威性和避免成为国家间政治博弈工具的基本保障。站在国际法遵守的角度,依据《联合国宪章》的安理会授权,是国际法执行获得合法性的唯一途径。欧盟法的适用、执行和管理都不应凌驾于以《联合国宪章》为中心的国际法之上。有关"卡迪案"以及欧盟法在该案适用上的争议,详见王蕾凡.安理会目标制裁决议实施中人权保护的司法审查:从"卡迪案"到"阿尔-杜立弥案"的演进[J].国际法研究,2017(4):72-80.

合的时候最为有效。在国际合作的真实世界里,这两种战略相互补充,相辅相成,并非别如轩轾的关系。"[1]"在引导行为体遵守规则方面,并非所有规则都是相同的。有些规则表现为你不遵守就会遭受惩罚,例如要遵守某项禁令,甚至被一些权威机构制裁。许多大家熟悉的规则采取的都是这种形式。有些规则表现为你达到什么样的要求就可以给予奖励。自研究规则之始,我们往往会只看到第一类规则。第一类规则无疑最经典,但从现实生活的许多领域来看,以某种奖励方式表现出来的规则正变得越来越重要。"[2]可以从欧盟法的遵守体制出发,理解执行性和管理性方法如何相得益彰共同引导国家行为对国际法的服从。

欧盟法的遵守体制既包括由欧盟委员会凌驾国家之上的类似警察巡逻式的管理性监督,也包括各国法院和私人层面进行的执行性监管。在执行和管理两个层面上,欧盟法很好地结合了强制性与管理性的工具,使其在控制国际法违反方面尤其有效。欧盟促进遵法的整个体系的设计和运行对管理模式和执行模式的对立性和不可通约性以及与此相关的激烈争议提出了挑战。在欧盟内部,管理性的能力建设、规则解释和社会压力与执行性的国际法制裁共生共存,共同促进国家对国际法规则的遵守。在欧盟法遵守系统日复一日的实际运作中,这些工具互为补充,互相加强,证明了强制性方法和问题解决方法相互结合的优势所在。可以从两个层面分析这种相互结合的特点:位于欧盟层面的集中性(centralized)遵守机制和位于各成员国法律体制中的分散性(decentralized)遵法机制。

第一节　欧盟委员会的"管理性"遵法机制

在欧盟内部,解决国际法违反的基本方法集中在欧盟层面的集中

---

[1] Jonas Tallberg. Paths to Compliance: Enforcement, Management, and the European Union[J]. International Organization, Vol.56, No.3(Summer, 2002):609.

[2] [美]奥兰·扬.世界事务中的治理[M].陈玉刚,薄燕,译.上海:上海世纪出版集团,2007:82.

性遵法机构。在这个层面上,欧盟要求各国对其各自的违法行为负起责任,同时努力帮助他们提高遵法的能力。欧盟委员会和欧盟法院自发地监督各国对规则的遵守程度,对违法情况进行修补,劝阻更加严重的违法行为。① 管理性机制和执行性机制在欧盟层面交替依次使用——预防性的能力建设和规则解释、监管系统、针对违法者的法律程序、非正式的谈判渠道和最终诉诸制裁,由此组成了类似"阶梯型"的遵法体系。②

在违法的阻却方面,欧盟机构面对遵法能力不足的成员国,力图给予它们补偿并通过一系列管理性措施提供正面的遵法引导,主要包括以下措施。

一、欧盟委员会的行政阶段

在可能发生违法现象的情境之下,欧盟委员会将开启与成员国官员的"非正式磋商",对成员国的违法行为进行极其谨慎的调查和向成员国驻欧盟委员会的常驻代表发出信件询问。欧盟委员会认为有足够证据表明成员国存在违法行为,会对其作出相应结论并要求成员国在特定时间内给予答复。这个"特定时间"一般是一年以内,在该期限内,成员国要么改变自己的行为,要么进一步向欧盟委员会做出说明,解释本国行为与欧盟法律的一致性。③ 在非正式磋商的阶段,有一部分案件能够得到解决而不必进入下一阶段;另一方面,在该阶段反复的相互沟通和讨论之下,由于法律的不确定性或者误解所引致的违法案例也能够首先得以排除,剩下的其他案件再进入正式阶段加以处理。

二、欧盟委员会的司法阶段

如果实际上发生了违法行为,在此情境之下引导国际法遵守的主要

---

① McCubbins Mathew D, Thomas Schwartz. Congressional Oversight Overlooked: Police Patrol versus Fire Alarms[J]. American Journal of Political Science, 1984, (1): 165.
② Arthur A. Stein. Coordination and Collaboration: Regimes in an Anarchic World[J]. International Organization, Vol.36, No.2, International Regimes(Spring, 1982): 299-324.
③ 王林彬,秦鹏.欧洲联盟法[M].兰州:兰州大学出版社,2001: 64.

工具是欧盟法第 226 条规定的"违法程序"(infringement procedure)。依据该程序欧盟委员会承担起诉职能,而欧盟法院作为法官居中审判。欧盟法也提供了第 227 条的程序,依据该条款,成员国可以就违反欧盟规则的事项相互申诉。然而,由于成员国更愿意欧盟委员会介入遵法过程的管理,也由于诉讼的高昂成本、报复的风险和外交程序的不便,该程序只在极其例外的情况下使用。[①]

依据欧盟法第 226 条建立的"违法程序"包括以下三个正式步骤:欧盟委员会通过"正式通知"启动程序,欧盟委员会通过"附理由的意见书"进行法律细化,以及欧盟委员会向欧洲法院提交案件作为最终决定。

首先,对于前述非正式磋商阶段无法解决的案件,欧盟委员会将向该成员国递交"正式通知",向成员国详细说明准备向其提起诉讼的案件范围,并且会给成员国 2 个月的答复时间。由于成员国违法案件的复杂性,这个期限一般都会延长,欧盟委员会努力在一年之内结束案件或者将其送交"附理由的意见书"程序。其次,在正式通知发出后一定期限内仍没有解决的案件,欧盟委员会将提出一份"附理由的意见书",说明自己是如何认定该成员国违反欧盟法的。如果说"正式通知"确立了可能提起的诉讼范围,那么"附理由的意见书"则确立了欧盟委员会作为起诉依据的法律观点,同时欧盟委员会也意图通过"附理由的意见书"进一步说服和劝导成员国回到遵守法律的轨道上。"附理由的意见书"同样给予成员国作出答复的一定期限。欧盟委员会一般给予成员国 2 个月的遵守"附理由的意见书"的时间。如果在此期限内成员国无法遵守"附理由的意见书",欧盟委员会将向欧洲法院正式起诉。

进入欧洲法院的司法阶段,是否就意味着进入一种强制性解决的程序呢?并不一定。首先,一旦案件提交至欧洲法院,议价的空间即大幅缩水,但一般而言,成员国还是对可能面临的不利判决心存畏惧。因

---

① Audretsch, H. A. Supervision in European Community Law 2nd[M]. Amsterdam: North-Holland, 1996: 201.

为欧洲法院大概90%的违法性判决都会倾向于欧盟委员会。因此,不管是欧盟委员会还是成员国都力图在推进违法程序各个环节的过程中逐渐减少违法行为,而不是进入司法程序。在1978年到2000年之间启动的违法程序总数中,只有38%的案件进入到"附理由的意见书"阶段,只有11%的案件提交至欧洲法院。根据奥德斯的调查,几乎所有欧盟成员国都随时愿意作出妥协和让步,或者愿意在违法程序的早期就寻求皆大欢喜的解决办法。部分成员国,比如英国、丹麦、荷兰和西班牙则更加积极,希望尽可能早地解决案件;也有其他一些成员国,比如意大利、比利时、希腊和法国则倾向于坚持违法行为,即使诉至欧洲法院也不轻易退让。①

其次,在案件提交欧洲法院之后,欧洲法院并不一定都以判决的方式结案。欧盟法允许欧洲法院以调解的方式令案件得到解决。在1990年底以前,欧盟委员会根据《欧共体条约》向欧洲法院提交的649个案件并已经结案的,有288个案件不是以判决形式作出结论的,其比例占到44%。②

最后,即使欧洲法院最终必须对违法行为作出判决,它也只是"确认"某成员国存在违反欧盟法的行为,而无权要求某国以何种措施终止这类违法行为。成员国有义务终止欧洲法院确认的国际违法行为,但以何种方式终止将取决于国家的选择。③

三、欧盟委员会的其他管理性措施

正式的行政程序是根据欧盟法在欧盟委员会内部运行,督促国家顺利履行法律义务的,除此之外,还有大量欧盟法之外的"软性"执行措施——公布违法国家名单,授权欧洲法院对顽固的违法国家予以象征

---

① Audretsch, H. A. Supervision in European Community Law 2nd[M]. Amsterdam: North-Holland, 1996: 204.
② 方国学,薛向君.天平与杠杆——欧盟的司法制度[M].南昌:江西高校出版社,2006: 137.
③ 参见方国学,薛向君.天平与杠杆——欧盟的司法制度[M].南昌:江西高校出版社,2006: 49-52.

性罚款,协助成员国提高遵守法律的能力或者建立与成员国充分协商的机制。这些软性措施具有典型的管理模式的特点——它们预设成员国都愿意忠实地履行法律义务,之所以违法是由于自身遵法能力不足、不够理解法条的意义或者遵法环境的不够健全。只要欧盟委员会或者相关机制能够协助成员国解决这些遵法过程中的困难,与成员国充分协商与沟通,良好的遵法效果是能够达到的。尽管这类管理性措施并未规定在正式的欧盟法律文件当中,也不具备强硬的形式,它们是协助性、协调性、劝导性和引导性的,但是在促进欧盟法遵守和对违法国形成威慑方面,这类软性的管理性措施与强制性措施相比,不管是数量还是效果都不相伯仲。

(一) 敦促执行欧洲法院判决的措施

在《马斯特里赫特条约》[①]生效以前,违法成员国对欧洲法院判决的执行情况很不理想,欧盟委员会对于不遵守欧洲法院判决的成员国主要采取两种应对措施:第一,将违法国家公之于众以敦促违法国遵守欧洲法院判决,继续履行欧共体条约规定的各项义务。例如,根据欧共体委员会的公布,在 1990 年到 1993 年期间,被欧共体委员会提交到欧洲法院的违法诉讼中,意大利有 66 件,比利时有 34 件,卢森堡有 33 件,希腊有 27 件,荷兰有 19 件,德国、爱尔兰、西班牙各 15 件,法国 13 件。[②] 公布这些违法记录等于向所有欧盟成员国宣布哪些国家在遵守欧共体法方面拥有较差的表现,从而对违法国施加社会性的压力和令他们感到羞愧。这是促使违法国放弃违法行为的一种重要的管理性方法;第二,重新启动"违法程序",并根据《欧共体条约》第 171 条规定再

[①] 即《欧洲联盟条约》(Treaty on European Union)。1991 年 12 月 9 日,第 46 届欧共体首脑会议在荷兰的马斯特里赫特举行。与会代表通过并草签了以建立欧盟经济货币联盟和政治联盟为目标的《欧洲经济与货币联盟条约》和《政治联盟条约》,统称《欧洲联盟条约》。1992 年 2 月 7 日欧共体 12 国外交部长和财政部长在马斯特里赫特正式签署了该条约。因此《欧洲联盟条约》又称为《马斯特里赫特条约》,它为欧共体建立政治联盟和经济与货币联盟确立了规划,是欧洲联盟成立的基础。

[②] Audretsch, H. A. Supervision in European Community Law (2nd edition)[M]. Amsterdam: North-Holland, 1996: 230.

次提起成员国违法诉讼,诉讼理由是:该成员国违反了欧洲法院已作出裁决所涉及的欧盟法,并且由于没有遵守欧洲法院判决,再次违反了条约的有关规定,比如《欧共体条约》第171条的规定。这是一个相当繁琐的过程,因为需要启动整个"违法程序"并完成诸多步骤。在《马斯特里赫特条约》生效以前,欧共体委员会多次表示它对不遵守欧洲法院判决的案件数量之大以及不得不多次重启违法程序的担忧。比如,1989年,欧共体委员会就根据《欧共体条约》第171条重启26个新的违法程序,它认为:"这种情况令人堪忧,因为这损害了建立在法律基础上的欧共体的基本原则。"此外,欧共体委员会还根据《欧共体条约》第171条就12个案件重新提起违法诉讼。[1]

《马斯特里赫特条约》生效之后,修订后的欧共体条约赋予欧盟委员会建议欧洲法院对那些坚持不遵守欧盟法的成员国予以罚款的权力。在欧盟委员会对欧洲法院作出此项建议之后,欧洲法院一般都会做出罚款的最终判决。当然这种权力看似赋予了欧洲法院强制性的执行权力,但由于罚款的规定模糊不清且罚款金额多为象征性的,其对顽固的违法国家的强制效力依然极其有限。作出罚款判决的目的主要还是通过向固执的违法国施加舆论和社会性压力,令其自觉纠正违法行为。

(二) 经济援助和人员支持

首先,欧盟通过一整套经济援助计划以缓解成员国在适应和遵从欧盟法过程中出现的困难并鼓励他们自觉遵守规则,这是提高成员国遵法能力的基本方式。其中,欧盟的LIFE基金主要在环境保护领域通过提供技术援助和资金支持协助成员国对欧盟环境政策的遵守;欧盟地区发展基金(简称为ERDF)和欧盟社会基金(简称为ESF)意在地区层面为那些遭受国内市场自由化所带来的体制性困难,因而需要进

---

[1] LF Goldstein. Establishing the Supremacy of European Law: The Making of an International Rule of Law in Europe[J]. Forign Affairs, 2010, (1): 217.

行结构性调整的国家提供支援。

除了经济援助以外,欧盟委员会还通过专业人才的援助帮助成员国建立欧盟要求的各项机制和制度,并与可能违反欧盟条约的国家消除认识上的鸿沟和促进相互信任。比如,在 1993—1999 年期间,"卡罗勒斯计划"就为国内官员的相互交换提供了巨大的资金资助;在 1999 年,一个关于行政合作的广泛计划通过相互协调中心网和链接点的建设,为 12 个成员国之间交换深谙自由市场法规和善于执行国内市场法规的官员提供了便利。[①]

其次,欧盟委员会建立了与成员国相互协调和谈判的机制,以充分了解成员国在遵守欧盟法过程中的困难和寻求解决办法。比如,欧盟允许成员国在遵守欧盟法的过程中,如果需要额外时间进行自我调整,可以与欧盟委员会签订"过渡性协议"。这类"过渡性协议"在以下两种情况中使用:第一种情况是,加入的国家在某一政策领域有特别重要和特殊的利益以至于调整政策特别困难,例如瑞典在酒精类商品的进口和零售方面,长期实施违反欧盟法的国家垄断政策;第二种情况是,国家在某一领域有特别强烈的调整需要,需要更长的时间作全面调整的准备,例如西班牙和葡萄牙在市场化改革过程中国内产业体制的艰难改革。

可以发现,在违法程序的正式框架之内,执行程序和管理程序都意在通过步步逼近的压力促使成员国更加积极地选择遵法。欧盟委员会在与成员国交流的过程中会向其宣布最终将采用经济制裁的可能性,也会通过公布遵法中存在瑕疵的国家名单和发布国家遵法水平的得分表这种"享誉与蒙羞"的方式向违法国家施加社会性压力。欧盟委员会还有权公开威胁违法国,它将把无法解决的案件引至更加严厉的程序,以及如果成员国不屈服,它将采取进一步措施,毕竟,"没有成员国愿意

[①] de Munaín Zulueta, Arantza López. Training Administrations to Manage the Internal Market: The Karolus Programme. EIPAScope 1993(3): 4 – 11.

将违法程序演变为司法程序"。① 跟执行程序更加侧重外在强制力的特点相比,管理程序更加侧重社会舆论、国家形象等与国家声誉相关的社会性因素所引发的成员国的内在压力,但不管是执行程序还是管理程序,其本质上都意在提高违法成员国的行为成本或者降低其违法收益以促进法律的遵守。②

在欧盟委员会和成员国的相互沟通中,压力的层层递增、避免成本更高和浪费资源的诉讼程序等考量,能够非常有效地制造随时准备妥协的友好气氛。欧盟委员会与成员国的相互协商因而成为双方诉诸诉讼之前及时结束违法程序的关键性步骤。可以发现,违法程序和司法程序看似是应对违法行为过程中性质完全不同的两种手段,但在实际运用中它们经常交替使用,相互混用。在管理性的"违法程序"中,进入司法程序和使用执行手段是提高违法国心理压力的有效威慑;而在执行性的司法程序中,穿插使用管理性的谈判和协商又有助于降低司法成本(执行性手段本来就是成本较高的争端解决方式)和为违法国家回到遵法轨道上提供鼓励和正面的引导。正如斯奈德所称:"我们经常将谈判和司法视为二中选一的争端解决方式。但是在欧盟委员会的日常实践和工作理念中,这两种方式并非有你无我的替代性关系,它们往往相辅相成,相互补充。当然,欧盟委员会自身使用的主要的争端解决方式是谈判,诉讼一般而言只是程序中一小部分,虽然这一小部分有的时候至关重要。"③

此外,相比于此前各项正式程序,欧洲法院的判决更加倾向于引起其他成员国和大众的关注以进一步提高违法国家的社会性成本。同时,欧洲法院的违法性判决也会通过澄清欧盟法规的内容,以及为此后的争议提供先例性法律解释来降低欧盟法规的不确定性所可能带来的

---

① Jonas Tallberg. Paths to Compliance: Enforcement, Management, and the European Union[J]. International Organization, Vol.56, No.3(Summer. 2002): 621.

② 见 Audretsch, H. A. Supervision in European Community Law 2nd [M]. Amsterdam: North-Holland, 1996: 201.

③ Snyder, Francis. The Effectiveness of European Community Law: Institutions, Process, Tools and Techniques[J]. Modern Law Review, 1993, (1): 20.

违法。可以发现,即使程序行至欧洲法院的司法程序,管理性的措施依然在发挥作用——提高案件的传播广度以增加违法国家的社会性成本,以及对案件涉及的法条进行更加详细的解释,以协助各国更准确地遵守法律。管理性措施和执行措施并没有严格区分,而是相互搭配,尽可能在违法程序和司法程序的衔接中大幅度地减少违法案件。

先前,如果国家对欧洲法院的判决不予执行,由于欧洲法院不具备强制执行判决的权力,唯一的补救措施是重新启动"违法程序",由欧盟委员会再次对该违法国提起诉讼,就成员国既有的违法行为进行指控,或者就成员国拒不执行欧洲法院判决的违法行为进行指控。自从1993年《马斯特里赫特条约》生效以后,修订后的欧盟法授权欧盟委员会向欧洲法院建议对拒不执行判决的成员国实行经济处罚。欧洲法院根据欧盟委员会的经济处罚建议所作出的判决对此前违法判决的执行也能够产生积极的促进作用。

虽然欧盟委员会可以提出判决罚金的制裁建议,但其对此类制裁工具的使用仍然是出于威慑和增加违法国社会性成本的考量。在规定罚金数量的时候,其主要考虑的是使用这一威慑性工具以保证欧盟法律的有效执行。因此,一旦发现必须使用罚金手段促进成员国遵守国际法,欧盟委员会就往往倾向于调高罚金的数值以保证威慑效果的充分性。同时,这也能彻底抵消违法国家从违法行为中获得经济性利益的企图。[①]

欧盟委员会在 1997 年 1 月第一次使用这一新兴的制裁工具以促使成员国遵法,此后从 1997 年到 2000 年一共在 21 个案件中使用了这一手段,达到每天判令罚金欧元 6 000 元到 264 000 元的水平。[②] 如此之高的罚金数额确实达到了极好的威慑效果,成员国在面对如此有力的制裁威慑之时往往迅速妥协。在所有欧盟委员会和欧洲法院使用罚

[①] European Commission. Memorandum on Applying Article 171 of the EC Treaty[Z]. Official Journal. No.C 242/6 - 8/ 21.8.1996.

[②] European Commission. Seventeenth Annual Report on Monitoring the Application of Community Law (1999)[Z]. COM(2000) 92 Final. 23.6.2000.

金威慑的案件中,只有在一个案件中实际上执行了所建议的罚金。

欧盟委员会于1999年列举了当年在各个阶段所解决案件的数量和比例,如表6:

表6 1999年违法案件在各项程序各个阶段终结的数量与比例

阶　　段	数　量	比　例
在"正式公告"之前	763	40.2%
在"详尽建议"之前	593	31.2%
在诉至欧洲法院之前	435	22.9%
在欧洲法院判决之前	40	2.1%
在第二次"正式公告"之前	46	2.4%
在第二次"详尽建议"之前	12	0.6%
在第二次诉至欧洲法院之前	10	0.5%
在欧洲法院制裁性判决之前	1	0.1%
总　　数	1 900	100%

在表6所示的1999年在各个阶段完结的案件中,近95%都在诉至欧洲法院之前解决了,很大一部分案件都在违法程序的第一个阶段"正式公告"之前终结,从而使得违法行为及时得到了控制。随着违法程序向司法程序各个环节依次过渡,终结的案件逐渐减少,真正落实到罚金执行阶段只有一个案件。"数据显示,欧盟成员国的违法行为只是暂时现象。更为普遍的是,由于执行机制和管理机制的有效合作,真正因违反欧盟规则而被起诉的情况极其少见。"[1]

综上,在欧盟法的遵守机制中,欧盟委员会扮演着垄断性的促进遵法的角色。不能否认的是,欧盟委员会在打造相关基金和建设相关机

---

[1] Jonas Tallberg. Paths to Compliance: Enforcement, Management, and the European Union[J]. International Organization, Vol.56, No.3(Summer. 2002): 620.

制,使它们成为欧盟的主要制度性活动以协助成员国建设遵约能力方面起到了关键性作用。实际上,欧盟委员会在整个20世纪90年代所采取的措施都意在协助成员国提高其遵法能力。欧盟委员会简化违法案件的内部处理;在其监管措施中整合罚金威慑的措施;推动相互申诉作为获取成员国违法信息的重要来源。此外,欧盟委员会还定期公布成员国违法案件,强化"享誉与蒙羞"的政策;通过引入与成员国重新谈判案件的程序使"遵法议价"制度化。这些措施虽然都属于"软性"措施,并不具备实际的强制力,但它们有效地强化了欧盟委员会的遵法机制,并促进了欧盟法的遵守。

第二节 成员国法院的"执行性"遵法机制

欧盟委员会在欧盟法的遵守中担当"管理者"的角色,它提供资金和人员、协助成员国提高遵法能力,与成员国相互协商具体的遵法进度,通过内部监测系统积极收集和评估国家遵守法律的信息。在出现违法情势的时候,欧盟委员会通过启动"违法程序"和公布违法者名单,通过施加社会性的压力促使成员国放弃违法行为。这些遵法措施可以认为都是"软性"的遵法措施,如上文所述,它们可以有效解决"协调性博弈"产生的国际法遵守问题;而对于另一部分国际法遵守问题,比如"协作性博弈"的问题,"软执行"的管理措施就显得力不从心了,它们的非强制性不足以遏制违法国的背弃动机,必须采取强硬的执行性措施迫使这些投机者放弃故意违法的动机。在欧盟"阶梯型"的国际法遵守机制中,除了集中在欧盟层面的管理性遵法机制之外,分散在各个成员国的强制执行欧盟法的执行性体系使欧盟法的遵法体制更加完备和有效。

这种分散在各国的强制性的执行体系之所以能够建立,除了执行措施所需要的强制性权力依然属于各国所有以外,欧盟赋予各国的这种对欧盟法遵守予以监督和充当"警报器"的角色,也是重要原因。"欧盟委员会允许欧盟公民、公司、非政府组织和国家行政机构提起国家不遵法的申诉,从而对各成员国的遵法进行记录和评估。"这种由私人在各国内部对国家遵守欧盟法的记录进行监督,甚至可以引发对违法国家予以惩罚的执行机制主要由以下几方面组成:第一,欧盟法的直接效力原则和优先效力原则;第二,先予裁决制度;第三,国家责任制度。

一、直接效力原则与优先效力原则

"(欧盟法分散性执行)结构的基础是欧洲法院在20世纪60年代规定的欧共体法律的直接效力原则和优先效力原则。"直接效力原则规定欧共体法律为欧共体公民创设了直接的法律适用效力,允许他们在成员国法院直接引用欧共体法律条款。欧共体法的优先效力原则则规定欧盟委员会的法律在与成员国法律相互冲突之时具有优先适用性。通过这些原则,欧洲法院才根据《欧洲共同体条约》第234条规定了先予裁决制度,使公民个人获得质疑和审查成员国遵守欧共体法的权利。

(一) 欧盟法的直接效力原则

根据传统的条约法,国际法只对国家具有强制效力。除了极少数国家接受国际条约直接在国内适用以外,大部分国家要求国际条约必须通过国内立法机关的转化方能融入国内法律秩序中,在国内生效。这导致国际法虽然在理论上对国家产生约束力,但它们在各国国内法律秩序中的效力依然取决于各国立法机关的态度和意图上的限制。各国是否需要遵守国际法以及遵守的程度实际上也受制于本国对国际条约的接受程度,这种来自各国主权对国际条约适用性的防护实际上阻碍了国际法对各国行为的约束和引导。

欧盟法能在多大程度上对成员国产生约束力?1963年的范·根和洛斯(Van Gend en loos)案对此作出了回答。在此案中,荷兰的范·根和洛斯公司在本国法院起诉荷兰政府的一项政策,该政策规定在《罗马条约》生效之前征收较高的进口关税,而《罗马条约》禁止关税的提高。① 荷兰法院就此事项向欧洲法院提请先决裁决,咨询《罗马条约》是否能够在成员国内"直接适用"——"成员国公民是否可以在该条约的基础之上要求成员国法院必须保护的权利。"欧洲法院在此先决裁决中表明了与一般国际法只具有间接效力相反的观点,指出决定国际条约是否在成员国法律体系中具有直接效力,取决于条约的精神和一般结构;从《罗马条约》的序言和共同体机构的结构确立的目标,欧洲法院得出这样的结论:"共同体的成员国限制并让渡了其主权权力,共同体法得以形成一个国际法的新型法律秩序。共同体法的主体不但包括成员国,也包括成员国国民。共同体法不但给个人规定了义务,而且也赋予他们以权利,这些权利不仅源于条约的明文规定,也源于条约给个人以及成员国和共同体机构所规定的义务。"②欧共体的成员包括各成员国家,也包括它们的公民,在此基础之上,欧共体法的主体既包括国家,也包括欧共体的公民个人,欧共体法在各国国内的适用不受制于成员国层面的意图,而能够直接约束其公民。

直接效力原则赋予欧共体公民监督成员国政府是否忠诚遵守欧盟法的权利,使他们能够依据国际法直接挑战政府的权威,并在个人权利受到国家侵犯的时候能够得到国际法的支持。这种私人与国际法之间直接关系的建立,对他们监督国际法遵守情况的权利的赋予,极大地突破了传统的国际法理论和国际法执行的模式。传统的国际法遵守的监督者只能由国家担任,由个人担任这样的角色,相较于欧盟委员会根据内部规则进行的国际法遵守的监督相比,尽管被认为不够正规,但显然

---

① 范·根和洛斯公司是荷兰一家运输企业,1960年该公司从民主德国进口化工产品,荷兰海关对该产品征收的关税超过了以往税率,而根据《罗马条约》12条规定:"成员国不应该在其进口与出口中征收新关税或具有同样作用的税收,不应该提高它们在相互贸易往来中的现行关税。"该公司认为荷兰海关的行为违反了《罗马条约》的该规定,遂根据《罗马条约》向荷兰法院起诉荷兰政府。荷兰政府认为,只有成员国或者欧共体机构能够根据《罗马条约》起诉其违反欧共体法,私人无权援引《罗马条约》起诉一国政府。案件的焦点在,成员国私人是否有权直接援引欧共体法起诉成员国政府,或者说欧共体法在成员国是否具有直接适用的效力。荷兰税务法官将该案申请欧洲法院先予裁决,要求其对欧盟法是否具有直接效力做出答复。具体案情见王玉玮.论欧盟法的直接效力原则和优先效力原则[J].安徽大学法律评论,2007,(2):34.

② 方国学,薛向君.天平与杠杆:欧盟的司法制度[M].南昌:江西高校出版社,2006:24.

渠道更加多样化并且监督更加积极。"事实证明,直接效力原则后来被私人团体频繁地用于对抗成员国政府的公权力,并且成员国法院被强制适用欧盟法以便个人权利在受到国家权力影响时得到有效司法救济。"①它为个人监督欧盟法的遵守提供了强有力的依据。

(二) 欧盟法的优先效力原则

欧盟法的优先效力原则指的是在成员国国内法和欧盟法发生冲突的时候,条约的效力高于国内法。直接效力原则只是保证了欧盟公民可以直接援引欧盟法对抗成员国政府的违法行为,但如果成员国政府不赋予欧盟法高于国内法的效力和地位,直接效力原则并不能最终导致欧盟条约的有效适用以及对欧盟成员国违法行为的阻却,即使它们得到公民个人的直接援引。《罗马条约》本身对欧盟法与国内法发生冲突时的效力并无明确规定,但在1964年的科斯塔诉埃耐尔案件中,一家意大利国有电气公司的股东起诉意大利的国有化法律,认为它违反了《罗马条约》。意大利法院遂向欧洲法院就欧共体法和成员国法效力关系提请先决裁决。意大利政府拒绝承认这一先决裁决,认为意大利法官只需要适用成员国法律,欧共体法不具有更高的效力。② 欧洲法院认为:"与普通的国际条约相比,(建立欧共体的)条约确立了自己独特的法律体系,并随着该条约生效,已成为成员国法律体系的一部分,成员国法院必须遵守。由于建立了一个无限期的共同体,它拥有自己的机构、法律人格和在国际社会中代表自己的法律能力。更重要的是,各成员国限制了其主权或转让了其主权权力给予共同体。正是成员国限制其主权,尽管是在有限领域中的限制,也已创立了约束成员国国民

---

① 陆伟明,李蕊佚.欧盟法在成员国法律体系中的地位:以直接效力和至高效力两大宪法性原则为中心[J].法治论丛,2008:23.

② 该案中,原告认为意大利政府的一项国有化法律违反了《罗马条约》而拒绝支付依据该项法律产生的费用。意大利宪法法院认为,《罗马条约》在意大利是依据普通法律批准的,因此应该国内的国有化法律优先适用。1964年,意大利米兰地方法院的一位法官申请欧洲法院就欧共体法与成员国法律的冲突问题作出解释。通过这一解释,欧洲法院确立了欧共体法优先于各成员国法律适用的优先效力原则。详细案情见 Christopher Vincenzi. Law of the European Community[M]. London: Financial Times Pitman Publishing, 1999: 58.

及成员国自身的一种法律。"欧洲法院基于成员国家主权的让渡,提出"产生于条约之下的权利义务来自成员国从国内法律体系到欧盟法律体系的让渡,这种让渡伴随着成员国主权的永久限制,反对随后的和共同体概念不一致的单边法令不能奉行的观点"[1]。

优先效力原则后来在"国际贸易公司"(International Handelgesellschaft)一案中被欧洲法院精确描述为"欧盟法的效力高于所有形式的国内法,包括国内宪法"[2]。

这两个原则的共同适用,一方面确立了欧盟法在各成员国国内的法律地位;另一方面强调了各国必须自我限制主权,严格遵守欧盟法的重要性,也为私人得以在分散的层面监督成员国遵守欧盟法提供了法律依据。"直接效力和优先效力原则是欧盟法律体系的两个关键因素,它们构成一个硬币的两个面。由于这两个孪生概念,欧盟法院建立起一个卓越的欧盟法的执行体系。这个体系由三个部分组成:第一,欧盟法可以解释为个人在国内法院援引的权利来源。第二,先予裁决程度使得欧盟法的执行机制发生从集中程序到分散程序的变化。第三,欧盟法院确立了违反欧盟法的国家责任原则。"[3]它们共同构成欧盟法的"硬执行"机制,对违反欧盟法的成员国施加外在的立竿见影的强制效力。

二、先予裁决制度

欧盟的先予裁决制度是在欧盟条约规定的特定案件中,成员国法

---

[1] Christopher Vincenzi. Law of the European Community [M]. London: Financial Times Pitman Publishing, 1999:60.

[2] 该案中,当事人向德国宪法法院提起诉讼,质疑某一欧盟规章的合法性。德国宪法法院认为,欧盟制定的这一规则确实违背了德国宪法的某些条款,但欧洲法院对此保持了强硬立场,认为欧盟法高于各国法律,包括各国宪法,从而捍卫了欧盟法的最高效力。欧洲法院认为:"至成立欧洲共同体条约成立之初,所有当时与之冲突的国内法都自动失效,并且以后凡是与之不兼容的国内法的合法采用都应该被排除。"具体案情见 Case 11/70, International Handelsgesellschaft v. Einfuhr und Vorratstelle fur Getreide und Futtermittel, (1970) ECR 1125.

[3] 方国学.欧洲一体化进程中欧洲法院的作用[M].合肥:安徽人民出版社,2006:113.

院作出判决之前就特定问题向欧洲法院请求解释性或者合法性判决，并根据欧洲法院对该问题的先决裁决作出该案件最后判决的制度。就程序上看，先予裁决只是原来主诉案件诉讼程序的中间程序，从这个角度看，欧洲法院的作用似乎极其有限，但在这一微小的中间程序中，欧洲法院所扮演的欧盟法律的解释者，以及和各国法院建立起来的"法院—法院"的机制，在欧盟一体化过程中保证欧盟法律执行的统一性起到了重要的作用，从执行欧盟法的实际效果来看，它为欧盟内部的私人通过成员国法院间接向欧洲法院寻求保护和监督成员国遵守欧盟法提供了重要的途径。①

在先予裁决制度产生之前，欧盟层面的集中遵法机制效果一直疲软，这一方面是由于欧共体委员会的"违法程序"只能由欧共体委员会提起，几乎没有给私人留下诉讼的空间，对成员国遵法的监督渠道非常单一。另一方面，私人可以在国内法院提起违反欧共体法的诉讼，但他们无法保证国内法院愿意接受欧共体法的效力。这样，私人当事人还是必须倚赖欧盟委员会对违法国提起违法程序和作出违法之诉。而如上所述，违法程序和违法之诉的效果并不尽如人意。尽管1976年，欧共体委员会鉴于欧共体法执行的恶劣状况决定在它意识到成员国违反欧共体法时系统地提出违法之诉，但这项严格的政策并没有导致更好的遵法情况，相反，导致了一种损害其威慑力的效果："诉讼的数量越大，成员国执行由此产生的判决的可能性越小；不遵守的情况越多，政策变得越不可信；那些决定变得越脆弱，不实施它的诱惑越大。"②

在这种背景之下建立的先予裁决制度显然具有革命性的意义。在确立先予裁决的范·根和洛斯案中，荷兰法院请求欧共体法院就荷兰政府的关税增加政策是否属于《欧共体条约》的第12条所禁止的关税增加，这看似一个条约解释的问题，但欧共体法院将其视为一个国际法遵守的问题，即荷兰政府关税增加的政策是否和欧共体法律的规定相

---

① 吕国平.论欧洲联盟的先决裁决制度[J].中外法学，1996,(1):54-58.
② G. E. Mancini, D. T. Keeling. From Cilfil to ERT: the Constitutional challenge facing the European Court[J]. Yearbook of European Law, 1995, (12): 10.

符。尽管荷兰政府对此表示反对,它认为欧共体法院只有在违法之诉的背景之下才有权审查成员国对欧共体法的违反情况,在先予裁决的程序中,欧共体法院只能就条约的解释作出中间裁决。但是,欧共体法院还是受理了荷兰法院的申请,并认为它受理的是欧共体条约第 12 条的意义旨在审查违反欧共体法的其他法律程序的存在,排除成员国法院审查对欧共体法的违反等同于剥夺了私人在成员国所有直接的司法保护。"除了依据欧共体法的第 169 条和第 170 条委托给欧共体委员会和成员国的工作之外,私人对保护他们权利的警觉等于一种有效的监督。"[①]如此,私人被赋予在分散的欧共体法遵守体系中充当法律执行代理人和成员国遵法程度监督员的角色。这种角色的获得和先予裁决制度的建立,在促进欧共体法遵守方面,相较于"违法程序",最主要的优点是突破了集中的欧共体法遵守体系下由欧共体委员会拥有的单一的遵法监督渠道。这种单一的、繁琐的遵法监督程序固然被认为是"正规化"的遵法监督程序,但囿于欧共体委员会执法资源的有限,它其实无力追踪和发现所有欧共体法违反的情况。而遵法监督程序的分散化和由私人担任这样的角色在监视范围广大的成员国政府的违法行为方面显然更加敏锐和富有效率。实际上,由私人作为各国遵法行为的"警报器"非常有效。"从 20 世纪 60 年代每年提交的先予裁决申请非常有限,70 年代中期大概每年 50 件案件,80 年代早期每年超过 100 件案件,到 90 年代每年大概 200 件案件,公民个人通过欧洲法院对各成员国遵法行为的审查日益增多。成员国法院也因此成为欧洲法律体制的关键性一环并与欧洲法院构建了共生共栖的关系。"[②]这种法院—法院的连接,是由先予裁决制度建立起来的。

三、违反欧盟法的国家责任制度

尽管直接效力原则与优先效力原则赋予了欧盟法在各成员国内的

---

① 方国学.欧洲一体化进程中欧洲法院的作用[M].合肥:安徽人民出版社,2006:111.
② Stone Sweet, Alec, and Thomas L. Brunell. 1998, The European Court and the National Court: A Statistical Analysis of Preliminary Reference[J]. Journal of European Public Policy, 1995,(1):70.

崇高地位,但这种权威性只针对部分享有直接效力的欧盟法条款。对于数量极多的次级立法,特别是指令,其直接效力和优先效力难以认定,也极大影响它们在国内法院的适用性。欧共体法院本来认为指令无权对私诉当事人产生义务,但是欧共体1992年计划实施期间,由于该计划需要300多个指令方能完成,从而引发关于指令直接效力和优先效力的争议。如果在欧共体层面作出的大量指令无法对欧洲公民创设权利,大量欧共体一体化的计划实际上无法推行和落实,直至1980年代后期,欧共体委员会对欧共体法执行遇到瓶颈的一系列报告,将此问题推到了讨论和关注的高峰。①

与直接效力原则和优先效力原则的创立一样,欧洲法院在关于欧共体法权威性的争议中又为提高欧共体法在各成员国的执行效力作出巨大的推动。在1991年的弗兰科维奇(Francovich)案中,意大利某业已破产公司的雇员有一大部分工资由于公司倒闭而未能支付。他们认为,因为意大利政府未将欧共体第80/897号指令纳入国内法律,他们根据这一指令获得权利无法得到保障,故而向意大利法院提起国家违反欧共体指令的诉讼,并要求意大利政府赔偿损失。欧共体法院在先予裁决中支持了这一请求。② 欧洲法院认为,欧共体法律体系不但以明示的方式赋予个人权利,亦通过向成员国加诸义务的方式赋予个人权利;并且成员国有义务执行欧共体法和保证欧共体法律体系的有效

---

① 见 F. Snyder. The Effectiveness of European Community Law: Institutions, Process, Tools and Techniques[J]. Modern Law Review, 1993, (56): 1-27.

② Francovich案的具体案情是,意大利某业已破产公司的雇员,其很大一部分雇员的工资由于公司倒闭没有得到偿付。由于公司已经倒闭,他们无法向公司请求偿付这部分工资,遂向意大利政府请求赔偿,其请求的根据是欧共体第80/897指令,该指令要求成员国必须提供保证基金以使公司雇员的工资在公司倒闭时亦能得到偿付,而意大利政府未遵守这一指令。这几名雇员(包括Francovich)作为原告提出两个请求:第一,他们认为欧共体第80/897号指令具有直接效力,意大利侵犯了指令赋予原告的权利;第二,他们认为根据欧共体条约第5条和第189条,成员国应该采取必要的措施履行欧共体条约的义务,而意大利政府没有采取这样的措施如实履行欧共体条约。意大利法院向欧洲法院提起先予裁决,欧洲法院对原告第一方面的请求不予支持,认为指令并不具有直接效力;但支持了原告第二方面的请求,认为成员国如果没有如实履行欧共体指令,就应该对因此遭受损害的个人进行赔偿,也即成员国政府应该就其自身违反欧共体法造成的私人损害进行赔偿,这就是违反欧共体法的国家责任原则。具体案情详见朱军.浅论欧盟法上的国家责任原则[J].欧洲,1999,(6):67.

性。如果成员国因为违反欧共体法而侵犯个人权利而可以不对此进行赔偿,欧共体法的权威性和有效性将受到侵蚀和削弱。这是违背欧共体条约精神和建立欧共体之初衷的。尽管存在指令是否受直接效力原则约束的争议,但欧洲法院依然认为只要满足三个条件——第一,指令赋予了私人权利;第二,这些权利可以在指令中得以识别;第三,成员国没有遵守指令和私人所遭受损害之间存在因果关系,私人就可以请求成员国政府就违反欧共体法所造成的损害进行赔偿,这些请求不倚赖于直接效力原则。欧洲法院通过这一案件的先予裁决解决了此前关于欧共体次级立法在成员国内效力的争议,也确立了违反欧共体法国家的国家责任制度这一法律救济方法。

在后来的Brasserie案中,[①]针对德国法院提起的先予裁决请求,欧洲法院指出,德国提出的国家责任只在欧共体法条文不具备直接效力的时候才适用的观点,不能接受。私人有权依据直接效力原则在国内法院请求保护欧共体条约所赋予的私人权利,这只是欧共体法对个人权利的最低保障。欧共体法赋予个人权利的目的是赋予欧共体法自身在国内法中的权威地位,如果个人依据欧共体法获得的权利得不到充分保障,他们因为成员国政府违反欧共体法而受到的侵害得不到赔偿,欧共体法自身的权威性和完全有效性也会受损,因此,应该认为国家责任原则具有广泛性,存在于欧共体法的各种渊源中,而不论这些法律渊源是否具有直接效力。如此,私人针对成员国违反欧共体法可以采取两类救济措施:向成员国法院起诉本国政府的违法行为;或者直接向欧洲法院起诉,要求本国承担国家责任、进行赔偿。

国家责任制度进一步保护了欧盟公民依据欧盟法获得的各项权利,而对于欧盟法执行而言,更为重要的是它加强了欧盟法分散性执行体系的有效性。在直接效力原则和优先效力原则所构建的欧盟法执行

---

① Brasserie案的具体案情是,德国政府认为某法国公司生产的啤酒达不到德国法律规定的标准而禁止其继续向德国出口啤酒,此前的啤酒案件中,欧洲法院已经认定德国该法律违反了欧共体条约第30条。法国公司向德国法院起诉,要求德国政府赔偿因该进口禁令造成的损失。详见许睿,李允载.欧盟国家责任原则探析[J].法学杂志,2001,(5):110.

体系之内,私人权利的保障实际上与欧盟法自身地位的稳固息息相关。在要求国家对侵犯私人的欧盟法权利而赔偿的同时,私人监督国家遵守欧盟法的权利亦得以加强,这对于加强欧盟法分散执行机制的刚性和力度具有重要意义。

综上所述,直接效力原则和优先效力原则、先予裁决制度、国家责任制度相辅相成,共同构建了欧盟法遵守的分散执行机制的基本框架。直接效力原则和优先效力原则作为欧盟法至为关键的要素,将个人纳入欧盟法执行的体系;先予裁决制度则允许个人在本国法院起诉国家违反欧盟法,对国家的遵法水平进行监视和督促;国家责任制度则进一步通过要求国家赔偿其违法行为造成的私人损害而强化了私人作为欧盟法执行代理人的身份。欧盟法的分散执行体系相较于集中遵守机制,执行的触角更加丰富,监督的渠道更加多样化,并且更加完整和有效,自20世纪60年代以后,欧盟法的遵守体制实际上逐渐从集中层面向分散层面转移,"从1960年代中期到1980年中期的20年里,共同体法的执行程序逐步经历了从集中程序过渡到分散程序的转变。在1970年代初期,欧共体法院先予裁决的诉讼和违法之诉的诉讼相当,随后前者一直高于后者"[1]。这种转移是分散性执法机制的这三项制度共同完成的。

当然,分散性的遵法体制除了完成执行性功能以外,也同时完成了管理性功能。它赋予私人主体在本国法院起诉政府违反欧盟法律的权利;也能够向成员国施加财政性制裁的威胁,个人有权向违法的成员国请求赔偿因其违法造成的损失。由于成员国法院的判决极少在相关国家引起关注,遑论在其他国家之间造成广泛的影响,因而相对于集中性的遵法机制,分散性遵法机制向违法国的社会性成本相对较低。但是成员国法院将案件提交欧洲法院解释,阐明欧盟法内容,减少模糊性和确立先例,都是典型的管理性措施。这些程序固然无法对成员国施加

---

[1] 见 Renaud Dehousse. European, Court of Jusce: The politics of Judicial Intergration [M]. New York: St. Martin's Press, 1998: 52.

直观的压力,但对于降低非故意的违法意义重大。

从欧盟机构的观点出发,分散性的遵法结构有很多优点,它将监管的成本转移至个人和成员国法院,由此缓解了欧盟委员会和欧洲法院的压力。由于分散性的遵法机构分散在各个国家且随时接受个人的申诉,相比于欧盟委员会它能更加及时地发现违法行为,使得国际法遵守的监管更加及时。并且,由于政府对于本国法院的意见都会非常重视,通过分散性的遵法机制,除了个人可以在成员国法院更加直接地请求欧盟法项下的权利以外,也使得成员国对于欧盟法的遵守更加积极。

正是由于这些优势,欧盟机构不遗余力地发展分散性的遵法机制。在 20 世纪 60 年代欧洲法院创造性的运转起来,70 年代长足发展以后,从 80 年代中期开始,欧盟委员会和欧洲法院积极加强该机制引导遵法的功能。[1] 欧洲法院重点为那些希望自己欧盟法下的权利得到保护之公民和公司提供稳定的救济。在启动开创性的决定以后,欧洲法院规定了能够在成员国法院采用的与欧盟法相关的救济和程序的原则和要求。[2] 所有欧洲法院这些战役的积累在弗兰科维奇一案中集中体现出来,该案创设了全新的补偿救济原则——国家责任,赋予个人和公司向不遵法国家请求经济补偿的权利。这实际上在分散性遵法机制中创设了制裁制度,推进了执行模式在分散层面的完善。

第三节 管理模式与执行模式的互补
——国际法遵守机制的方向

一、欧盟法遵守机制中的执行与管理

欧盟遵法机制中管理模式与执行模式的相互联合是一种高度成熟

---

[1] Jonas Tallberg. Paths to Compliance: Enforcement, Management, and the European Union[J]. International Organization, Vol.56, No.3 (Summer, 2002): 612.

[2] 张英.论欧洲法院在欧共体司法制度建设中的作用[J].法学评论,2001,(4):79.

的管理性与执行性措施交替进行的"阶梯型"结构,集中性的和分散性的遵法机制共同使用合作性和强制性的遵法方法循序渐进地提高了国家对欧盟法遵守的能力和意愿。综上所述,该阶梯可以认为包括以下四个步骤:第一,进行预防性的遵法能力的建设和厘清规则内容以降低由于遵法不能或者非故意造成的违法现象;第二,进行遵法行为监督以增加国家行为的透明度和公布违法者名单;第三,建立可以申诉成员国违法的司法体制并在其间进一步厘清和发展现行规则;第四,如果国家拒绝接受司法体制的规则,实施威慑性制裁作为最后措施。

如果如欧盟法所展示的那样,遵法机制只有在执行性机制和管理性机制相互配合的时候最为有效,那么只仰赖于一种模式的遵法机制在控制违法行为方面的效力应该会有所降低。同理,逐渐发展这种执行模式与管理模式相互补充的"互补性"遵法体制在控制国家违法行为的能力也将逐步提高。这些预期和归纳都能在丰富的国际实践中获得证明。早期的欧洲合作、全球性贸易机制以及一系列的环境法遵守机制都证明了全新的或者经过调整的执行性措施可以提高现行管理性措施的有效性,从而提高整个遵法机制的效力。

在上文提及的欧盟法遵法体制的发展中,20世纪90年代以前,欧盟法的遵法体制都以管理性措施为主,对欧洲法院判决的不尊重不会导致执法的结果和强制性的制裁,而只是重新提起违法程序。这导致各国更加严重和持续性地对法院判决的不尊重。在欧盟法后续的发展中增加了欧洲法院对欧盟法规的权威性解释以及增加了威慑性制裁作为最后办法,对欧洲法院判决不予重视的现象方得减少。在管理性和执行性的"阶梯型"结构中加入威慑性制裁作为最后手段,整个遵法体制的有效性都得以加强。

二、WTO法与国际环境法机制中的执行与管理

GATT和WTO的发展也同样验证了遵法机制的管理性因素通过更具操作性的执行机制而得以提高效力的理论。GATT应对违法行为主要是通过外交手段与合作性措施为主的管理模式,其"共识"的

决策程序和成员协商为导向的争端解决方法使得专家组意见仅仅因为某一成员方反对就可以被推翻,这大大降低了 GATT 应对违法的效力和权威性,对于国际贸易纪律适用的统一性也伤害极大。GATT 对违法行为控制的乏力一定程度上催生了 WTO 的建立,并对其争端解决机制进行了根本性改革。WTO 的争端解决机制赋予总理事会更加独立的执行权力,并赋予成员方更加强有力的报复性权力。在其运行的第一年就显示出对违法行为有效的控制和遏阻,大量受害的成员方愿意诉诸 WTO 的争端解决机制以保护自己的权利。

与欧盟法不同,WTO 的执行性机制既不是威慑性制裁,也不是惩罚,而仅仅是补偿性措施,因此违法的缔约方实际上可以选择遵守 WTO 专家组的裁决或者继续违法但进行补偿。对执行性措施的这种定性增加了不遵法的可能性,这方面最为典型的案件是美国与欧盟有关转基因牛肉的贸易争端的解决。尽管欧盟接受了 WTO 的裁决,也愿意向申诉方提供与其损失相称的补偿,但拒绝撤销其违法的贸易壁垒。在 2000 年 4 月,WTO 的争端解决机构就宣布在"转基因牛肉案"当中欧盟只遵守了 32 个最终裁决的 4 个。[①] 这种执行性措施的不彻底和管理性措施的不彻底是 WTO 遵法机制与欧盟法"阶梯型"遵法机制的不同之处,也是其遭受质疑的争议所在。但不能否认的是,WTO 这种管理性措施和执行性措施相互配合,共同处置违法行为的方法相对于 GATT 单一的"外交导向"的遵法方法更加有效以及能够有力地引导国家遵法行为。

此外,上文提及的环境保护机制也是一种管理性措施和执行性措施相互搭配的综合性遵法机制。一般认为,环境保护机制是典型的"问题解决型"机制,在论证管理模式有效性的时候,都会以环境保护机制作为典型案例。然而大卫·维克多认为,环境保护机制的最新发展趋

---

① Neyer, Jugen. Domestic Limits of Supranational Legal Integration: Explaining the Relative Effectiveness of European and International Trade Policy[Z]. Paper presented at the workshop on "Comparing Compliance at the National, European and International Levels", European University Institute, December 2000.

势是增加辅助性的执行性措施。国际环境条约有效性的提高依然是两类措施相互配合的结果。① 在对国际环境条约 8 个主要领域的研究的基础上,大卫·维克多认为,"当管理性措施失效的时候,如果没有少量更加强有力的工具加以支撑,管理性措施反而会削弱"。尽管"大部分不遵法行为能够通过协商和谈判加以'管理',但在遵法管理方面进行广泛合作的国家依然有强烈的使用执行性工具的动机"②。雅各布森和布朗·韦斯表达了类似的观点:"虽然制裁在促进国际条约遵守方面并不是举足轻重的角色,但作为最终的手段依然具有价值。制裁可以成为最终的威慑性工具,推动其他管理性措施更好地实现国际法的遵守。尤其在那些可能出现'搭便车'的条约中,制裁性工具尤其有效。"③

比如,臭氧层保护机制就是环境法领域执行性机制和管理性机制相互补充的典型案例。国际臭氧层保护机制一方面建立了"问题解决型"的管理遵法过程的正式与非正式的制度网络,它们协助国家建立遵法的经济能力,为国家提供技术性支援,经常审查遵法情况。尽管这些管理性措施足以控制大部分违法行为,但部分极其严重和持续性的违法,例如,俄罗斯对其法律承诺的违背,还是只能通过辅助性的执行措施和威慑性制裁加以解决。正如大卫·维克多所称:"臭氧层保护机制的不遵约机制在它融合两类遵法行动的时候最为有效。管理性的措施避免了严重的和具有破坏性的敌对情绪,但更加严厉的执行性措施和威慑行动对于促进合作和加强遵法过程的管理大有裨益,特别对于那些不为柔和的管理性措施所动的顽固违法方。"④

---

① Victor. David G., Kal Raustiala, and Eugene B. Skolnikoff. The Implementation and Effectiveness of International Environmental Commitments: Theory and Evidence [M]. Cambridge, Mass: MIT Press, 1998: 232.

② Id, 234.

③ Jacobson. Harold K. and Edith Brown Weiss. Assessing the Record and Designing Strategies to Engage Countries [M]//Jacobson H., Weiss E. Engaging Countries: Strengthening Compliance with International Environmental Accords. Cambridge: The MIT Press, 2000: 511.

④ Victor. David G., Kal Raustiala, and Eugene B. Skolnikoff. The Implementation and Effectiveness of International Environmental Commitments: Theory and Evidence [M]. Cambridge, Mass: MIT Press, 1998: 139.

实际上,关于执行性措施和管理性措施如何在同一机制中相互搭配和共同运作一直缺乏一般性研究。蔡斯作为管理模式研究的开拓者对于管理模式的机制建设也较不重视:"总体而言,法律上是否需要专门设置争端解决程序或者是否需要规定其决策具有法律效力,并不那么重要。只要争端解决的结果被认为具有权威性即可。"[1]同样,提出合作深度与适用执行模式之关系的唐斯也认为执行模式的机制形式不那么重要:"对于合作深度和执行性措施的关系而言,制裁违法行为的特定机制形式并没有执行的力度那么重要。"[2]但是,欧盟对于执行模式与管理模式相互咬合的遵法体制的成功运行为整个国际社会对管理模式和执行模式的相互配合提供了极好的示范。以 WTO 和欧盟这两个同样实行管理模式与执行模式相互配合的遵法模式的国际机制为例,每年提交 WTO 争端解决机构的案件大约 30 件,这远远高于 GATT 每年不足 5 件的案件处理数量;但与欧盟的争端解决机制每年处理大约 175 件先予裁决案件相比还是有很大的差距。更不用说欧盟成员国内法院每年处理的更加庞大的案件数量以及过去 20 年间欧盟委员会每年处理的超过 800 件的违法程序案件。[3]

随着管理模式在国际法遵守机制中地位的上升,执行模式和管理模式在越来越多的国际机制之中相互配合,相互衔接。如何在国际机制中合理设计两者的相互协调,变得越来越重要。欧盟遵法机制的设计为促进国际法遵守提供了良好的组织性基础,并且与 WTO 相比更加合理和有效,它为执行模式与管理模式互补的国际法遵守机制的设计提供了有益的借鉴。

---

[1] Abram Chayes, Antonia Handler Chayes. The New Sovereignty, Compliance with International Regulatory Agreements[M]. Boston: Harvard University Press, 1998: 145.

[2] Downs, George W., David M. Rocke, and Peter N. Barsoom. Is the Good News about Compliance, Good News about Cooperation? [J]. International Organization 1996, (3): 379-406.

[3] 关于关贸总协定、世界贸易组织和欧盟的先决裁决案件的数量,见 Keohane, Robert O., Andrew Moravcsik, and Mnne-Marie Slaughter. Legalized Dispute Resolution: Interstate and Transnational[J]. International Organization, 2000, (3): 457-488.

第七章

法律实证主义及其批判
——国际法遵守研究的视角转换

尽管执行模式和管理模式在实践中相互配合、共同适用于国际法遵守的推动,但是两者在理论上的争议依然在进行——强调制裁作为国际法遵守基本途径的执行模式与强调引导和劝服作为国际法遵守基本途径的管理模式,在批判和研究对方缺陷的前提下,也在更加深入地思考和研究己方的长短利弊,并试图建立完整的理论框架。不管是批判其他理论还是为己方立论,对于众多国际法具体问题的思考,依然要回到国际法的本质去寻找理论的渊源。追溯它们各自在法理学中的法理基础和源流,对于更加深刻地思考国际法具体问题提供了坚实的理论基础和解答困惑的蓝图。

第一节 国际法遵法之法理学研究视角转换的必要性

乔纳斯·唐伯格在论述执行模式与管理模式的争议时指出:"执行模式与管理模式的争议反映的不仅仅是国际体制如何运作或者国际法如何实施的不同观点,这种争议还具有深刻的根源,其本质是关于法律(包括国际法和国内法)性质之认识的根本性差异。"[1]当我们研究国际

---

[1] Jonas Tallberg. Paths to Compliance: Enforcement, Management, and the European Union[J]. International Organization, Vol.56, No.3(Summer. 2002): 609.

法的时候,习惯性地以法律实证主义作为视角和方法,认为强制性是法律的本质,当然也是国际法的本质。这也是以奥斯丁为代表的部分法律实证主义者认为国际法不是法律的主要论据。即使是赞成国际法是法律的部分法律实证主义者,例如边沁和凯尔森,也坚持认为强制性是国际法的本质属性。他们认为,以自力救济为执行方式的国际法具备"不成熟"的强制性,是不成熟的处于原始状态的法律。在这样的视域之下,法律实证主义者非常关注强制力作为法律之必备要素在促进法律遵守方面的作用。同样,在国际法遵守中,这体现为过于重视执行模式在促进法律遵守方面的作用,认为只要强化执行模式,即可强化国际法的遵守。

如果局限于法律实证主义的单一视角,在国际法遵守的研究中会陷入一些困惑。首先,执行模式的加强并不必然导致国际法遵守水平的提高,个体绝非仅仅出于畏惧制裁而被迫遵守法律。这点在国内法遵守的研究中也得到论证。其次,执行模式在运行中必然遭遇国际社会平行结构的限制,在现有横向性的国际法框架之中无法建立上位的执法机制。这导致执行模式的有效性受到国际政治组织形态上众多技术性和政治性的限制。

一、国际法的法律实证主义研究

要解决执行模式的这些困惑,还是应该回到在执行模式和管理模式争议的根源,即国际法的性质中去寻找答案。可以发现,我们始终站在单一的视角,即法律实证主义的视角看待国际法的本质,由此强调制裁在法律遵守中的基础性作用。但要注意的是,法律实证主义作为看待法律的视角和方法之一,[①]有其历史性和局限性。首先,法律实证

---

① 研究"方法"的含义颇多,可以是分析问题的操作式方法,可以是具体的研究路径,可以是研究者认识世界的作为哲学概念的"方法论"。其中,国际法研究中,根据研究者的立场可以将国际法研究的"方法"分类为实证分析、社会分析和价值分析,本书中的国际法研究"方法"指的是从研究者对国际法进行观察的不同视角出发,对国际法进行研究的路径,包括了研究法律的不同视角和方法。"西方国际法学者往往以'路径'(approach)或者'视角'(perspective)指称国际法研究方法。从不同视角出发,可以将国际法研究方法分为(转下页)

义对法律性质的认识和法律问题的分析是基于成熟形态的法律作出的。"分析法学派只考虑发达的法律体系和关注律令要素。在我们复杂的法律中,该学派关注什么要素以及经由何种形式实现社会控制。"[1]这类法律的政治基础是公权力机关的形成和垂直性政治组织形态的存在。其次,法律实证主义又被称为"法律命令说","准确意义的法具有命令的性质。如果没有命令的性质,无论何种类型的法,自然不是我们所说的准确意义上的法"[2]。这里的"命令"包含了政治优势者针对政治劣势者施加强制的含义,后者违反"命令"将带来政治优势者的"制裁"。制裁是法律得以遵守的主要途径。

反观国际法,首先,国际法绝非成熟的法律形态,远没有形成公权力机关以集中行使立法和执法权力。缺乏政治优势者颁布律令和实施制裁,使得国际法是否为法律实证主义所谓的"准确意义上的法"遭到长期的质疑和争议。迄今,这一涉及国际法性质的基本理论问题依然没有清晰的论证和论点。其次,国际法作为平行性的法律,其执行主要依靠自力救济,因而在强制性方面具有分散和软弱的特点。"在强制实施方面,国际法与国内法不同,国际法没有居于社会之上的国家强制机关……国际法的外在强制主要依靠国家自助。"[3]如果强调制裁作为国际法遵守的主要途径,必然导致执行模式在实际运行中面临诸多技术性和政治性的困难。

不能否认,法律实证主义作为法学研究的一种视角在国际法研究,尤其是在国际法规则的注释和逻辑分析中具有重要作用,但它不是研究法律的唯一视角和方法。特别是国际法这样与国内法截然不同、不具备上位政治组织机制的法律形态,适用将法律定义为"政治优势者之

(接上页)价值无涉的描述性研究和关涉价值的规范性研究。在这个意义上形成三种主要的国际法观念,即国际法的实证分析、国际法的社会阐释和国际法的价值批判。"关于国际法研究方法的论述,详见何志鹏.国际法方法论:以思想与表达为核心[J].武大国际法评论,2011,(1):65-67.

[1] 王婧.庞德:通过法律的社会控制[M].哈尔滨:黑龙江大学出版社,2010:47.
[2] [英] 约翰·奥斯丁.法理学的范围[M].刘星,译.北京:北京大学出版社,2013:2.
[3] 邵津.国际法[M].北京:北京大学出版社,2005:5.

律令"的实证主义法律观加以研究,将引起诸多困惑和陷入狭隘。

二、国际法的社会学法学研究

实际上,在国际法遵守怎样体现法律对国家行为加以规范和对社会生活加以指引的同时涉及国际法和国际关系的跨学科问题上,可以转换一下法律实证主义的视角,站到法律社会学的视角思考国际法的性质以及国际法得到遵守的途径。"国际法的社会学法学研究超出了传统的国际法学界限,在更广阔的社会背景中研究国际法问题。通过这种研究,我们不仅能够深入地解释国际法立法的社会关系基础、学说的社会基础、国际法规则的来源,还能分析国际法实施力的具体表现,分析国际法与其他国际社会现象的关联,如探寻国际法与国际关系、国际法与国内力量对比、国际法与文化、国际法与道德之间的联系,以及国际法是否在国际社会得到有效实施的问题。"[1]

在批判法律实证主义的基础上兴起的社会学法学,与法律实证主义关注"国家制定法"相反,主张摆脱"国家法"对法律性质的束缚,在更加悠久和广阔的"前国家"和"无国家"的社会背景之下认识法律。在这些缺乏政治优势者的社会形态下,法律作为社会秩序的维持者依然发挥着指引个体行为的作用。政治优势者的制裁确实是保障法律得以实现最为稳定的机制,但并非唯一机制。只要是有组织的制裁,在其被社会个体认可为"法律"制裁的条件下,都可以视为法律强制力的体现。大量国家制定法之外的社会文化因素都是国际法得以遵守的动力。

在这样的理论背景之下,管理模式提出了非强制性、非对抗性、非司法性的国际法遵守途径。不管是澄清法律条款、增加法规透明度,抑或协助各国提高守法能力;不管是要求国家报告遵法情势、由专门的国际机制定期审查遵法水平,抑或在频繁的国际社会互动中劝导国家守法,都属于在法律之外,在广阔的国际社会中运用的遵法方式。它们与强制性的国际法制裁相辅相成,同时为丰富国际法遵守途径提供了视

---

[1] 何志鹏.国际法方法论:以思想与表达为核心[J].武大国际法评论,2011,(1):63.

野更为宽广的探索。

第二节 法律实证主义
——国际法研究的一种视角

法律实证主义作为当前仍然占据国内法研究主流的法律观和法学方法，深刻地影响了国际法的研究和思考。在执行模式的适用条件及诸多局限性的讨论完毕之后，追本溯源，可以发现执行模式的法理基础是强调国家强制力作为法律效力之保障的法律实证主义。它在17世纪古典自然法学派的衰微之后崛起，对巩固和稳定新兴的现代国家的法律体制作出了巨大的理论贡献。但是，法律实证主义的视角和方法运用到国际法性质以及国际法遵守的研究中，遇到诸多困惑和无解的难题。这些困惑和难题既是国际法不同于国内法的结构性差异带来的，也是法律研究视野的狭隘和单一所造成的。

一、法律实证主义视野下的法律及其遵守

法律实证主义是目前研究法律，包括国内法和国际法的主要方法。它将法律定义为"主权者命令"的法律观对国内法研究乃至国内实在法体系的稳定都起着决定性的作用。但是，法律实证主义是依据19世纪国内法发展到成熟阶段的形态构建自己的研究体系的，它对法律性质的认识，尤其是对国家强制力作为法律必备要素的强调，具有特殊的历史背景。由此影响到对法律遵守的研究，法律实证主义沿袭自己的"命令说"，认为国家法律制裁的施加是法律遵守的主要途径，这种观点的产生也具有特殊的历史背景，并在20世纪50年代以后的法理学变革中遭到质疑和批判。

（一）法律实证主义的兴起

法律实证主义对于法律的定义，最为显著的特点是强调法律的"义

务性"以及主权者"制裁"对这种"义务性"的保障。"法律在本质上具有强制性和命令性。"①"法律规范的特点就是用一种强制性命令对逆向行为实施制裁,来规定某种人类行为。"②"任何法律在一定意义上都具有某种法律制裁形式……制裁是任何法体、任何法律规定的必要特征。"③这种将强制性作为法律本质的观点反映了实证主义法学派对法律的认识——"法"是政治优势者的命令,以主权者的制裁作为本质特点;为了突出法的强制性和防止法律强制性受到居于批判地位的道德或者以道德面目出现的政治意识形态干扰,应该将法律视为逻辑封闭的自足体系,与法的道德性和价值问题区分开来进行纯粹概念性的研究。④ 这种19世纪开始在法律研究中占据主流的法学流派代表了彼时资产阶级革命成功,现代国家体制得以确立的历史背景下人类社会对法律体制的要求和由此产生的研究法律现象的特点。

19世纪之前,西方社会处于中世纪向现代文明转型的漫长的革命年代。中世纪的基督教神权和教会遭到世俗王权和市民阶层的挑战,旧的封建制度逐渐被新的资本主义制度所取代。在社会政治和经济制度发生巨大变革的过程中,古典自然法学派在思想领域承担起批判中世纪神学法学和开创现代法律原则的革命性任务。它假设人类存在"前社会"的"自然状态"。在自然状态之下,"人类处于一种完备无缺的自由中,在自然法的范围内按照他们认为合适的办法决定他们的行动

---

① [韩]柳炳华.国际法(上卷)[M].北京:中国政法大学出版社,2003:33.
② [奥]汉斯·凯尔森.纯粹法理论[M].张书友,译.北京:中国法制出版社,2008:5.
③ 刘星.法律"强制力"观念的弱化——当代西方法理学的本体论变革[J].外国法译评,1995,(3):17.
④ 根据《大不列颠百科全书》,实证主义法学或法律实证主义的主要含义和基本特征是:"如何将法自身和法应当怎样二者区分开来;着重分析法的概念;根据逻辑推理来寻求可行的法;并否认道德判断有可能建立在观察和理性证明的基础之上。"载张文显.二十世纪西方法哲学思潮研究[M].北京:法律出版社,2006:79.实证主义法学家哈特也对实证主义法学派进行了概括,认为符合以下标准的观点即属于实证主义法学观:(1)法律是一种命令;(2)对法律概念的分析是值得研究的,它不同于社会学和历史学的研究,也不同于批判性的价值评价;(3)判决可以从事先确定的规则中逻辑地推演出来,无须求助于社会的目标、政策或道德;(4)道德判断不能通过理性论辩、论证或者证明来确立或者辩护;(5)实际上设定的法律不得不与应然的法律保持分离,法律和道德之间没有必然联系。转引自李桂林,徐爱国.分析实证主义法学[M].武汉:武汉大学出版社,2000:3.

和处理他们的财产和人身,而无须得到任何人的许可或听命任何人的意志,这也是一种平等的状态"①。自然法就是自然状态下关于人的理性、自由和正义的普遍规则。② 人们签订"社会契约",告别自然状态,形成国家和法律之后,自然法即成为高于实在法且必须为世俗的实在法遵守的最高规范。违反自然法规范的实在法将失去效力而不应该得到遵守。"制定法必须与自然法相适应,它是由自然法所派生的。只有体现自然法的制定法才有效力。"③自然法成为实在法的审判者和必不可少的因素。古典自然法学派借用"自然法"和人类理性对封建法律和神学法学思想进行否定和批判,证明了旧的法律制度的不合理性和应予废止。这在基督教和封建制度统治西方社会长达千年的中世纪末期不啻春雷,在思想上对教会和封建贵族统治形成巨大轰击。"古典自然法学派发现了法律与自由、平等价值的某种联系,这种联系至少表明一切压迫性的、专横的规则都是和法律概念不相容的。它创造了帮助个人摆脱中世纪束缚的工具。"④"古典自然法学因为批判现实之需要,凭借着自然法思维之批判性,成了反对封建神学统治有力的思想武器。"⑤

---

① 对于"自然状态",不同的古典自然法学派学者有不同的描述。比如,洛克认为自然状态之下人们和谐宁静;格劳秀斯认为自然状态是人类生活不安宁的状态;斯宾诺莎认为自然状态之下,人类受欲望支配,处于无序的逐利状态。霍布斯认为自然状态之下,人们互不信任,互为仇敌,是"如狼一般的关系";卢梭认为自然状态之下每个人平等、独立、自由。详见叶德武.试析古典自然法学派的"自然法论"[J].中南政法学院学报,1988,(1):54.潘新光.论古典自然法学派[J].学理论,2013,(15):34.

② 不同的古典自然法学派学者对于"自然法"的内容,认识有所不同,比如格劳秀斯认为自然法是理性的命令,它指明任何与我们理性和社会本性相合的行为,也即道义上公正的行为。霍布斯认为自然法是由理性而来的普遍规则。洛克认为自然法就是理性,即任何人不得侵害他人生命、健康、自由或财产的普遍规范。孟德斯鸠认为自然法是源于生命的,在事物的规律存在之前就已存在的普遍规则——和平、寻求食物、互爱、相互结合。虽然"自然法"并无权威性的定义,但所有古典自然法学派学者都把它与人类理性、正义、公平等伦理性命题联系在一起。详见叶德武.试析古典自然法学派的"自然法论"[J].中南政法学院学报,1988,(1):23.谷春德.西方法律思想史[M].北京:中国人民大学出版社,2004:146-150.

③ 叶德武.试析古典自然法学派的"自然法论"[J].中南政法学院学报,1988,(1):28.

④ [美]E.博登海默.法理学:法律哲学与法律方法[M].邓正来,译.北京:中国政法大学出版社,2004:67.

⑤ 谷春德.西方法律思想史[M].北京:中国人民大学出版社,2004:147.

当资产阶级完成革命,取得政权,从旧秩序的破坏者转变为新秩序的建设者,古典自然法学派作为"武器"的破坏性成为统治者的恐惧。首先,"自然法"作为评价实在法的标尺,古典自然法学派并未对其提出准确的定义。虽然毫无疑问,自然法是"正当的人类理性,判断行为善恶的标准"①,是"理性法,是正义和构成现实法的基础",②但它存在所有道德性判断都有的模糊性——"它就像一个暧昧不明的幽灵,在那些追踪其踪影的人的想象中,有时表示习俗,有时表示法,表示法的场合有时是现有的法,有时则是应用的法。"③它的理性、正义、公正的口号具有极大的号召性和鼓舞人心的煽动性,但在法制建设的时代里缺少作为基石应有的严谨和准确。其次,不管是"自然法",还是为了证明自然法作为实在法衡量标准之合理性的"自然状态","社会契约"的概念,都是虚构的,是理论家为了完成批判的理论演绎而设置的逻辑起点。古典自然法学派对国家起源和法律本质的证明,其逻辑过程无误,但"逻辑上所使用的演绎要想结论正确,其必要条件之一是前提的真实性。'自然法'理论从逻辑上说,其前提是虚假的,由此无法得出符合逻辑规律的科学结论。"④诚然,古典自然法学派对国家起源和法律本质的证明启发了人们对自身权利的思考,促动了资产阶级的思想革命,但正如边沁在批评社会契约论的时候所称:"也许在过去一段时间里,它们有其用途。我不否认,借助这种性质的工具,某些政治工作可能已经完成了;这种有用的工作,在当时的情况下,是不可能用其他工具完成的。但是现在,这些虚构的理由已经过时了。"⑤在资产阶级完成社会革命,作为革命武器的古典自然法学派也退出了法律研究的舞台中央。

随着19世纪新生的资产阶级国家普遍开始大规模立法,在建立政府权力主导下的国家法律制度和巩固国家政权的推动之下,实证主义法学派得以崛起。"像以往曾经革命过的阶级取得成功之后通常会走

---

① [荷] 格劳秀斯.战争与和平法[M].何勤华,等译.上海:上海人民出版社,2005:27.
② 张文显.二十世纪西方法哲学思潮研究[M].北京:法律出版社,1996:40-41.
③ [英] 边沁.道德与立法原理导论[M].时殷弘,译.北京:商务印书馆,2000:365.
④ 叶德武.试析古典自然法学派的"自然法论"[J].中南政法学院学报,1988,(1):45.
⑤ [英] 边沁.政府片论[M].沈叔平,等译.北京:商务印书馆,1995:150.

向保守一样,当资产阶级完成推翻封建专制的历史任务并掌握国家政权以后,也逐渐在政治上转化为维护现状、论证现状合理性的保守力量。与此相适应,在法学研究领域,他们也逐渐失去革命性,变得保守起来。"①实证主义法学派认为实在法应该与其价值评判相分离,强调法律研究的任务并非质疑实在法,而是研究实在法内在的逻辑结构和语词框架;它们主张法律的本质并非法律以外的理性标准,而是法律自身的特点,且这种特点与国家权力紧密联系——"在一个社会中,权力是压倒一切的考虑,法律的主要功能是帮助在权力基础上建立至高无上的武力地位和等级,给予这种最优秀的体制以尊敬和法律授予的圣洁。"②"法律是国家用语言文字表达的意志,是颁发给有义务服从的臣民的命令。所有成文法与不成文法,其权威与效力都来自国家意志。"③

实证主义法学派摒弃了古典自然法学派将理性、正义、公正等法律价值作为法律本质的观点,强调权力优势者的制裁方为法的本质。"主权者和法律制裁是奥斯丁对法律定义的两个基本要素。所谓主权者指政治优势者对劣势者的关系,所谓法律制裁是对不服从法律者以刑罚方式出现的法律责任。"④"奥斯丁希望将世俗法律与未经主权力量强行支持但具有约束力的那些道德准则区别开来。在法学实证论者看来,法理学的任务不过是确定哪些法规是由国家权力在可预知的条件下予以强制执行的。"⑤强调立法和执法必须由主权者作出,反映了资产阶级建立其主导下的"国家"法律体系和确立它们作为法制权威者地位的要求。"奥斯丁的理论认为,法理学的本分是研究由某位特定君主所强制执行的普遍性命令的整个体系。什么人掌握着国家权力,他利用国家权力干了什么事,这些固然在所有历史时期都须探

---

① 周旺生.西方法理学历史鸟瞰[J].云南大学学报法学版,2003,(16):67.
② George Schwarzenberger. Power Politics[M]. London: Stevens & Sons, 1964:19.
③ [英]霍布斯.利维坦[M].黎思复,黎廷弼,译.北京:商务印书馆,1985:206.
④ 亢爱青.奥斯丁及其实证分析法学:奥斯丁法学思想的历史解读[J].当代法学,2001,(3):34.
⑤ [美]泰格,利维.法律与资本主义的兴起[M].纪琨,译.北京:学林出版社,1996:277.

究,但像奥斯丁这样以这类问题作为法理学唯一正当的探究,只显示出一种信念,即资产阶级已具备掌握权力并确立起对法律秩序的要求的能力。"①

(二) 法律实证主义视野下的法律及其遵守

在"认为法律本质上是一种强制体系"的视野之下,法律实证主义对法律的定性和研究方法即围绕着"强制性"展开,提出如下几点。

第一,法律是主权者的命令。政治优势者颁布的"命令",其中包含的"义务"和保障法律义务得以履行的"制裁"是法律必不可少的基本要素。法律实证主义反对自然法学派站在法律之外对其进行道德评价的革命性,反对在法律之外探寻法的本质属性;它坚持在法律之内,尤其是法律所包含的政治权力结构当中寻找"法"的必备要素。法律必须来自"主权者"颁布,这里的主权者是"对内至高无上,对外独立自主,并在一国之内获得普遍性的服从,而它自己不服从任何人"的政治权力垄断者。② 它对立法权力和执法权力的垄断是法律效力的来源。"传统理论认为,只要是国家颁布,由国家强制力保证实施的法律,就具有权威的地位。法律必须具有国家性,才有效力。"③这种法律效力来自国家权力的观点使得强制力,尤其是国家作为政治权力垄断者所拥有的强制力在法律生成、运行和保障当中成为决定性的要素。

第二,法律实证主义倾向于对法律作封闭性的研究,即将法律研究与法的价值相隔离,也与法律对社会关系的实际作用相隔离,它排除了法律的实效性研究而将法的形式效力等同于实际效力——即法律一经国家制定就获得效力,能够得到遵守。存在违法现象是由于国家强制力实施所导致的违法成本不够高昂造成的。作为法律实证主义哲学基础的个人功利主义认为,成本与利益的比较是个体选择遵法或者违法的基本动因。"下面这一点是不言自明的:人的行动出于他们的意志,

---

① [美] 泰格,利维.法律与资本主义的兴起[M].纪琨,译.北京:学林出版社,1996:280.
② 支振锋.法律的驯化与内生性规则[J].法学研究,2009,(2):137.
③ 孙笑侠.论法律的外在权威与内在权威[J].学习与探索,1996,(6):87.

而他们的意志出于他们的希望和恐惧。因此,当遵守法律比不遵守法律似乎给他们自己带来更大好处或更小坏处的时候,他们才会愿意遵守。"①"服从法律更多是一个利益刺激的问题,而不是敬重与尊重的问题。"②认为制裁才能够有效地促进守法,隐藏了这样一个心理前提,即人性本恶。人倾向于不择手段追求私利,除非受到外在强制力的压制而克制欲念,否则人们不会自觉遵守法律和相互合作。个体功利主义的代表人物霍布斯认为,在前法律的自然状态之下,人与人处在被自己贪欲驱使的像狼一样的战争中,"如果没有有形的力量使人们畏服,并以刑法之威约束他们履行信约和遵守自然法时,这种战争状况就是人类自然激情的必然结果。"③人性本恶成为暴力威慑论的法律遵守理论的基础。只有国家执法机制不断强化,针对违法行为施加足够严厉的惩罚,才能迫使个体因为惧怕惩罚带来经济损失和其他行为成本而回避违法。这也反过来促成了19世纪末现代国家建立以后的很长一段时间内,国家暴力机器的强化和执法机制的完善——它们被认为是法律遵守水平得以提高的有效途径。

二、法律实证主义视野下的国际法及其遵守

(一) 法律实证主义视野之下的国际法

正是法律实证主义对法律必须具备政治上位者的要求,大量法律实证主义学者对国际法的法律性持否定的态度。早期的法律实证主义大师奥斯丁认为国际法不是法律,因为它缺乏超国家的强制性执法机构。④ "在国际法领域,法律实证主义者坚持他们对'法律'的定义,认为国际法不是'恰当称谓的法'。取而代之,奥斯丁称国际法为'实证国

---

① [英]霍布斯.论公民[M].应星,冯克利,译.贵阳:贵州人民出版社,2003:26.
② [美]波斯纳.法理学[M].苏力,译.北京:中国政法大学出版社,1994:297.
③ [英]霍布斯.利维坦[M].黎思复,黎廷弼,译.北京:商务印书馆,1985:128.
④ "国际法的否定者奥斯丁认为国际法没有超国家的权威、缺乏强制实施机构,所以只是国际道德。"见钟继军.边沁国际法思想探讨[J].求索,2007,(1):106.

际道德'。"①奥斯丁的老师边沁虽然认为国际法是法律,但他也坚持法律是"由国家主权者提出或采纳的意志表示的总合,涉及在一定情况下受主权者权力管辖的人或集团必须遵循的行为规范;这种意志表示旨在说明某种情况下人的行为将产生的结果,这种期望将给那些实施某行为的人以一定刺激。"②这种观点与奥斯丁的"法律命令说"一脉相承,都认为国家自上而下的制裁是法律必备的要素,只是边沁"感觉"平等的主权者还是可以制定国际法的,同时他相信真正的法律可以只依靠宗教和道德的力量获得实现,虽然宗教和道德的效力没有政治那样强大。③

在法律必须具备上位执法者的视野之下,平行的国际法是否具有法律性质是一个模糊的问题,虽然实证主义法学派在理论上坚持法律必须体现政治优势者的意志,因而很难承认缺乏权威立法机构和执法机构的国际法为法律,但数百年的国际实践已经承认了国际法作为法律的约束力。"表面上看来,国际法缺乏有效的立法者、总体上胜任的司法机构和强有力的执法机构。但无论理论上如何模糊,国际法已经被法律人践行了几个世纪。国际法在真实世界中被确立、实践、并且被作为司法的依据。"④现代国际法学者普遍承认国际法是一种不同于国内法的处于原始状态的法律,它的强制性通过国家的自助执法加以表现。"在国际社会没有强制执行国际法的中央权威的情势之下,各国由自己来执行法律。自助以及其他国家因同情被侵害国家而进行的干涉是国际法可能得到并实际上得到强制执行的方法。"⑤此类国际法执行的完善性固然不可与国内法执行同日可语,是"较弱"的执法制度,但依

---

① [美]布赖恩·Z.塔玛纳哈.一般法理学:以法律与社会的关系为视角[M].郑海平,译.北京:中国政法大学出版社,2012:26.
② [英]边沁.道德和立法原理导论[M].时殷弘,译.北京:商务印书馆,2000:365.
③ 钟继军.边沁国际法思想探讨[J].求索,2007,(1):106.
④ 何志鹏.在政治与伦理之间:本体维度的国际法[J].浙江大学学报(人文社会科学版),2012,(9):76.
⑤ [英]劳特派特.奥本海国际法(上卷,第一分册)[M].王铁崖,陈体强,译.北京:商务印书馆,1971:7.

然是国际法具备"强制性",因而是法律的表现。"毫无疑问,国际法是较弱的法律。但一个弱的法律依然是法律。"[1]即使是缔造纯粹法学派的实证主义法学大师汉斯·凯尔森也承认,将制裁作为法律的本质特点,可以认为国际法是一种法律——虽然"国际法所构成的法律共同体是完全分散化的,具有原始法律的性质。"[2]

(二) 法律实证主义视野之下的国际法遵守——执行模式的局限性

法律实证主义在论证制裁作为法律遵守主要途径的方法也应用到它对国际法遵守途径的证明。如上所述,国家是追求自我利益最大化的机会主义者,它们在国际法共同遵守的"协作性博弈"中倾向于通过"搭便车"实现个体利益的最大化。在这种个体利益与群体利益相互冲突的条件下,只有针对违法国家施加足够的强制,改变"协作性博弈"的报偿结构和充分提高违法成本,才能迫使国家选择遵法。这是执行模式作为国际法遵守模式具有强制性、对抗性的机理所在,它的法理基础正是基于人性本恶和强调制裁作为法律本质的法律实证主义。

但是,如果将执行模式视为国际法遵守的主要途径,无法摆脱的第一个困境是,执行模式的加强并不必然导致国际法遵守的提高。这点在国内法遵守的问题上同样得到证明。罗杰·科特威尔(Roger Cotterrell)指出,认为违法者会在选择错行的时候比较违法行为的成本和收益,从而放弃一旦实施将会遭受严厉制裁和负担高昂成本的违法行为,这样的判断在法律实际运作中是错误的。"评价法律的威慑作用在实践中相当困难。这点在犯罪学研究中已经得到证明。古典犯罪学曾经假设潜在的罪犯会作这样的推理:在从犯罪互动中可能获得的利益和因触犯法律而受到法律制裁可能遭受的损失,这两者之间进行深思熟虑的权衡,从而决定他们的行动。……通过法律制裁可以达到

---

[1] [英] 劳特派特.奥本海国际法(上卷,第一分册)[M].王铁崖,陈体强,译.北京:商务印书馆,1971:10.

[2] [美] 汉斯·凯尔森.国际法原理[M].王铁崖,译.北京:华夏出版社,1989:20.

威慑目的的传统观点在法律实际运作中陷入困境。"①同一研究还表明，在不同类型的犯罪中，法律的威慑作用取决于不同的犯罪领域而差别很大。社会控制无法通过简单地把制裁的严厉程度加剧到近乎恐怖的程度而实现。刑罚确然性的加强、日趋广泛的制裁措施监督或者制裁程序的简单化和常规化都可以有效地提高法律对社会的控制水平。② 单纯提高法律本身的严厉性和强制力，其实无助于法律效力的提高和促进个体对法律的遵守，这是法律社会学者对法律实际运作考察之后的重要结论。汤姆·泰勒也指出，对法律制裁的恐惧在违法行为的决策中影响很小。比如，在毒品犯罪中，法律制裁的严厉性只对5%的毒品犯罪有阻却作用。真正支持个体遵守法律的动力来自人们如何看待法律——对法律的确信，以及人们如何看待自己——道德感的存在。③

将执行模式视为国际法遵守的主要途径，无法摆脱的第二个困境是，如果依据法律实证主义所要求的，垄断性执法机制的建立是法律遵守水平提高的主要途径，那么在目前平行结构的国际政治社会之中，这种遵法机制无法建立。尽管现代国际法在建立立法和司法的位阶方面做出了极大努力——赋予强行法优先于其他国际法规范适用的更高地位、规定部分国际司法机构的强制管辖权，但不管是立法的强制性规范还是国际司法的强制管辖权，其在实践中的适用都面临政治上的巨大困难。"虽然当今国际社会从道德机制上肯定强行法的概念，但由于政治立场的差异，对强行法的具体外延未形成公认的列表。而且，被认定的强行法存在诸多例外，在这些法律的解释和实施上存在诸多技术和政治问题……普适的国际法在当今世界仍处在一种想象的阶段。"④

---

① [英] 罗杰·科特威尔. 法律社会学导论[M]. 潘大松，刘丽君，林燕萍，等，译. 北京：华夏出版社，1989：170.
② [美] 布赖恩·Z. 塔玛纳哈. 一般法理学：以法律与社会的关系为视角[M]. 郑海平，译. 北京：中国政法大学出版社，2012：168.
③ Tom R. Tyler. Compliance with Intellectual Property Laws: A Psychological Perspective[J]. New York University Journal of International Law and Politics, Vol. 29, 1997: 230.
④ Koskenniemi M., Leino P.. Fragmentation of International Law? Postmodern Anxieties[J]. Leiden Journal of International Law, 2002, (15): 553-579.

"尽管国际组织在国际法实施当中发挥的作用越来越大,但国家对国际法的自我遵守和自助适用仍然构成国际法实施的主要形式。"[1]国际社会的平行结构导致了国际执法体制的平行性,自助和报复始终是国际法最为主要的执行手段。如果将国际法执行视为国际法遵守的主要手段,也可以说,自助和报复是法律实证主义视野之下国际法遵守的主要手段。这种手段在严格意义上甚至不是法律的手段,除非如霍贝尔所称,法律执行权力能够实现从分散向集中的进化,[2]否则通过自助执法促使违法者改变行为始终不是一种成熟的国际法遵守方式。而在国际法执行中,对自助执法的突破将取决于国际法执行所倚赖的国际政治权力结构是否能够突破威斯特伐利亚体系。[3] 只要国际社会尚在这一17世纪就建立起来的均势体系之下,执行模式作为国际法遵守手段将始终是以自助和报复为基本特点的。

综上所述,执行模式的不断强化并不能导致国际法遵守的提高,何况这种强化在平行结构的国际社会不可能实现。执行模式在提高国际法遵守方面的局限性,来自它与国际社会权力结构的冲突——平行的政治权力体系之下无法建立发达的垂直执法机制。这种冲突在运转中表现为执行模式的"成本高昂、滞后性、合法性缺陷和效果不稳定",[4]在理论上则是法律实证主义的法律观在国际法遵守问题上的运用。这种适用于观察成熟法律的法学视角在研究国际法具体问题的时候遭遇了诸多冲突和矛盾,不仅如此,在"国际法是什么"这样的基本理论问题

---

[1] 饶戈平.国际组织与国际法实施机制的发展[M].北京:北京大学出版社,2013:27.

[2] 霍贝尔称:"虽然梅因爵士认为'所有进步社会的运动,到此为止,是一个从身份到契约的运动。'然而,在原始法的发展过程中,真正重大的转变并不是在人与人之间的关系中实体法上的从身份到契约——尽管这是欧洲法在其后来发展过程中的一个显著特征,而是在程序法上所发生的重心的重大转移,维护法律规范的责任和权利从个人及其亲属团体的手中转向由作为一个社会整体的政治机构的代表所掌管。"见[美]霍贝尔.初民的法律[M].周勇,译.北京:中国社会科学出版社,1993:200.

[3] "威斯特伐利亚体系是由许多大小不一的国家相互之间的横向关系构成。在那里并没有凌驾于其他国家之上的一个强大中心,构成国际秩序的基本准则是至少在法律上平等的各国之间的并列关系。"见[日]信夫清三郎.日本外交史[M].北京:商务印书馆,1980:17.

[4] 见 Abram Chayes, Antonia Handler Chayes. The New Sovereignty, Compliance with International Regulatory Agreements[M]. New York: Harvard University Press, 1998: 23-30.

上,法律实证主义也陷入了困惑和争执。对于国际法是否为法律的问题,部分法律实证主义者,如普芬道夫和奥斯丁持否定论;①部分法律实证主义者,如边沁和凯尔森持肯定论。② 在无法开释法律实证主义与国际法特点之矛盾的时候,部分学者主张忽略这个理论问题。"一些学者指出,国际法是不是法纯粹是一个词语问题,不值得讨论;还有一些学者认为国际法是否为法律是一个伪问题。"③

法律性质的讨论永远不会是伪问题,或者仅仅是语义学的问题,对法律性质的认识将指引我们对法律所有具体问题的研究和思考。依据法律实证主义所形成的国际法本体论就直接影响了我们对国际法遵守方法的认识。在关注强制性作为国际法基本特点的理论框架之下,笔者认为,执行模式才是国际法遵守的主要途径。这种观点在技术上、政治上都为我们带来诸多困惑,这种困惑正来自法律实证主义所要求的法律必须具备垂直性和平行性国际社会之间的不相容;那么,转换观察法律的视角,从法律之外的国际社会认识国际法的性质及其运行,并由此探讨国际法遵守提高的多样化方式是有益的。

第三节 社会学法学
——探究法律在国际社会的运作及效果

虽然国际法遵守是国际法的核心问题,但更早对其进行系统研究的是专注"国际法以外其他领域"的国际关系学者。他们站在国际法产

---

① "国际法是否是真正的法?这是西方国际法学界久已争论不休的一个问题。普芬道夫在谈到这一问题时,早已作了否定回答。19世纪英国的奥斯丁则公然否认国际法的法律性质。他主张只有一个固定的立法当局所制定的并以实际制裁来实施的规范才可以被认为是法。照他的说法,法律是政治上的上级给予下级的命令,而国际法却不存在这样的情况。因此,他断言,国际法'不是实在法而是实在道德的一个部门',即通常所说的国际道义。"赵理海.国际法基本理论[M].北京:北京大学出版社,1990:2.
② 赵理海.国际法基本理论[M].北京:北京大学出版社,1990:2.
③ 何志鹏.在政治与伦理之间:本体维度的国际法[J].浙江大学学报(人文社会科学版),2012,(9):77.

生和运行的社会背景之下探究国际法产生的原因和国际法对国际关系影响的实际效果。"国际关系学者借鉴社会学维度上的法所论述的行为有效的概念,将法作为讨论国际关系的重要变量,探讨国际制度的合法性及至世界政治的法律化问题。"[①]这种国际关系的视角和方法在国际关系与国际法学科相互交叉的过程中,为国际法学提供了极大的启示。在法律研究当中,社会学法学提供了类似的视角和方法,帮助国际法学者从法律实证主义的窠臼当中跳脱出来,在另一种法律本体论和方法论之下研究国际法遵守问题。

一、社会学法学——研究法律的另一种视角

（一）法律社会学的产生

19世纪在法学研究中占据主流的实证主义法学派将研究重点置于国家制定的实在法本身,将法律与价值评判隔离开来,将法律与社会生活隔离开来,只对法律内部作概念化的实证考察。这种将法律视为"静止物"的抽象研究在19世纪末西方文明进入新阶段以后,不再适应急剧变化的法律现象。20世纪40年代,工业社会围绕着大型机器生产所形成的专业化分工和稳定的社会分层被社会群体的碎片化和个体之间更大的流动性所取代,社会更加碎片化和多样化。在经济制度上,19世纪90年代,西方资本主义国家普遍进入垄断资本主义时期,大型垄断企业的产生也催生了大量劳工组织的产生。劳工运动的兴起和劳资矛盾的加剧进一步强化了社会动荡和产生新的社会矛盾。这导致19世纪占据主流的实证主义法学观所认为的"法律一经国家制定即有效"的观念受到冲击——国家颁布和严格执行的法律在实际运行之中效力不佳,对社会关系的约束能力较之过去一个世纪大为降低。法律作为强有力的社会控制手段,权威性受到极大冲击。法学研究开始注意到法律的形式效力与实际效力的偏差,注意到文本中的法律到行动

---

① 王明国.国际制度有效性研究：以国际环境保护制度为例[D].上海：复旦大学, 2011：120.

中的法律的轨道偏离;立法者则加大了国家对更加复杂的社会生活的干预力度,政府从消极的"守夜人"转变为社会生活的积极的"调节器"。大量保障弱势群体和公众利益的"社会立法"出现,西方国家兴起了"法律社会化"运动。这些社会生活和国家立法的急剧变化为社会学法学的兴起奠定了现实基础。"19世纪所有的法学流派都是从法律本身建构一种法律科学,而没有从法律的效果以及法律能否满足法律的目的的角度来看待法律。作为对这一缺陷的反应,19世纪之后兴起了社会学法理学。"[①]如果说19世纪法律实证主义的兴起,是新兴资产阶级需要稳定现有国家体制在法学观念上的体现,那么19世纪末社会学法学的兴起则是社会关系急剧变化下,需要更新法学观念的体现。

其次,在学术方面,研究社会本身规律的社会学在19世纪30年代以后逐渐发展起来。社会科学将关注的眼光投向人类社会本身,研究社会运动的规律以及社会控制机制。社会学的创始人孔德首先提出运用自然科学的研究方法关注人类社会的运动规律以及社会如何协调发展的法则,从而完善社会组织形式和澄清当时种种社会矛盾。这种视角和方法在19世纪末到20世纪初得到极大发展,并渗透到社会科学的各个方面——宗教、经济、政治、法律都开始借鉴社会学的视角和方法,探讨社会文化结构在实际运作中的轨迹和效果。宗教社会学、犯罪社会学、经济社会学、法律社会学等众多与社会学交叉的跨学科领域得以发展和迅速传播。1872年,德国法学家耶林的《法律目的论》系统阐述了社会学法学的基本观点,标志着社会学法学的诞生。[②]

如果说从实证主义的法律观出发,人们关注的是法律内部的结构,那么从社会学法学观出发,人们把关注的焦点转移到法律的外部——法律演化的社会背景和法律对社会关系作用的实效性。这种法律研究视角的转换对于法学研究本身而言意义重大。庞德在评论耶林的社会学法学观时指出,现代法学的三个重要特点都肇始于耶林的学说:第

---

① 王婧.庞德:通过法律的社会控制[M].哈尔滨:黑龙江大学出版社,2010:7.
② 严存生.西方法律思想史[M].北京:法律出版社,2014:226.

一,对概念法学的批判;第二,法学研究视角的转移,由研究法律之性质转向侧重研究法律之目的,由研究作为手段之权利转向侧重研究作为目的之利益;第三,司法行政理论。庞德尤其强调法学研究视角的转换对现代法学发展的重要作用。"即此一着,耶林实能于法学上别开一新生面,而开辟一新天地。"①"法理学的社会学运动,即作为一种法哲学的实用主义运动,终于将人的因素置于核心的地位而使逻辑降至它真正属于工具的地位。"②

(二) 社会学法学视野下的法律及其遵守

如果说法律实证主义强调法律体现国家意志的一面,认为法是国家颁布并依赖国家强制力实现的律令;那么社会学法学则走出这种以国家法为中心的视域,强调法律作为社会秩序的一部分,其与国家之外的其他社会文化因素互动和相互关系的一面。"国家制定法仅仅只是法律中很小的一部分,社会才是法律发展过程中的决定因素,社会秩序本身才是真正的法律。"③在这种视域之下,法律呈现出如下几个特点。

第一,法律的本质是社会控制手段。法律是"由社会采取的最为专门化和非常完善的社会控制机器"④。社会学法学认为,法律实证主义对于法律是"主权者命令"的定义过于狭隘,真实的法律并不仅仅是国家立法机关颁布的律令和文本,而是在实际生活中被人们认可为法律而得到遵守的社会规范和社会秩序。"尽管约翰·奥斯丁及其追随者倾向于将法律看作政府的训令或命令,且最高权力者发布的命令构成法律的实质与核心。然而,还存在另一个法哲学流派,其创始人欧根·埃利希将法律视为由社会成员所遵守的安排、日常惯例以及正义原则的集合体,而不是最高权力机关发布的命令。法律是与人共存的,它反映在人们的日常生活中,还反映在他们的集团和社团的内部法律中,理解

---

① [美] 庞德.庞德法学文述[M].雷宾南,译.北京:中国政法大学出版社,2005:20.
② Roscoe Pound. Liberty of Contract[J]. The Yale Law Journal, 1909, (18):464.
③ 严存生.西方法律思想史[M].北京:法律出版社,2014:227.
④ [美] 罗斯.社会控制[M].秦志勇,译.北京:华夏出版社,1989:12.

法律秩序要比研究政府如何通过法院判决实施其命令具有更为重大的意义。"①"他们批判19世纪的法理学只从法律自身出发看待法律和构建法律科学，主张将法律视为一种社会控制手段，一种系统运用政治组织的强制力调整关系和规制行为的手段。"②"欧洲法社会学之父"埃利希指出，"国家法"远远不能涵盖法律现象的全貌，从法律作为社会联合体内部规则的角度出发，组成社会联合体的氏族、家庭、社团、国家、政党，它们在内部生成的秩序才是法律内容的根源。国家的法律秩序只能依赖于这些社会联合体的内部秩序，而不是反之，社会联合体的秩序依赖于国家法律秩序。③ "基本的社会结构、各种各样的法律联合体，要么整体独立于国家，要么在很大程度上独立于国家。因此法律发展的重心从无法追忆的远古时代就不是存在于国家的行为之中，而是内存于社会本身……国家立法通常只能通过追随社会机构以及模仿科学模式或司法模式的方式发现裁判规范。"④

不能否认，"国家法"作为社会联合体发展到高度组织化的政治社会以后成熟的法律形态，在社会控制能力方面具有其他社会规范无可比拟的优势，国家暴力机器对政治权力的垄断保证了法律执行的强度和稳定性。但是国家法并非唯一具有外在强制力的社会控制工具，国家法以外的社会法，同样具备法律的性质并对社会秩序予以强有力的保证。"国家法只是作为整体的法律现象的一小部分，虽然在现代社会它是法律中不可忽视的一部分。但是，国家对法律的发展所起的作用非常有限，因为基于社会联合体内部秩序的法律（社会法）并不是由国家所能随意改变的。"⑤

---

① [美]E.博登海默.法理学：法律哲学与法律方法[M].邓正来，译.北京：中国政法大学出版社，2004：315.
② 王婧.庞德：通过法律的社会控制[M].哈尔滨：黑龙江大学出版社，2010：10.
③ [德]托马斯·莱赛尔.法社会学导论[M].高旭军，等译.上海：上海人民出版社，2011：27.
④ [奥]尤根·埃利希.法社会学基本原理[M].叶明义，袁震，译.北京：九州出版社，2007：109.
⑤ 徐爱国，李桂林.西方法律思想史[M].北京：北京大学出版社，2014：230.

那么,脱离"国家法"由专门立法机关制定与颁布的过程,如何判断法律的存在？霍贝尔在对前国家社会的法律运作进行田野考察之后将"社会法"的法律特点概括为：强制性、授权性和规律性,即物质性的外在强制力、规范陈述的前后协调性和统一性,以及授权特殊机构执行法律："特殊的强制力,官吏的权力和规律性是构成法律的基本因素,当我们希望识别法律的时候,必须寻找它们。以此为基础,可以认为这样的社会规范是法律规范,即如果对它们置之不理或者违反时,照例就会受到拥有社会承认的、可以这样行为的特权人物或者集团,以运用物质力量相威胁或者事实上加以运用。"[1]伟大的社会学家同时也是法学家的马克斯·韦伯指出："法律,如果从外在方面,它的适用能通过(有形的和心理的)强制机会保证的话,即通过一个专门为此设立的人的班子采取行动强制遵守,或者在违反时加以惩罚,实现这种强制。"[2]法律社会学突破了法律实证主义认为法律只能产生于国家且只能由国家强制力加以实现的框架,认为在实际社会生活中,依靠有组织的外在强制力予以保障的社会规范都可以称为法律,这就大大拓宽了我们认识法律现象的视野,将大量不存在国家体制的社会形态——包括"前国家"的原始社会和"无国家"的国际社会中运行的法律现象纳入"法"的外延。

第二,在将法律视为社会控制系统一部分的视野之下,会发现除了法律自身的强制力以外,法律以外的其他社会文化因素也是推动人们遵守法律的重要动力。实际上,有社会,即有社会规范。习俗、惯例、宗教、道德、法律在人类社会形成之始的原始阶段其实是混沌一片,难以区分的。原始社会作为一种"同质性"社会,其社会秩序主要依靠血亲组织内部的"集体意识"——共同的道德观念、习俗、惯例加以维持。处于萌芽阶段的法律除非能与这些"集体意识"相契合,否则很容易受到违反,其效力来自社会成员的共同"承认",而非外在强制。当社会成员

---

[1] [美]霍贝尔.原始人的法:法律的动态比较研究[M].严存生,等译.北京:法律出版社,2006:27.

[2] [德]马克斯·韦伯.经济与社会(上卷)[M].林荣远,译.北京:商务印书馆,1997:243.

背离法律的时候,执法行为也由受害者及其血亲家族自助实施。法社会学家霍贝尔认为,这种原始法具备的通过自力救济表现的强制性,虽然呈现着法律的形成过程,但自力救济的存在与其说是法律的执行,不如说正是法律缺乏的表现。① 随着社会发展,"同质性"的血亲社会被"异质性"的政治社会所取代,社会的分裂和"集体意识"的解体促使法律取代"集体意识"成为社会关系各个部分更为有力的整合器。"可以认为法律是现代社会生活正常运作的基本条件,是维持社会秩序的核心元素。事实上,社会生活之所以能够维持下去,必然通过一定的形式组织起来。法律只是这个组织中最为稳定、最为精确的元素。"②16 世纪现代国家体制的建立使法律机制更加成熟和有力,成为社会控制体系的中心,但这并非意味着法律以外的其他社会规范——宗教、道德、习俗、惯例,这些从原始社会就开始引导人们行为的社会规范退出历史舞台。它们同样在社会控制体系当中起着维系社会秩序的功能,只是由于法律控制的核心地位,它们隐藏在复杂的社会文化结构之中,对法律控制起到辅助性作用。部分的社会学法学家认为,法与其他社会控制形式的关系是"此消彼长"的"反比"关系。在其他社会控制强大的地方,法律的作用较小;在法律作用较大的地方,其他社会控制的作用较小。"在历史上,习惯、道德、宗教、政策都曾经在社会控制体系中起过主导作用。而在现代社会,随着现代化的进程,法律所起的作用日益突出。"③现代化发展的进程就是法律作用加强、其他社会控制形式作用减弱的过程。这可以部分解释在国内法律遵守体系中,国家强制力保障被置于决定性地位的原因。法律社会学则将视角从国家强制力对遵法的保障,转移到社会各种文化因素对遵法的促进作用,提出了法律遵守手段的多样化和非强制性的观点。

虽然国家法律位于社会秩序的中心,以至于现代社会的秩序直接

---

① [美]霍贝尔.原始人的法:法律的动态比较研究[M].严存生,等译.北京:法律出版社,2006:27.
② [法]埃米尔·涂尔干.社会分工论[M].渠东,译.北京:生活·读书·新知三联书店,2000:67.
③ 朱景文.现代西方法社会学[M].北京:法律出版社,1994:169.

表现为法律的秩序,国家强制力也成为约束人们遵守法律最为显著和直观的要素。但是正如上文所述,20世纪以后随着社会关系的急剧变化以及法律社会学的研究,国家强制力并不能最为有效地保证遵法,这样的观点已经得到认可。"人民守法的确在一定程度上是出于惧怕制裁,但绝非主要原因。"①"想象制定法律的人是因为恐惧制裁而遵守自己制定的法律是令人费解的。如果必须主要依赖法律作为实施法律的手段,那么只能表明法律制度机能的失灵而非有效。"②正如法律脱胎于习惯、宗教、惯例一样,法律规则的实效性以及人们的遵法水平也最终由这些隐藏在法律自所而来的社会背景中的要素得到保障。"'人民为什么服从法律'是当代西方法学很关心的问题之一。对这个问题的回答通常有五种:法律的要求、惧怕制裁、心理惯性、社会舆论压力和道德义务。……其中,人们遵守法律的主要原因是心理惯性、社会压力、道德义务。"③"现代化法律的遵守,主观上以现代国家体制下养成的公民守法精神为前提,客观上要求法律具备良法的品格。"④

首先,这些社会文化要素对于法律遵守的促进不是针对违法行为进行事后制裁,而是在遵法的社会过程当中对个体行为进行全程管理。不管是习惯还是道德观念,抑或守法精神,都需要在长期教化和社会文化熏陶当中养成。

其次,这些法律遵守手段不具备外在强制性,不是通过改变个体行为的成本和收益阻遏违法,而是通过教育、劝导、学习将法律的要求内化为人们的观念而引导他们自觉守法。"现代化的法律要得到遵守,以公民具备相应的守法精神为前提。它包括了主体性意识和建立在价值合法化基础之上的自发守法动机,即'只是因为某件事由法律所命令,

---

①③ 孙笑侠.论法律的外在权威与内在权威[J].学习与探索,1996,(6):87.

② 刘星.法律"强制力"观念的弱化:当代西方法理学的本体论变革[J].外国法译评,1995,(3):23.

④ 丁以升,李清春.公民为什么遵守法律:评析西方学者关于公民守法理由的理论(下)[J].法学评论,2004,(1):67-70.

所以才遵守'的主观能动性。"①

再次,这些法律遵守手段蕴含了这样一个前提,即认为人们具备遵守法律的良好意愿,他们倾向于尊重法律的权威。通过广泛的长期的社会交互性关系可以强化这种意愿,促成法律遵守成为良好的习惯和氛围,从而促进法律的自觉遵守。

实际上,20世纪50年代以后,西方法理学经历了从强调法律外部"强制性"向关注法律内在"可接受性"的变革过程。相应的,在法律遵守方面,国家制裁作为法律遵守主要途径的观念得到更多反思和扬弃,倚赖规则"外部要素"遵守法律的只是守法人群的一小部分。大部分人遵守法律并非惧怕国家制裁,而是出于"内在观点"——即认可法律作为自己行为的指南和评价他人行为标准的主观态度。他们主动积极地接受法律规则的指引,自觉将生活置于法律的调控之下。② 怎样发掘、养成和习得这种"内在观点",在现代化法律的遵守当中,对于遵法水平的提高意义更大。"法律及法律制度的存在与实施的前提显然在于'可接受性','强制力'则退居辅助性的次要地位,它仅仅是作为偶尔制裁而呈现于法律及法律制度运行的整体图画之中。大多数人遵守法律主要是由于主观上的同意,而非因为法律制裁力量的威吓。"③人们发现"将制裁视为法律本质和唯一刺激力是对法律的极大误解,法律的主要作用是指引和协调,其主要手段不是强制而是促进。"④这种从强制性、对抗性、司法性为特点的法律遵守模式向非强制性、非滞后性、非对抗性为特点的法律遵守模式的转变,体现在国际法遵守的研究上,即从传统强调执行模式为代表的"硬执行"向管理模式为代表的"软执行"的转变。

---

① [日] 川岛武宜.现代化与法[M].王志安,等译.北京:中国政法大学出版社,1994:53-59.

② 向朝霞.论制裁在法律概念中的地位演变[J].天津科学,2012,(3):33.

③ [英] 彼得·斯坦,约翰·香德.西方社会中的法律价值[M].王献平,译.北京:中国法制出版社,2004:3.

④ [奥] N.麦考密克,O.温伯格.制度法论[M].转引自刘星.法律"强制力"观念的弱化——当代西方法理学的本体论变革[J].外国法译评,1995,(3):25.

二、法律社会学视角下的国际法及其遵守

在社会学法学的视野之下,法律被视为依靠外在强制进行社会控制的规范。有社会,即有法。早在国家法产生之前的"前国家"社会,法律就发挥着通过外在强制——它由个体、部落,或者社会团体秩序组成——控制社会的功能。国家只是行使法律强制力的一种形式,虽然它权力最为集中,机制最为完善。"早在国家产生以前,法律就已存在。国家立法和国家执行法律并不是法律的要素。"[①]埃利希甚至直接将"法由国家创立"和"法律强制是判决发生效力的基础"两个要素从法律的概念之中剔除出去,强调法律作为社会秩序的动态性。这种从"国家"向"社会"视角的转移大大扩充了法律的外延。前国家社会和无"政府"的国际社会当中倚赖外在强制调控社会秩序的大量行为规范都可以被纳入法律的范畴而得到研究。"现代国际法之父"奥本海就把法律的要素总结为"第一,必须有一社会。第二,在此社会之内必须有一套人类行为的规范。第三,必须有一项社会共识,认为这些规范应该由外力加以强制执行。"[②]与国内社会的原始法类似,国际法弱化了权威机构强制性在法律内涵中的地位,强化了它作为"行为规范"对社会秩序进行整合的功能。当然,外部强制始终是法律与其他社会规范相互区分的基本标准,但上位立法机构和执法机构的存在并非国际法的必备要素和效力根源。如奥本海所言,国际法获得效力的根源是国家的"同意"与"认可",这在国内的原始法也能找到类似的轨迹。"古代法律是予以承认,而不是强制实施的。一般而言,在古代法律中,司法管辖权需要得到被告同意,国家的强制和国家立法只是法律晚近的发展。"[③]

在国际关系学科当中对国际法研究最为深入的新自由主义国际关系学者在"国际关系法制化"的视域之下,也对国际法规则的基本要素

---

① 徐爱国,李桂林.西方法律思想史[M].北京:北京大学出版社,2014:231.
② [英]劳特派特.奥本海国际法(上卷,第一分册)[M].王铁崖,陈体强,译.北京:商务印书馆,1971:7.
③ 王婧.庞德:通过法律的社会控制[M].哈尔滨:黑龙江大学出版社,2010:163.

进行了总结。基欧汉就指出,国际法应该满足以下三点要素：第一,义务性,即规则应对行为体具有拘束力,而且这种法律上的拘束力并非来自强迫、互惠或道德的考虑；第二,确定性,即规则应以非模糊的方式设定命令性、授权性或禁止性行为规范；第三,授权性,指独立的第三方——包括司法机关、仲裁机构及行政组织等有权执行、解释或在争端解决过程中适用规则,以及可能有权进一步制定规则。① 这与奥本海从法律角度对国际法进行定性相类似,即认为国际法是由国际社会成员认可为具有法律拘束力,并授权专门性机构予以强制执行的行为规范。

在这种社会学法学的视野之下,国际法遵守研究也摆脱了以强制力作为守法主要动力的限制,从法律之外的国际社会中寻找法律得以遵守的动力所在。"法律遵守的主要动力实际来自国际法以外的其他领域。"②国际法遵守的管理模式即认为,并非所有国家都如法律实证主义假设的"人性本恶"。在"协调性博弈"之下,由于个体遵法的利益与集体并无冲突,博弈方没有违法动机,它们是持有"内在观点"的"好人",愿意接受,甚至积极寻求国际法的调控和约束。各国信息的沟通、遵法能力的获取、意愿的相互协调并非来自国际法内部,而是国际法所运行和生成的国际社会。"'协调性博弈'中的合作取决于法律之外的社会政治背景。在广阔的社会文化背景之下已然建立的传统或者共同信念都能帮助各国形成共同的精神或者在互通信息的过程中减少误解和冲突。"③根据管理模式构建的国际机制主要是厘清条约内容,在

---

① K. W. Abbott, R. O. Keohane, A. Moravcsik, Anne-Marie Slaughter and D. Snidal. The Concept of Legalization[J]. International Organization, Vol.54, 2000: 401-419.其他国际法学者也表达了类似的观点,比如劳特派特指出："国际法是行为规范的总称,通过外在的制裁得以施行,它尽管不是只对主权国家赋予权利和施加义务,但却主要是对国家赋予权利和施加义务。国际法的效力来自国家在国际习惯和国际条约中表现出来的同意以及国家和个人构成的国际社会的存在这一事实。就此意义来说,国际法可以被简单定义为国际社会的法。"转引自[英]蒂莫西·希利尔.国际公法原理[M].曲波,译.北京：中国人民大学出版社,2005：5.

② Oona A. Hathaway. Do Human Rights Treaties Make a Difference[J]. The Yale Law Journal, 2002, (4): 1939.

③ Duncan Snidal. Coordination versus Prisoners' Dilemma: Implications for International Cooperation and Regimes[J]. The American Political Science Review, Vol.79, No.4 (Dec., 1985): 941.

缔约方之间传递信息和促成谈判，并不需要涉及强制执行的职能。各国对遵守法律怀有天然的遵从的善意，遵法机制所要做的是发掘这种善意并在国际社会长期的文化交互中强化遵法精神以及协助各国达成各方均认可的立法条款。

在社会学法学看来，管理模式这种通过法律外部的社会文化要素促进国家自觉守法的方式在国际法遵守机制中处于核心地位。正如汤姆·R.泰勒在论证人们为什么遵守法律的时候弱化国家强制力一样，[①]社会学法学认为，国际法的强制力对于遵法者而言，也是一种表达法律权威性和维持国际法律体系完整的手段，而非促进国际法得到遵守的机制。在社会控制的角度上审视国际法遵守，对国家遵守国际法的全过程进行社会化管理，充分运用社会控制的各项手段——监督、报告、舆论压力和劝导，更能促进国家对国际法的尊重和遵守。

第四节　国际法遵守研究的多种视角与方法

从古典自然法学派到法律实证主义，再到社会学法学，可以发现，在社会处于不同历史阶段，对法律制度提出不同要求的时候，法学研究就相应地从特定视角出发，强调法律某一方面的特征以及从这个方面观察和研究法律。古典自然法学派崛起于17世纪，它迎合了当时与中世纪基督教会和封建君主争夺政权的资产阶级批判中世纪法统的需要，认为法律的本质是代表正义的人类理性。古典自然法学派的创始人格劳秀斯指出，自然法是市民法之母。自然法又根植于人性，即理性

---

① 正式的国家强制力对于一般守法的公民而言，是维护规则体系完整性的手段，而非遏制潜在违法者的一种策略。见 Tom R. Tyler. Compliance with Intellectual Property Laws: A Psychological Perspective[J]. New York University Journal of International Law and Politics, Vol.29, 1997: 230.

与社会性。市民法与万民法都必须根据它们制定才能获得效力。① 在资产阶级取得政权之后,以评价实在法为特征、充满批判性和斗争性的古典自然法学派衰微,响应新兴的资产阶级国家巩固既有政权和法制需要的法律实证主义随之崛起。它忽略法律的道德内核,强调法作为主权者命令的强制性特征。国家垄断立法权和执法权,法律的效力来自国家主导的立法和执法。19世纪末20世纪初,西方社会进入垄断资本主义阶段,社会生活的复杂性和多样性加剧,单纯依靠国家强制力保障法律秩序显得力不从心。这促使人们再一次走出法律封闭的"概念的天国",关注法律脱离国家立法机关与执法机关的"文本"之后在复杂的社会环境当中实际运行的方式与效果。社会学法学在这样的背景下兴起。它强调法律作为社会控制体系的一部分,与道德、宗教、习俗等非强制性规范相辅相成,共同保障法律秩序的特征。

一、国际法研究的不同视角

这些不同的法理学流派也深刻地影响了国际法的发展和研究。最早的国际法就是一批自然法学者创立的。"近代国际法之父"格劳秀斯本身是一位推动自然法从中世纪"神学"向近代"理性主义"演化的重要的自然法学家,他认为人类天性"好群",②在前国家的自然状态中处于人人向善的和谐状态并享有天赋的自然权利。随着生产力的发展,产生私有财产之后,人们开始感到自然状态下的不安全,也由于人性中固有的"社会性"而出于自愿相互签订社会契约组成国家,自然法即为国家内法律的准则和效力根据。即使在无政府状态的国家间社会,自然法也是国际法的准则和首要渊源。在他阐述近代国际法几项基本原则的重要著作,比如《战争与和平法》《捕获法》当中,都贯穿了人道主义、

---

① 严存生.西方法律思想史[M].北京:法律出版社,2014:100-105.
② "格劳秀斯看来,人在本质上是一种社会的群居动物,人的特性中具有对社会生活的强烈欲求。正因为这样,人天生具有能使他们在社会中和平共处的生活能力,并且凭借这种能力发现了自然法则。"见杨忠民,程华.自然法,还是法律实证主义[J].环球法律评论,2007,(1):17.

国际合作这样的自然法准则并根据它们创立了近代国际法的基本范式和研究方法。"国际法是从中世纪下半叶逐渐发展起来的。它作为一部有系统的规则,主要归功于荷兰法学家胡果·格劳秀斯。他所著的《战争与和平法》出版于1625年,并成为一切后来发展的基础。"[1]

在国际法遵守方面,执行模式就是根据法律实证主义对法律性质的认识所设计的遵法机制。管理模式则是根据社会学法学对法律性质的认识所设计的遵法机制。哪一种法律视角正确呢?应该说,每一种法律视角都正确,但每一种法律视角都狭隘。法律是复杂的社会现象,不管是法律实证主义从法律自身探讨法律"是什么",抑或法律社会学从法律与社会关系的外部互动探究法的运动,乃至自然法学派从法律"应该是什么"的价值层面探寻法律正确与否的标准,都是从某一侧面对法律现象的描述。"人们对法律现象的认识包括了无数的从各种不同角度观察法律现象、接近法律现象的成分,从这些成分的每一个出发都可以发展成为法理学的一个学派。自然法学派、分析法学派、社会法学派各自抓住了人们法律现象认识的一个方面——价值、规范、事实方面,然而又把这一个方面绝对化,把它们膨胀为脱离法律现象的其他方面,脱离各个方面有机联系的总体而独立存在的方面。"[2]这种相互割裂,或者说在研究中对法律现象其他方面的抛弃有利于理论研究的抽象和更加深入,特别是面对法律这样内涵丰富的社会现象,不加分割地研究只会导致研究的浅薄和笼统。"法律就像一个带有许多大厅、房间、凹角、拐弯的大厦,在同一时间想有一盏灯照亮每一个房间、凹角和拐弯是极为困难的。"[3]

二、国际法研究的视角转换

从不同角度观察法律现象并忽视它的其他侧面,可以更加精准和

---

[1] [英]詹宁斯,瓦茨,修订.奥本海国际法(第一卷)(第一分册)[M].北京:中国大百科全书出版社,1995:3.
[2] 朱景文.现代西方法社会学[M].北京:法律出版社,1994:11.
[3] [美]E.博登海默.法理学:法律哲学与法律方法[M].邓正来,译.北京:中国政法大学出版社,2004:217.

深入地研究法律某一方面的特点和问题。但是,如果在研究中对法律现象进行人为分割之后,不作视角的转换和多角度思考,又会导致研究的僵化和片面。不管是执行模式所依据的法律实证主义,还是管理模式所依据的社会学法学,其所强调的法律特征都只是法律诸多特征的其中一种。如果始终局限于一个视角研究国际法遵守的途径,都会陷入困惑和狭隘。因此,在完成单一视角的研究以后,转换视角,多角度观察法律现象的不同侧面有利于研究的全面和丰富。实际上,博登海默虽然指出法律就如房间众多的大厦,无法仅凭一盏灯光照亮所有角落,但他同时也指出,法理学的各个流派应该相互联合。"这些哲学形式的最大意义在于它们在法学总的大厦都是有价值的建筑基石,即使这些理论中的每一个都只代表了一部分和有限的真理。当我们的知识系统增加的时候,我们必须试图建设一个利用所有一切过去成果的综合法学,即使最终我们可能发现,我们法律制度的图画在它的总体上肯定依然是不完全的。"[①]

　　实际上,在法理学方面,第二次世界大战以后的实证主义法学派接受了"最低限度的自然法准则",新自然法学派也接受了法律实证主义关于国家强制力的论证。经过三个世纪的对立,不同法学流派在一些重要命题上实现了融合。在国际关系方面,现实主义和自由主义经过数次争论以后,各自形成的新现实主义和新自由主义也在一些重要命题上实现了融合。不同流派和研究视角在相互对立和论争中加深了自己的研究;又在相互融合和赞同对方的过程中,共同反映着世界的真貌和共同指引人们的生活。

　　同样,执行模式和管理模式作为国际法遵守的不同手段,具有相互对立的特点。我们在不同的法学视角之下将其割裂,力图对它们各自进行深入的研究。同时我们应该清楚,它们也都是国际法遵守机制当中浑然天成的共同体。国际法遵守作为国际法律现象的一部分,其在

[①] [美] E. 博登海默. 法理学:法律哲学与法律方法[M]. 邓正来,译. 北京:中国政法大学出版社,2004:164.

实践当中的形成和运转都是整体性的——事后制裁和全程管理；对违法者的外部强制和对遵法者的劝导、协助；国家出于忌惮国际制裁而守法和发自内心认可、尊重法律。这些因素在运作中并非相互割裂的。它们相辅相成，息息相关，共同引导国家对法律的遵守。我们将它们作分类研究，是为了观察的准确；我们又将它们共同运用，是为了在更加广阔的视野之下发现国际法遵守更加丰富和多样的手段。

结 论

国际法与国际关系学科的交叉本质上是研究"规范"的法学和研究"行为与社会关系"的社会学相互交叉的过程。斯劳特指出:正如宪法学者必须研究政治理论,政治学者也必须探寻宪法之灵魂和本体一样,研究国家行为之国际关系学与研究法律之法学的两个学科也应该寻求互相借鉴之道。[①] 在经历了几度分合之后,20 世纪 90 年代以来,国际法与国际关系学科进行了比较充分的跨学科研究,这对于国际法遵守这样涉及规范如何引导行为的问题研究,起到了明显的推动作用。国际法学家和国际关系学家分别从各自的领域出发对国际法得到遵守的根据和途径进行了成果丰富的阐述。

其中,国际法学者从不同的法学流派出发,对"法律为何得到遵守"的原因进行分析。自然法学派认为法律所蕴含的正义、平等等道德性内容使其得到遵守。实证主义法学派认为国际法得到遵守的动力来自主权国家之间同意受到法律约束的主观意愿。国际关系学者则根据对"国家"性质的不同认识论证"国家为何遵守法律"的原因。国际关系学者对"国家"性质的认识可以分为理性主义和反思主义两大分支。国际关系的理性主义学派将国家视为精于计算利益与成本的理性人,遵守法律对于它们而言是利益大于成本的决策。首先,国际关系的现实主义理论认为以追逐权力为第一目标的国家只有在国际法符合其利益的条件下才将遵守法律。遵法是国家扩张权力途中的巧合或者国家之间

[①] Robert J. Beck, Anthony Clark Arend, Robert D, Vander Lugt. International Rules: Approaches from International Law and International Relations[M]. New York: Oxford University Press, 1996: 3.

追名逐利的工具。其次,国际关系的执行理论认为国家出于对制裁的恐惧而遵守法律。只要针对违法行为的制裁足够充分,就可以迫使国家成为遵法者。再次,国际关系的理性选择理论认为,是否遵守法律对于国家而言,是对遵法成本与收益进行计算的理性选择过程。当他们认为遵法带来的收益——尽管对于该收益的定义可以非常广泛,高于违法收益,理性的国家将选择净收益更高的遵法行为;当然,反之,如果国家认为违法的收益更高,也将理性地选择违法行为。从次,国际关系的管理理论认为,更高水平的国际法遵守并非来自强制性的法律执行,而是来自对国家遵法过程的管理——更加清晰地解释法律条款,增加法条的透明度和改善遵法环境,协助国家提高遵法能力,劝导和引导国家自觉遵守法律,等等。国际关系的管理理论认为,这些软性的以劝导、协助和社会互动为特点的国际法遵守方式较之硬性的法律执行更加有效。最后,国际关系的声誉理论认为,良好的国际声誉和国家形象能够为国家的国际交往带来长期收益,这比违法行为带来的短暂收益更被国家所重视。通过社会舆论的压力和公布违法者名单等令国家"蒙羞"的措施往往能够有效驱动国家调整自己的行为,回归到遵守法律的轨道上。

  国际关系研究的反思主义学派与理性主义相反,将国家视为由特定文化、规范、意识形态和价值观所塑造的观念集合体。观念塑造国家偏好,国家偏好决定它们是否遵守法律。反思主义范式之下最为典型的国际关系流派——建构主义认为,反复的规则教化和文化建构所形成的遵法精神和文化氛围将有效地促进国家自觉守法。

  在林林总总的有关国际法遵守的根据与动力的学说当中,国际法遵守的研究突破了传统上有关"国际法是否有效"的讨论,而进入"国际法遵守之动力"的研究,即探讨促进国际法遵守的具体因素和动力。其中争议的焦点落实在:到底是传统上认为的,增强国际法执行和国际制裁的力度就能够促进国际法遵守;还是目前逐渐被重视的除了国际法强制执行以外,对国际法遵守过程进行管理的软性措施对于提高法律遵守水平效果更佳。蔡斯将其总结为国际法遵守的执行模式与管理模式的争议和对立。目前国际法遵守问题的争议焦点即在于,国际法遵守的主要动力是执行模式还是管理模式?对该问题的解答代表了国际法遵守动力的研究趋势,即从"硬执行"为特点的执行模式向"软执行"为特点的管理模式的演化;或者体现在法律本质的研究趋势上,它代表了20世纪50年代以来,从强调法律的"强制性"特征向强调法律的"社会控制性"特征的演化。

一、执行模式与管理模式——国际法遵守的两种动力

执行模式与管理模式,到底谁是国际法遵守的主要动力?传统上,受到国内法研究法律实证主义的影响,国际法遵守的主要动力被认为来自国际法律制裁的强劲有力。只要执行模式能够充分提高违法国的行为成本,使其违法成本高于违法收益,即可迫令违法国停止违法行为,调整自己的政策。但是,执行模式的实际运作面临如下几个问题:第一,并非所有国际法遵守事项都适用于执行模式的运用,只有"协作性博弈"的事项适用于执行模式的运作。在"协作性博弈"中,个体的遵法利益与群体相互冲突。博弈者在私己机会主义心理的驱使下,背弃群体利益从而追求私利的动机强烈。这在博弈模型中反映为纳什均衡点与帕累托最优落在不同的象限,造成博弈者追求私利的行为导致集体利益落空的结果。为了解决这一群体利益无法实现的"共同利益的困境",需要针对试图"搭便车"的具有欺诈动机的博弈方施加外部强制,增加欺诈成本,以迫使其放弃投机和违法行为。这是以强制性为特点的执行模式在遏制军备竞赛、以邻为壑的贸易战、货币战等"协作性博弈"的国际法事项中促使各方遵法的机理所在。

第二,执行模式在实际运用中的两种形式——国家报复和执行模式的国际机制都在实际运作中面临无法解决的困境。首先,国家报复作为一种"以恶制恶"的国际法遵守方式,其合法性的获得与成功运用取决于三个条件:良善性、充分性和即时性。即便如此,国家报复在运作中的缺陷依然非常明显:其一,它在增加违法国成本的同时也在增加实施国成本,这往往导致只有实力强大的国家才有能力实施报复。

其二,在缺乏国际裁判机构裁判的情况下,报复具有单边性以及由此带来的随意性和容易过当。其三,国家报复作为自助执法措施,其单边性和随意性严重损害了国际法的权威和稳定性。

执行模式在实际运用中的另一种形式是执行性的国际机制,它们试图通过建立国际机制的方式克服国家报复的缺陷和提高国际法遵守的水平。但是,执行模式的国际机制在运行中的效果也不尽如人意。其一,从制裁对象的角度出发,执行模式的效果取决于制裁对象的准确性和制裁对象承受制裁压力的充分性。在制裁对象的准确性方面,国际制裁在运行中经常无法准确打击制裁目标,反而引发严重的人道主义危机。虽然"聪明制裁"在准确地定点打击制裁目标方面做出了努力,但运作中还是存在技术性困难而被认为难以操作。在制裁对象承受制裁压力的充分性方面,由于目前国际制裁的横向性特点,目标国承受制裁的充分性取决于它对实施国的依赖程度。只有目标国依赖制裁国而对国际制裁"敏感";同时在遭受国际制裁以后无法在与第三国的交往中抵消制裁带来的影响,因而具有"脆弱性",才能够真正因为国际制裁而承受不利益。虽然"二级制裁"试图增强目标国的"脆弱性",但其在操作中面临诸多技术性困难和政治性困难,尤其是政治上,二级制裁面临着严重的合法性缺陷而难以获得良好的效果。

其二,从制裁者的角度出发,国际制裁机制同样面临两个实践问题:第一个问题是,参与多边制裁机制的各国出于政治上和经济上的考量,在参与制裁的政治意愿上往往"各怀心事",导致多边制裁机制并不牢固和团结。第二个问题是,即使所有国家都愿意参与多边制裁,国际制裁机制的制裁能力也受制于作为机制领导者的强国意愿。如果强国不愿意针对国际违法行为作出反应,多边制裁机制的制裁能力将大打折扣。

其三,从制裁本身的强度出发,为了克服国家间报复的随意性,执行模式的国际机制严格控制制裁强度,要求国际法制裁必须符合"相称性"原则。这意味着国际制裁作为平等者之间的执法具有"民事性",这也导致两个问题:第一个问题是,仅仅达到"相称性"标准的国际制裁往往无法使违法成本超过违法收益而有效地阻遏违法。第二个问题是,"民事性"国际制裁的着眼点在于补偿"受害国"损失,而非纠正"违法国"行为,这使得国际制裁阻遏违法的目的往往落空。事实上,所有国际制裁的弊端,不管是目标国、制裁国,抑或制裁措施本身的种种问题都源于国际社会"平行结构"对国际法执行机制建立的阻碍和制约。这也是执行模式在国际法框架内运行必须面对同时又无法解决的缺陷。

随着执行模式的缺陷越来越得到研究和发现,作为国际法遵守之"软性"措施的管理模式开始受到关注。如果说执行模式适用于解决"协作性博弈"下国际法遵守的"共同利益困境",其要旨在于对违法国家施加强硬的外部制裁,以阻遏博弈方的欺诈动机。那么,管理模式则适用于解决"协调性博弈"下国际法遵守的"共同背弃困境"。在此类博弈模式下,由于个体的遵法利益与集体并无冲突,纳什均衡点和帕累托最优落在同一象限,因此不存在欺诈者,不需要采取"硬性"措施和施加强制。只是由于存在多个纳什均衡,需要各个博弈方做出相同选择和避免各行其是,出现共同背弃。因此,国际遵法机制需要为各国提供充分的沟通机会,帮助它们在多个均衡点中共同选择某一确定的决策。一旦这样的决策作出,也将同时达到帕累托最优,国际机制将获得自动执行。这正是管理模式可以以"软性"措施促进国际法遵守的根本原因。

一般采取厘清条约含义、增加法律规则的透明度、协助各国提高遵法能力以及运行争端解决机制来引导国家遵守法律。本书通过国际环境条约的遵法机制的制度和实证研究,可以清晰地展示管理模式在实际运作中通过这些管理性措施促进法律得到遵守的过程。当然,不管是国际环境条约的遵守,抑或欧盟法和世界贸易组织法的遵守,在实际运作过程中,执行模式与管理模式并非对立和割裂的状态。两者的相互配合和前后衔接是促进国际法遵守效果最佳的途径。如何在国际机制中对两者的配合进行更加完善的设计和"组合"是未来国际法遵守机制的发展方向。

二、法律实证主义与社会学法学——国际法研究的两种视角

有关执行模式与管理模式的争议,本质上是关于国际法性质之不同观点的争议。强调施加制裁以促进国际法遵守的执行模式,其法理基础在于同样强调制裁作为法律本质特点和法律遵守基本途径的法律实证主义。但是,需要注意的是,法律实证主义在19世纪下半叶才开始兴盛,并且这种兴盛是以法律发展到一种发达、成熟的状态为背景的。"奥斯丁发现了一个发达的法律体系中的法律或者法律规则所具备的五大特征。第一,一个具体的法律应该是主权者的命令。第二,法律是由确定的权威机构制定的规则,它们产生于实在的来源而非自发而来的。第三,法律是被普遍适用的规则。第四,法律是处理人类外部行为的规则。第五,制裁。"[1]其中,制裁被法律实证主义者认为是法律最为重要的特征,耶林指出:"没有法律强制作为后盾的法律规定本身就是一个矛盾,就像一团不会燃烧的火,一盏不亮的灯。"[2]以此为出发点观察国际法和国际法遵守,亦会认为以制裁为根本特征的国际法,其得以遵守的主要动力来自法律本身具有的强制力。当我们声称要提高国际法效力的时候,往往着力于提高国际法本身的强制力。在很长一段时间内,如何"硬化"国际法执行机制被认为是提高国际法遵守水平的主要途径。

实证主义法律观是看待法律的一种视角,它所强调的"国家"机构为代表的权威性立法者和垄断性执法机构的存在是法律的一种本质,特别在发达、成熟的法律体系之下,这种特点尤其突出。但是,正如奥本海所指出的,以法律实证主义出发对法律的定义主要是以国内法为依据作出的定义,在适用其他各种社会之规范研究的时候,则显得狭隘和僵化。虽然国内法的特征提供了一种有效的标准以测定其他社会,

---

[1] [美]罗斯科・庞德.法理学(第二卷)[M].封丽霞,译.北京:法律出版社,2007:122-126.

[2] 转引自[美]罗斯科・庞德.法理学(第二卷)[M].封丽霞,译.北京:法律出版社,2007:144.

特别是国际社会的规则是否具有法律的性质,然而,一些规则,即使在其发展的特定阶段中,并不具备国内法那样的成熟特征,仍然可以被认为是严格意义上的法律。① 在不存在"国家"机制的社会形态下,比如国际社会,那些以义务性、确定性和授权性为特点的社会规范被社会成员认可为"法"的存在,根据这些法律施加的强制也被国家认可为"法律"制裁而得到遵守和尊重。当然,这是一种不够发达、较为分散和原始的初级形态的法律,因此跳出主要用于观察发展到发达阶段的国内法的实证主义法律观,转换一种观察法律的视角,站在用于观察不存在"国家"机制的社会形态之法律现象的社会学法学的立场,可以在更加广阔的视野下发现和研究国际法律的运行和效果。

从这个视角出发,可以发现,国际法遵守的主要动力不需要基于法律本身的强制力。国家基于各种心理因素和内在压力这些规则之外的社会性因素也能很好地遵守法律。特别是在国际法共同遵守过程中,个体利益与集体利益不相冲突的"协调性博弈"中,不论选择哪一项处于纳什均衡状态的决策都是同时实现集体利益最大化的最优决策。由此,促进国际法遵守的机制需要做的并非加强法律制裁和遏制具有背弃动机的个体国家,而是通过加强信息沟通和对遵法过程的"软性"管理,促进博弈各方共同选择某一项处于纳什均衡的决策。应对"协调性博弈"而实施的国际法遵守模式,这种以解决问题为核心,以劝服、协助和沟通为主要内容的对遵法过程进行"软性"管理的"管理模式",在现代国际法遵守当中地位日益提高,并在国际环境法、国际人权法以及国际贸易法的遵守当中发挥日益重要作用。管理模式推动国际法遵守的着眼点并非法律规则本身,而是规则以外的国际社会与国际关系,这正应和了社会学法学所主张的,在社会关系和个体行为中寻找法律效力之依据的观点。正如英国学者史塔克(J. G. Starke)所认为的:"加强国际法规则义务性质的主要因素是经验事实,就是国家将坚持其他国

---

① [英]詹宁斯,瓦茨,修订.奥本海国际法(第一卷)(第一分册)[M].北京:中国大百科全书出版社,1995:6.

家应遵守它在这些规则下的权利。很显然的,如果国家不坚守这些规则,国际法就无从存在。至于促使国家支持遵守国际法的最终理由,属于政治学的范围,而不能在严格的法律分析中得到解说。"①

尽管在20世纪90年代以来,国际法正经历着一场强制力不断强化的历史过程,"国际法的某些不足使它毫无疑问仍然是一个不完全的法律秩序,但特别是过去半个世纪的发展表明,有改进这些不足的相当发展。一种正在出现的强制执行国际法的制裁体系是可以看得到的,而所谓造法条约的采用以及国际组织的活动的某些方面,都指示着一种立法程序或者至少是与之相类似的国际程序正在出现。国际法律秩序中还呈现出其他不断成熟的迹象"②。但这并不意味着国际法遵守水平随着国际司法机构的强化和扩散而水涨船高。法律强制力的提高并不必然意味着法律遵守水平的提高,这在国内法的考察当中得到了相同的结论,尤其在法律社会学研究兴盛以后,学界对法律在社会的运作以及其对个体行为的实际效力进行广泛而丰富的研究,更加确认法律遵守作为一项社会性的工程,应该更多在社会过程当中寻找动力所在和提高的可能。同样,在国际法遵守当中,尽管增强国际法的强制力依然具有重要的意义——强制力因素的存在是维持国际法规则体系完整的基本要求,亦是保障国际法得以遵守的最后底线,但在整个国际社会的运转过程和国家行为当中寻找国际法遵守更加丰富的动力具有更加重要的现实意义。

---

① 马呈元.国际法[M].北京:中国人民大学出版社,2012:141.
② 邱宏达.现代国际法[M].台北:三民书局,1986:55.

参 考 文 献

一、中文文献

阿·菲德罗斯.国际法(下)[M].李浩培,译.北京:商务印书馆,1981.

埃莉诺·奥斯特罗姆.公共事务的治理之道:集体行动制度的演进[M].余逊达,陈旭东,译.上海:上海译文出版社,2012.

埃莉诺·奥斯特罗姆.制度安排和公用地两难处境[M]//V.奥斯特罗姆,D.菲尼,H.皮希特,编.制度分析与发展的反思:问题与抉择.王诚,等,译.北京:商务印书馆,1992:98.

爱德华·卡尔.20年危机:国际关系研究导论[M].秦亚青,译.北京:世界知识出版社,2005.

爱迪·布朗·维丝.理解国际环境协定的遵守:十三个似是而非的观念[M]//王曦,主编.国际环境法与比较环境法评论(第1卷).北京:法律出版社,2002:56.

安东尼·唐斯.民主的经济理论[M].姚洋,邢予青,赖平耀,译.上海:上海世纪出版集团,2005.

安东尼奥·卡塞斯.国际法[M].蔡从燕,等译.北京:法律出版社,2009.

安曦萌.论国际司法机构在构建国际法律秩序中的作用——从凯尔森国际法思想出发的考察[J].华东师范大学学报(哲学社会科学版),2011,(4):51.

奥兰·扬.世界事务中的治理[M].陈玉刚,薄燕,译.上海:上海世纪出版集团,2007.

包勇恩.论国际法中立法管辖与司法管辖:以管辖权依据多元化为视角[J].中南财经政法大学研究生学报,2010,(5):50.

贝卡利亚.论犯罪与刑罚[M].黄风,译.北京:中国法制出版社,2005.

彼得·斯坦,约翰·香德.西方社会中的法律价值[M].王献平,译.北京:中国法制出版社,2004.

边沁.道德和立法原理导论[M].时殷弘,译.北京:商务印书馆,2000.

边沁.立法理论[M].李贵方,等译.北京:中国人民公安大学出版社,2004.

边沁.政府片论[M].沈叔平,等译.北京:商务印书馆,1997.

波斯纳.法理学[M].苏力,译.北京:中国政法大学出版社,1994:297.

伯恩·魏德士.法理学[M].丁小春,吴越,译.北京:法律出版社,2003.

薄燕.中国与国际环境机制:从国际履约角度进行的分析[J].世界经济与政治,2005,(4):23-28.

布赖恩·Z.塔玛纳哈.一般法理学:以法律与社会的关系为视角[M].郑海平,译.北京:中国政法大学出版社,2012.

蔡拓.试论全球问题对当代国际关系的影响[J].南开学报,1999,(1):5.

陈丽娟.法学概论[M].台北:五南图书出版股份有限公司,2013.

大卫·A.鲍德温.新现实主义和新自由主义[M].肖欢容,译.杭州:浙江人民出版社,2001.

戴维·帕尔米特,佩特罗斯·C.马弗鲁第斯.WTO中的争端解决:实践与程序[M].罗培新,李春林,译.北京:北京大学出版社,2005.

丹尼斯·劳埃德.法理学[M].许章润,译.北京:法律出版社,2007.

蒂莫西·希利尔.国际公法原理[M].曲波,译.北京:中国人民大学出版社,2005.

参考文献

蒂莫西·希利尔.国际公法原理[M].曲波,译.北京:中国人民大学出版社,2005.

丁以升,李清春.公民为什么遵守法律?:评析西方学者关于公民守法理由的理论(上)[J].法学评论,2003,(6):4-6.

丁以升,李清春.公民为什么遵守法律?:评析西方学者关于公民守法理由的理论(下)[J].法学评论,2004,(1):67-70.

董斌.国际法[M].北京:知识产权出版社,2011.

杜栎荣.国际制裁对解决朝核问题的影响[D].延边:延边大学,2012:61.

E.博登海默.法理学:法律哲学与法律方法[M].邓正来,译.北京:中国政法大学出版社,2004.

方长平.国家利益分析的建构主义视角[J].教学与研究,2002,(6):65.

方国学,薛向君.天平与杠杆:欧盟的司法制度[M].南昌:江西高校出版社,2006.

方建新,李桂峰.失败的威慑:朝鲜战争初期中国对美政策分析[J].世界桥,2008,(4):37-40.

冯雪薇.美国《赫尔姆斯伯顿法》在国际法上的违法性剖析[J].国际经济法学刊,2004,(8):36-50.

附子堂,时显群.法理学[M].重庆:重庆大学出版社,2011.

傅星国.WTO争端解决中的报复问题[J].国际经济合作,2009,(5):70-78.

格劳秀斯.战争与和平法[M].A. C.坎贝尔,英译.何勤华,等译.上海:上海人民出版社,2003.

谷春德.西方法律思想史[M].北京:中国人民大学出版社,2004.

顾正龙."石油换食品"协议签字后的伊拉克[J].瞭望新闻周刊,1996,(25):230.

郭振雪.欧盟在叙利亚危机中的制裁行为分析[J].和平与发展,2013,(1):9.

韩永红.国际法何以得到遵守:国外研究述评与中国视角反思[J].

环球法律评论,2014,(4):167-170.

韩召颖,张蒂.联合国安理会制度的有效性考察[J].南开大学学报(哲学社会科学版),2008,(5):23-25.

汉斯·凯尔森.纯粹法理论[M].张书友,译.北京:中国法制出版社,2008.

汉斯·摩根索.国家间政治:权力斗争与和平[M].徐昕,郝望,李保平,译.北京:北京大学出版社,2006.

何志鹏.国际法方法论:以思想与表达为核心[J].武大国际法评论,2011,(1):63-67.

何志鹏.在政治与伦理之间:本体维度的国际法[J].浙江大学学报(人文社会科学版),2012,(9):76-78.

赫德利·布尔.无政府社会:世界政治秩序研究(第二版)[M].张小明,译.北京:世界知识出版社,2003.

胡剑萍,阮建平.美国域外经济制裁及其冲突探析[J].世界经济与政治,2006,(5):79-80.

胡水娟."制裁加接触":美国对缅政策的调整[J].外交评论(外交学院学报),2010,(2):95-97.

胡欣.国际政治中的强制:定义、分类及分析模式[J].国际政治研究,2008,(2):85-87.

黄璜.合作进化模型综述[J].北京大学学报(自然科学版),2010,(2):32.

黄真.从"互惠利他"到"强互惠":国际合作理论的发展与反思[J].国际关系学院学报,2009,(4):1-8.

霍贝尔.原始人的法:法律的动态比较研究[M].严存生,等译.北京:法律出版社,2006.

霍布斯.利维坦[M].黎思复,黎廷弼,译.北京:商务印书馆,1985.

霍布斯.论公民[M].应星,冯克利,译.贵阳:贵州人民出版社,2003:26.

简基松.联合国经济制裁的"人道主义例外"法律机制初探[J].法

学评论,2004,(3):230.

江国青.国际法中的立法管辖权与司法管辖权[J].比较法研究,1989,(1):23-34.

蒋珊珊.国际机制对经济制裁有效性的影响[J].理论观察,2012,(5):13.

凯尔森.法与国家的一般理论[M].沈宗灵,译.北京:中国大百科全书出版社,1969.

亢爱青.奥斯丁及其实证分析法学:奥斯丁法学思想的历史解读[J].当代法学,2001,(3):34.

克劳迪奥·加蒂.石油换食品的猫腻[J].顾目,译.国外社会科学文献,2004,(7):140.

莱茵荷德·齐柏里乌斯.法学导论[M].金振豹,译.北京:中国政法大学出版社,2007.

李晨阳.西方国家制裁缅甸的目的及其效用评析[J].国际关系学院学报,2009,(2):56-101.

李海波,郭耀煌,陈蛇.四种经典博弈模型及其启示分析[J].数量经济技术经济研究,2002,(11):61.

李元磊.法律的确定性问题研究[D].长春:吉林大学,2008:7.

梁西.论国际社会组织化及其对国际法的影响[J].法学评论,1997,(4):45.

刘超杰.国际政治中的制裁研究[D].北京:中共中央党校,2006:14.

刘青建.试析美国在阿富汗的困局[J].现代国际关系,2009,(2):7-11.

刘树桥.法的本质论纲[J].求索,2007,(2):94.

刘筱萌.联合国制裁措施的国内执行研究[D].武汉:武汉大学,2012:45.

刘星.法律"强制力"观念的弱化:当代西方法理学的本体论变革[J].外国法译评,1995,(3):40.

刘星.法律"强制力"观念的弱化——当代西方法理学的本体论变

革[J].外国法译评,1995,(3):17.

刘志云.国际法研究的建构主义路径[J].厦门大学学报(哲学社会科学版),2009,(4):6.

刘志云.中国国际法学的繁荣之路:一种引入国际关系理论分析的路径[Z]."2020年的国际法"暨中国青年国际法学者论坛会议论文集,2011,(5):42-48.

刘志云.自由主义国际法学:一种"自下而上"对国际法分析的理论[J].法制与社会发展,2012,(3):80.

柳炳华.国际法(下卷)[M].朴国哲,朴永姬,译.北京:中国政法大学出版社,1997.

卢现祥.西方新制度经济学(修订版)[M].北京:中国发展出版社,2003.

陆伟明,李蕊佚.欧盟法在成员国法律体系中的地位:以直接效力和至高效力两大宪法性原则为中心[J].法治论丛,2008,(23):46-48.

路易斯·亨金.国际法:政治与价值[M].张乃根,马忠法,罗国强,等.译.北京:中国政法大学出版社,2001.

吕国平.论欧洲联盟的先决裁决制度[J].中外法学,1996,(1):54-58.

罗伯特·阿克塞罗德.合作的进化[M].吴坚忠,译.上海:上海人民出版社,2007.

罗伯特·基欧汉,约瑟夫·奈.权力与相互依赖[M].门洪华,译.北京:北京大学出版社,2012.

罗伯特·基欧汉.霸权之后:世界政治经济中的合作与纷争[M].上海:上海人民出版社,2006.

罗杰·科特威尔.法律社会学导论[M].潘大松,刘丽君,林燕萍,等译.北京:华夏出版社,1989.

罗斯.社会控制[M].秦志勇,译.北京:华夏出版社,1989.

罗斯科·庞德.法理学(第一卷)[M].邓正来,译.北京:中国政法大学出版社,2004.

马克斯·韦伯.经济与社会(上卷)[M].林荣远,译.北京：商务印书馆,1997.

马克斯·韦伯.社会组织和经济组织理论[M].阎克文,译.桂林：广西师范大学出版社,2007.

曼瑟尔·奥尔森.集体行动的逻辑[M].陈郁,郭宇峰,李崇新,译.上海：格致出版社,2011.

门洪华.集体安全辨析[J].欧洲,2001,(5)：11-18.

米尼克·拉皮埃尔,拉里·柯林斯.圣雄甘地[M].周万秀,吴葆璋,译.北京：新华出版社,1986.

潘新光.论古典自然法学派[J].学理论,2013,(15)：34.

庞德.庞德法学文述[M].雷宾南,译.北京：中国政法大学出版社,2005.

齐皓.国际环境问题合作的成败：基于国际气候系统损害的研究[J].国际政治科学,2010,(4)：110-118.

钱春泰.国际政治中武力的潜在运用：威逼与威慑[J].欧洲研究,2005,(4)：53-60.

秦建荣.世界贸易组织报复制度研究[D].桂林：广西师范大学,2002：6-15.

邱宏达.现代国际法[M].台北：三民书局,1986.

饶戈平.国际组织与国际法实施机制的发展[M].北京：北京大学出版社,2013.

阮建平.国际经济制裁：演化、效率及新特点[J].现代国际关系,2004,(4)：67.

邵津.国际法[M].北京：北京大学出版社,2005.

沈伟,方荔.美俄金融制裁与反制裁之间的拉锯和对弈：理解金融反制裁的非对称性[J].经贸法律评论.2023,(2)：2.

沈伟,阮国英.赫-伯法和达马托法的由来及其非法性[J].国际观察,1997,(1)：37-39.

苏长和.全球公共问题与国际合作：一种制度的分析[M].上海：

上海人民出版社,2000.

孙笑侠.论法律的外在权威与内在权威[J].学习与探索,1996,(4):85-87.

孙鑫.囚徒的困境博弈及其应用浅析[J].产业与科技论坛,2009,(8):142.

泰格,利维.法律与资本主义的兴起[M].纪琨,译.北京:学林出版社,1996.

唐小松.现实主义国际法观的转变:对共生现实主义的一种解读[J].世界经济与政治,2008,(8):72.

托马斯·莱赛尔.法社会学导论[M].高旭军,等译.上海:上海人民出版社,2011.

王婧.庞德:通过法律的社会控制[M].哈尔滨:黑龙江大学出版社,2010.

王军,栗撒.WTO争端解决机制中的救济体系框架及改革问题实证研究[J].当代法学,2014,(3):32.

王蕾凡.安理会目标制裁决议实施中人权保护的司法审查:从"卡迪案"到"阿尔-杜立弥案"的演进[J].国际法研究,2017(4):72-80.

王林彬,秦鹏.欧洲联盟法[M].兰州:兰州大学出版社,2001.

王林彬.国际司法程序价值论[M].上海:复旦大学出版社,2009.

王明国.国际制度的有效性研究:以国际环境保护制度为例[D].上海:复旦大学,2011:120.

王晓丽.国际环境条约遵约机制研究[D].北京:中国政法大学,2007:45-70.

王玉萍.欧共体人道主义援助[J].太原师范学院学报(社会科学版),2003,(4):77-79.

韦伯.论经济与社会中的法律[M].北京:中国大百科全书出版社,1998.

温树彬.国际法强制执行问题研究[M].武汉:武汉大学出版社,2010.

温斯顿·丘吉尔.二战回忆录[M].康文凯,译.南京:江苏人民出版社,2000.

沃尔夫刚·格拉夫.国际法[M].魏智通,编.吴越,译.北京:法律出版社,2002.

吴淑娟.建立WTO集体报复制度的可行性[J].对外经贸实务,2010,(12):44-47.

武媛媛.WTO争端解决机制中的报复措施研究[D].重庆:西南政法大学,2006:16.

夏尔·卢梭.武装冲突法[M].张凝,等译.北京:中国对外翻译出版社,1987.

夏立平.国际军备控制理论的演变与建立有中国特色的军控理论[J].国际政治研究,2002,(2):73-78.

向朝霞.论制裁在法律概念中的地位演变[J].天津法学,2012,(3):33.

肖刚,黄国华.冷战后美国经济外交中的单边经济制裁[J].国际经贸探索,2006,(5):20.

休谟.人性论(下册)[M].关文运,译.北京:商务印书馆,1980.

徐爱国,李桂林.西方法律思想史[M].北京:北京大学出版社,2014.

徐崇利.构建国际法之"法理学":国际法学与国际关系理论之学科交叉[J].比较法研究,2009,(4):23.

徐崇利.国际关系理论与国际法学之跨学科研究:历史与现状[J].世界经济与政治,2010,(11):88-110.

徐同远.边沁的功利主义理论与分析法学思想[J].比较法研究,2008,(6):119-121.

许睿,李允载.欧盟国家责任原则探析[J].法学杂志,2001,(5):110.

亚当·斯密.国民财富的性质和原因的研究(下卷)[M].郭大力,王亚南,译.北京:商务印书馆,1974.

亚历山大·温特.国际政治的社会理论[M].秦亚青,译.上海:上海人民出版社,2008.

严存生.西方法律思想史[M].北京:法律出版社,2014.

颜剑英,罗锦秀.冷战结束后美国对外经济制裁的新发展[J].世界经济与政治,2005,(2):23.

杨鸿.从集体报复措施的设想看WTO裁决的执行促进手段[J].世界贸易组织动态与研究,2007,(4):35-42.

杨思斌.功利主义法学[M].北京:法律出版社,2006.

杨祥银.联合国为何解除对苏丹的制裁[J].西南非洲,2002,(1):45.

杨泽伟.改革开放30年来中国国际法学研究的回顾与前瞻[J].外交评论,2008,(6):78-80.

杨忠民,程华.自然法,还是法律实证主义[J].环球法律评论,2007,(1):17.

杨竹喧.复仇在古代中国[J].法制与社会,2008,(10):307-308.

叶德武.试析古典自然法学派的"自然法论"[J].中南政法学院学报,1988,(1):23-54.

易显河.向共进国际法迈步[J].西安政治学院学报,2007,(2):60-63.

尤根·埃利希.法社会学基本原理[M].叶明义,袁震,译.北京:九州出版社,2007.

余敏友.论世贸组织争端解决机制的强制执法措施[J].暨南大学学报(哲学社会科学版),2008,(1):24-132.

约翰·奥斯丁.法理学的范围[M].刘星,译.北京:北京大学出版社,2013.

约翰·罗尔斯.万民法[M].张晓辉,等译.长春:吉林人民出版社,2001.

曾世雄.损害赔偿原理[M].北京:中国政法大学出版社,2001.

詹宁斯,瓦茨,修订.奥本海国际法(第一卷)(第一分册)[M].北京:中国大百科全书出版社,1995.

张弛.国际法遵守理论与实践的新发展[D].武汉:武汉大学,2002:19-23.

张军旗.论 WTO 争端解决机制中的报复制度[J].上海财经大学学报,2002,(2):38.

张乃根.西方法哲学史纲[M].北京:中国政法大学出版社,1997.

张维迎.博弈论与信息经济学[M].上海:上海人民出版社,1996.

张文显.二十世纪西方法哲学思潮研究[M].北京:法律出版社,1996.

张英.论欧洲法院在欧共体司法制度建设中的作用[J].法学评论,2001,(4):79.

赵海峰.略论国际司法机构的现状和发展趋势[J].人民司法,2005,(9):96.

赵理海.国际法基本理论[M].北京:北京大学出版社,1990.

赵启荣.联合国会费分摊之争[J].当代世界,2007,(2):34.

支振锋.法律的驯化与内生性规则[J].法学研究,2009,(2):137.

钟继军.边沁国际法思想探讨[J].求索,2007,(1):106.

周方银.国际关系中的经济制裁[J].现代国际关系,1997,(10):21.

周辅成.西方伦理学名著选辑(下卷)[M].北京:商务印书馆,1987.

周旺生.西方法理学历史鸟瞰[J].云南大学学报法学版,2003,(16):67.

朱景文.现代西方法社会学[M].北京:法律出版社,1994.

朱军.浅论欧盟法上的国家责任原则[J].欧洲,1999,(6):67.

朱玲,刘冰冰.第三方核查机构为碳排放权初始分配"保驾护航"[J].常州大学学报(社会科学版),2014,(1):48-50.

祖垒,张锦,李自然,等.国际环境公约有效性研究:引入监督机构的方法[J].系统工程理论与实践,2011,(12):2316.

二、外文文献

Abram Chayes, Antonia Handler Chayes. The New Sovereignty, Compliance with International Regulatory Agreements[M]. New York:Harvard University Press,1998.

Adrian U-Jin Ang, Dursun Peksen. When Do Economic Sanctions Work? Asymmetric Perceptions, Issue Salience, and Outcomes[J]. Political Research Quarterly, Vol.60, No.1(Mar 2007).

Alexander Wendt. Collective Identity Formation and the International State[J]. American Policy Science Review, 1994.

Alex Vines. Can UN Arms Embargoes in Africa Be Effective? [J]. International Affairs, Vol.83, No.6, (Nov 2007).

Amartya Sen. Rational Fools: A Critique of the Behavioural Foundations of Economic Theory, in Scientific Models and Man[M]. Henry Harris ed., 1979.

Andrew Moravcsik. Taking Preferences Seriously: A Liberal Theory of International Politics[J]. International Organization, 1997.

Andrew T. Guzman. A Compliance-Based Theory of International Law[J]. California. Law Review, 2002.

Andrew T. Guzman. How International Law Works: A Rational Choice Theory[M]. Oxford: Oxford University Press, 2008.

Anthony Clark Arend. Do legal Rules Matter? International Law and International Politics[J]. Virginia Journal of International Law, Winter, 1998.

Arthur A. Stein. Coordination and Collaboration: Regimes in an Anarchic World, International Organization [J]. Vol. 36, No. 2, (Spring) 1982.

Barker, Craig J. International Law and International Relations [M]. London: Continuum, 2000.

Benjamin H. Liebman and Kasaundra M. Tomlin. Safeguards and Retaliatory Threats[J]. The Journal of Law & Economics, Vol.51, May, 2008.

Berth A. Simons, Richard H. Steinberg. International Law and International Relations [M]. Cambridge: Cambridge University

Press, 2007.

Brett Frischmann. A Dynamic Institutional Theory of International Law[J]. Buffalo Law Review, Summer, 2003.

Brierly James Leslie. Brierly's Law of Nations: an Introduction to the Role of International Law in International Relations.[M]. New York: Oxford University Press, 2010.

Brierly James Leslie. The Outlook for International Law[M]. Oxford: Clarendon Press, 1944.

Christian J. Tams. Enforcing Obligation Erga Omnes in International Law[M]. New York: Cambridge University Press, 2005.

Christopher C. Joyner. Sanctions, Compliance and International Law: Reflections on the United Nations' Experience Against Iraq[J]. Virginia Journal of International Law, 1992.

Clara Portela. National Implementation of United Nations Sanctions[J]. International Journal, Winter 2009 – 2010.

Daniel. W. Drezner. How Smart are Smart Sanctions? [J]. International Studies Review, 2003.

Daniel W. Drezner. The Hidden Hand of Economic Coercion[J]. International Organization, Vol.57, No.3(Summer, 2003).

Daniel Wuger. The Never Ending Story: The Implementation Phase in the Dispute between the EC and the United States on Hormone-Treated Beef[J]. Law and Policy in International Business, Vol.33, Summer, 2002.

David Cortright, George A. Lopez. The Sanctions Decade: Assessing UN Strategies in the 1990s[M]. Boulder, Colo.: Lynne Rienner, 2000.

David H. Moore. A Signaling Theory of Human Rights Compliance [J]. Northwestern. Univercity Law Review, 2003.

David J. Bederman. The ILC's State Responsibility Articles:

Counterintuiting Countermeasures[J]. American Journal of International Law, Vol.96, October, 2002.

David Lektzian, Mark Souva. An Institutional Theory of Sanctions Onset and Success[J]. The Journal of Conflict Resolution, Vol.51. No.6, (Dec., 2007).

David Lektzian. Smart Sanction: Targeting Economic Statecraft [J]. Journal of Peace Research, Vol.41, No.5,(Sep., 2004).

Duncan Snidal. Coordination Versus Prisoners' Dilemma: Implications for International Cooperation and Regimes [J]. The American Political Science Review, Vol.79, No.4,(Dec., 1985).

Edith Brown Weiss. The Impact of International Law on International Cooperation: Rethinking Compliance with International Law[M]. Cambridge: Cambridge University Press, 2004.

Eric A. Posner. A Theory of the Laws of War[J]. University Chicago Law Review, 2003.

Eric A. Posner. Law and Social Norms, The Case of Tax Compliance[J]. Virginia Law Review, 2000.

Fusae Nara. Note: A Shift toward Protectionism under § 301 of the 1974 Trade Act: Problems of Unilateral Trade Retaliation under International Law[J]. Hofstra Law Review, Vol.19, Fall, 1990.

George Schwarzenberger. Power Politics [M]. London: Stevens, 1964.

George W. Downs, David M. Rocke and Peter N. Barsoom, Is the Good News about Compliance Good News about Cooperation? [J] International Organization, 2001.

Gunther Handl. Controlling Implementation of and Compliance with International Environmental Commitments: The Rocky Road from Rio[J]. Colorado Journal of International Environment Law & Policy, 1994.

Handbook of International Relations[C]. Walter Carlsnaes et al. eds., 2002.

Hans J. Morgenthau. Politics Among Nations: The Struggle for Power and Peace[M]. New York: Alfred A. Knopf, 1960.

Harlan Grant Cohen. Can International Law Work? A Constructivist Expansion[J]. Berkeley Journal of International Law, Vol.27, Issue.2, 2009.

Harold Hongju Koh. The 1994 Roscoe Pound Lecture: Transnational Legal Process[J]. Nebraska Law Review, 1996.

Harold Hongju Koh. Why Do Nations Obey International Law? [J]. Yale Law Journal, Vol.106, June, 1997.

Ibrahim F. I. Shihata. Implementation, Enforcement, and Compliance with International Environmental Agreements: Practical Suggestions in Light of the World Bank's Experience [J]. Georgetown International Environmental Law Review, Vol.9, 1996.

Jack Donnelly. International Human Rights: A Regime Analysis [J]. International Organization, 1986.

Jack Goldsmith, Sovereignty. International Relations Theory and International Law[J]. Stanley Law Review, 2000.

Jack L. Goldsmith & Eric A. Posner. A Theory of Customary International Law[J]. University Chicago Law Review, 1999.

Jacobson, Weiss. Engaging Countries: Strengthening Compliance with International Environmental Accords.[M]. Cambridge: The MIT Press, 2000.

Jacob Werksman, ed. Greening International Institutions[M]. London: Earthscan Publication, 1996.

Jaleh Dashti-Gibson. Patricia Davis and Benjamin Radcliff, On the Determinants of the Success of Economic Sanctions: An Empirical Analysis[J]. American Journal of Political Science, Vol.

41, No.2(Apr., 1997).

James D. Morrow. The Laws of War, Common Conjectures, and Legal Systems in International Politics [J]. Journal of Legal Stududy, 2002.

Jeff Everett, Dean Neu and Abu Shiraz Rahaman. The Global Fight against Corruption: A Foucaultian, Virtues-Ethics Framing[J]. Journal of Business Ethics, Vol.65, No.1 (Apr., 2006).

Jesse S. Reeve. International Society and International Law[J]. American Journal of International Law, Vol.15, 1921.

J. Galtung. On the Effects of International Economic Sanctions, With Examples from Case of Rhodesia [J]. World Politics, Vol. 19, 1967.

Jianming Shen, S.J.D. The Basis of International Law: Why Nations Observe [J]. Dickinson Journal of International Law, Winter, 1999.

Jide Nzelibe. Symposium: Public International Law And Economics: The Case Against Reforming The WTO Enforcement Mechanism[J]. University of Illinois Law Review, Vol.319, 2008.

John Gerard Ruggie, What Makes the World Hang Together? Neo-Utilitarianism and the Social Constructivist Challenge [J]. International Organization, 1998.

John H. Knox. A New Approach to Compliance with International Environmental Law: the Submissions Procedure of the NAFTA Environmental Commission[J]. Ecology Law Quarterly, 2001.

John J. Mearsheimer. The False Promise of International Institutions [J]. International Security, Vol. 19, No. 3 (Winter, 1994 – 1995).

John Norton Moore. Enhancing Compliance with International Law: A Neglected Remedy. [J]. Virginia Journal of International

Law, 1999.

John Norton Moore. Solving the War Puzzle: Beyond the Democratic Peace[M]. Durham, N.C.: Carolina Academic, 2003.

Jonas Tallberg. Paths to Compliance: Enforcement, Management, and the European Union[J]. International Organization, Vol. 56, No.3, (Summer) 2002.

Jon Elster in Ulysses and Sirens. Studies in Rationality and Irrationality[M]. Cambridge: Cambridge Press, 1979.

Jon Elster. Logic and Society: Contradictions and Possible Worlds[M]. New York: Wiley, 1978.

Joost Pauwelyn. Enforcement and Countermeasures in the WTO: Rules are Rules-Toward a More Collective Approach[J]. The American Journal of International Law, Vol.94, No.2, April, 2000.

K. A. Elliott, G. C. Hufbauer. Ineffectiveness of Economic Sanctions: Same Song, Same Refrain? Economic Sanctions in the 1990's[J]. The American Economic Review. Vol.89, May 1999.

Kenneth Waltz. Theory of International Politics[M]. New York: Mcgraw-Hill, 1979.

Kimberley A. Elliot. Analyzing the Effects of Targeted Financial Sanctions[A]. Paper Presented at the Second Interlaken Seminar on Targeting United Nations Financial Sanctions, March 29 – 31, 1999.

Kim Richard Nossal. International Sanctions as International Punishment[J]. International Organization, Vol.43, No.2 (Spring) 1989.

K. W. Abbott, R. O. Keohane, A. Moravcsik, Anne-Marie Slaughter and D. Snidal. The Concept of Legalization [J]. International Organization, Vol.54, 2000.

Levy, Keohane, Haas. The Effectiveness of International Environmental Institutions' in Institutions for the Earth: Source of

Effective International Environmental Protection [M]. Haas, Keohane, and Levy, eds., 1993.

L. Henkin. How Nations Behave: Law and Foreign Policy, [M]. 2nd ed., New York: Columbia University Press, 1979.

L. Henkin. International Law: Politics and Values. [M]. Dordrecht: Kluwer Academic Publishers, 1995.

Lt. Robert A. Bailey, Why Do States Violate the Law of War? A Comparison of Iraqi Violations in Two Gulf Wars[J]. Journal of International Law & Comparative, 2000.

Lt. Robert A. Bailey. Why do States Violate the Law of War? A Comparison of Iraqi Violations[J]. Syracuse Journal of International Law and Commerce, Winter, 2000.

Markus Burgstaller. Theories of Compliance with International Law[M]. London: Martinus Nijhoff Publishers, 1996.

Marla Radinsky. Retaliation: The Genesis of a Law and the Evolution toward International Cooperation: an Application of Game Theory to Modern International Conflicts[J]. Georg Mason Law Review, Vol.2, Fall, 1994.

Martha Finnemore, Kathryn Sikkink. International Norm Dynamics and Politics Change[J]. International Organization, 1998.

Math Noortmann. Enforcing International Law: From Self-help to Self-contained Regimes [M]. London: Ashgate Publishing Limited, 2005.

Miles Kahler, Conclusion. The Causes and Consequences of Legalization[J]. International Organization, 2000.

M. Koskenniemi and P. Leino. Fragmentation of International Law? Postmodern Anxieties[J]. Leiden Journal of International Law, Vol.15, No.3, 2002.

M. Koskenniemi. The Politics of International Law[M]. Oxford:

Hart Publishing, 2011.

Moshe Hirsh. The Impact of International Law on International Cooperation: Theoretical Perspectives[C]. New York: Cambridge University Press, 2004.

Nikolay Marinov. Do Economic Sanctions Destabilize Country Leaders? [J]. American Journal of Political Science, Vol.49, No.3 (July, 2005).

Oona A. Hathaway. Do Human Rights Treaties Make a Difference? [J]. The Yale Law Journal, Vol.111, 2002.

Oran R. Young. Compliance and Public Authority: A Theory with International Applications [M]. Baltimore: Johns Hopkins University Press, 1979.

Peter H. Huang. International Environmental Law and Emotional Rational Choice[J]. Journal of Legal Study, 2002.

Peter J. Katzenstein. The Culture of National Security: Norms and Identity in World Politics[M]. New York: Columbia University Press, 1996.

Peter M. Haas, Choosing To Comply: Theorizing from International Relations and Comparative Politics[C]//Peter M. Haas. Epistemic Communities, Constructivism, and International Environmental Politics. London: Routledge, 2015.

Petros C. Mavroidis. Remedies in the WTO Legal System: Between a Rock and a Hard Place [J]. European Journal of International Law, Vol.11, No.4, 2000.

Philip R. Trimble, International Law, World Order, and Critical Legal Studies[J]. Stanley Law Review, 1990.

Ram Prakasb Anand. Enhancing the Acceptability of Compulsory Procedures of International Dispute Settlement[J]. Mar Planck Year Book of Unite National Law, Vol.5, 2001.

R. Hudec. Enforcing International Trade Law[M]. Salem, NH: Butterworth, 1991.

Richard H. Steinberg. In the Shadow of Law or Power? Consensus-Based Bargaining and Outcomes in the GATT/WTO [J]. International Organization, Vol.56, No.2, (Spring) 2002.

Richard N. Haass ed. Economic Sanctions and American Diplomacy[M]. New York: Council on Foreign Relations, 1998.

Richard R. Baxter. Forces for Compliance with the Law of War[J]. American Society International Law and Procedures, 1964.

Richard R. Law. Models of Decision-Making [M]//Oxford Handbook of Political Psychology. New Yrok: Oxford Press, 2003.

Robert A Pape. Why Economic Sanctions Do Not Work[J]. International Security, 22 (Fall, 1997).

Robert D. Putnam. Diplomacy and Domestic Politics: The Logic of Two-Level Games[J]. International Organization (Summer, 1988).

Robert J. Beck, Anthony Clark Arend, Robert D. Vander Lugt. International Rules: Approaches from International Law and International Relations[M]. New York: Oxford University Press, 1996.

Robert O. Keohane. After Hegemony: Cooperation and Discord in the World Political Economy[M]. Princeton: Princeton University Press, 1984.

Robert O. Keohane. International Relations and International Law: Two Optics[J]. Harvard Internatinoal Law Journal, 1997.

Robert O. Keohane. The Demand for International Regimes[J]. International Organization, Vol.36, No.2, 1982.

Robert Pape. Bombing to Win[M]. Ithaca: Cornell University Press, 1996.

Robin Churchill and Geir Ulfstein. Autonomous Institutional

Agreement in Multilateral Environmental Agreements: A Little-Noticed Phenomenon in International Law[J]. American Journal of International Law, 2001.

Roscoe Pound. Liberty of Contract[J]. The Yale Law Journal, Vol.18, No.7 (May, 1909).

Ryan Goodman, Derek Jinks. How To Influence States: Socialization and International Human Rights Law[J]. Duke Law Journal, 2004.

Ryan Goodman, Derek Jinks. Toward an Institutional Theory of Sovereignty[J]. Standford Law Review, Vol.55, No.5, 2003: 245.

Snyder, Francis. The Effectiveness of European Community Law: Institutions, Process, Tools and Techniques[J]. Modern Law Review, 1993.

Stanley Hoffman. The Role of International Organization: Limits and Possibilities[J]. International Organization, 1956.

Stephen D. Krasner, ed. International Regimes[M]. Ithaca, N.Y.: Cornell University Press, 1983.

Steve Charnovitz. Rethinking WTO Sanctions[J]. American Journal of International Law, Vol.95, No.4, 2001.

Steven R. Ratner. Precommitment Theory and International Law: Starting a Conversation[J]. Texas Law Review, 2003.

Thomas M. Franck. Fairness in International Law and Institutions.[M]. New York: Oxford University Press, 1995.

Tom R. Tyler. Compliance with Intellectual Property Laws: A Psychological Perspective [J]. New York University Journal of International Law and Politics, Vol.29, 1997.

Tom R. Tyler. Why People Obey the Law[M]. Princeton: Princeton University Press, 2006.

W. Fletcher Fairey. The Helms-Burtons Act: The Effect of

International Law on Domestic Implementation [J]. American University Law Review, Vol.46, 1997.

William Bradford. International Legal Compliance: Surveying the Field[J]. Georgetown Journal of International Law, Winter, 2005.

William Bradford. In the Minds of Men: A Theory of Compliance with the Laws of War[J]. Arizona State Law Journal, Winter, 2004.

William Bradford, The Western European Union, Yugoslavia, and the (Dis) integration of the EU, the New Sick Man of Europe [J]. International & Comparative Law Review, 2000.

Young. Compliance and Public Authority: A Theory with International Application[M]. Resources for the Future Press, 2010.

Young, Oran R. The Effectiveness of International Institutions: Hard Case and Critical Variables [A]. In Governance without Government: Order and Change in World Politics[M]. edited by James N. Rosenau and Ernst-Otto Czempiel. Cambridge: Cambridge University Press, 1992.

后　　记

本书基于我五年前的博士论文，并做了许多修改和整理。五年后再看学生时代的文章，有"京国多年情尽改，忽听春雨忆江南"的怀念。近年来，由于工作的原因，我的研究方向发生了很多转变——从学生时代对国际法律制度本身的规范性研究，转为国际法律制度对社会生活的影响和作用这样的实证性研究。理想主义的学生时代，我试图从国际关系和国际政治生活中探寻国际法产生的土壤和效力根据；现实主义的成年时代，我更想探究国际法作用于社会生活和国际关系的实际效果。越深入地对国际法在社会生活中的运行进行实证检验，我越发现国家在选择法律遵守时，其动机和行为的复杂性。倚赖于强制力和国际制裁的执行模式在促使国家守法方面，有很大的局限性，影响了国际法的实际效果。这也促使我思考，除了制裁、国家责任、国际法院，是否有更为多元和丰富的推动国际法遵守的机制？正如前文所述，站在法和社会互动的视角下，法律与道德、习俗、纪律、宗教等各类社会规范共同构成整体社会秩序的一部分。法，是其中最精准、最具组织性的社会控制手段，但绝不是唯一，甚至不是最稳定、最有力的国家行为塑造者。在执行模式之外，有更加多样、更加历史悠久且有效的法律遵守机制。由于博士论文的写作有严格的期限要求，本书在论证国际法遵守的多元机制，主要是管理模式的作用机理、实际效果以及所适用的国际法事项等重要问题上，不够详尽和深入。这也应该是我下一本书的主题。

本书出版过程中，感谢上海社会科学院出版社的陈军老师给予的大量指导和帮助，让我感受到学术研究应该具备的严谨性和科学性。

感谢上海社会科学院出版社的周霈老师,在出版的各个环节给予大力支持和提出宝贵的建议。希望我的下一本书对同一个问题的探讨更加深入,写作水平也有更大的提高。

高云端

2023 年 6 月